ELECTRICIDAD Y ELECTRÓNICA

TEORÍA, PRÁCTICA Y EJERCICIOS RESUELTOS Y PROPUESTOS

ALBEIRO PATIÑO BUILES

ELECTRICIDAD Y ELECTRÓNICA

TEORÍA, PRÁCTICA Y EJERCICIOS RESUELTOS Y PROPUESTOS

Ciencia y Tecnología

XALAMBO
EDITORIAL

Colección *Ciencia y Tecnología*
ELECTRICIDAD Y ELECTRÓNICA
© Albeiro Patiño Builes, 2021
© Xalambo Editorial, 2021

1a edición: Abril, 2021
ISBN: 978-958-53364-6-9

Dirección editorial: Albeiro Patiño Builes
Revisión técnica y Diagramación: David Esteban Londoño Patiño
Diseño de carátula: David Esteban Londoño Patiño

Editado en Medellín, Colombia
Xalambo Editorial
www.xalambo.com
Tel.: (57)3154456488

«*La investigación experimental que estableció la ley de Ampère de la acción mecánica entre corrientes eléctricas es uno de los logros más brillantes de la ciencia. Toda la teoría y la experimentación, parece como si hubieran saltado, completamente desarrolladas y armadas, desde el cerebro del "Newton de la electricidad". Es perfecta en su forma, e inexpugnable en la precisión, y se resume en una fórmula de la que se pueden deducir todos los fenómenos, y que debe permanecer por siempre como la fórmula cardinal de la electro-dinámica*».

James Clerk Maxwell

ÍNDICE

CAPÍTULO 1 .... **25**

FUNDAMENTOS DE ELECTRICIDAD **25**

ELECTRICIDAD POR FROTAMIENTO 25

ELECTRICIDAD ESTÁTICA Y ELECTRICIDAD DINÁMICA 27

La teoría electrónica 27

El átomo 28

LA CONFIGURACIÓN ELECTRÓNICA 29

CONDUCTORES, AISLANTES Y SEMICONDUCTORES 31

Conductores 32

Semiconductores 33

Aislantes 33

REPASO 34

EJERCICIOS 34

INVESTIGUE 35

CAPÍTULO 2 .... **37**

CONCEPTOS FUNDAMENTALES **37**

ENERGÍA Y TRANSFERENCIA DE ENERGÍA 37

Trabajo 37

Energía 38

Potencia 39

CARGA ELÉCTRICA 40

Ley de Coulomb 42

CORRIENTE ELÉCTRICA 44

Sentido real y sentido convencional de la corriente eléctrica 46

Mecanismo de la conducción en los metales 48

Corriente directa y corriente alterna 49

Diferencia de potencial, voltaje o tensión 50

Analogía para la corriente eléctrica y el voltaje 54

Potencia eléctrica 55

Energía eléctrica 56

Repaso 60

Ejercicios 60

Investigue 61

CAPÍTULO 3 .... **63**

ELEMENTOS DE CIRCUITOS Y LEYES BÁSICAS 63

Circuito eléctrico 63

Elementos activos 63

Elementos pasivos 64

Pilas, baterías y acumuladores 65

Analogía para una batería 67

Fuentes independientes de voltaje y corriente 68

Analogía 69

Fuentes dependientes o controladas 72

Resistencia y leyes de Ohm, Pouillet y de Joule 73

Resistencias ideales 73

Resistencias reales 75

Cálculo de la resistencia a partir de la forma geométrica del conductor 77

Analogía y energía de la resistencia 80

Influencia de la temperatura sobre la resistencia 83

Conductancia y conductividad 85

Resistencias Variables 88

Analogía para resistencias variables 89

Resumen de fórmulas 91

Inductancia 92

Inductancias ideales 92

Inductancias reales 92

Analogía y energía de la inductancia 94

CAPACITANCIA.. 95

Capacitores ideales... 95

Capacitores o condensadores reales 96

Analogía energía la capacitancia 98

Cálculo de la capacidad a partir de la forma geométrica............. 100

Características y aplicaciones de capacitores....................... 102

Capacitores electrolíticos de aluminio 103

Capacitores eléctricos de tantalio.................................. 103

Capacitores de cerámica.. 103

Capacitores de papel y plástico 104

Capacitores de mica y vidrio... 104

EL PROTOBOARD.. 104

Uso del protoboard... 106

LEYES DE KIRCHOFF 108

Ley de corrientes de Kirchhoff (LIK)............................. 108

Ley de voltajes de Kirchhoff (LVK) 111

REPASO 113

EJERCICIOS.. 113

CAPÍTULO 4 117

INSTRUMENTOS DE MEDIDA 117

INSTRUMENTOS DE INDICACIÓN ANALÓGICA........................... 118

Amperímetro... 119

Voltímetro.. 120

Óhmetro.. 121

INSTRUMENTOS DE INDICACIÓN DIGITAL 122

EL OSCILOSCOPIO 123

CONEXIÓN DE LOS INSTRUMENTOS DE MEDIDA 124

Precauciones 125

CARACTERÍSTICAS COMPARATIVAS DE INSTRUMENTOS DE MEDIDA ANÁLOGOS Y DIGITALES.. 127
CARACTERÍSTICAS QUE DEBEN TENER LOS INSTRUMENTOS DE MEDIDA 128

    Exactitud o fidelidad... 128

    Precisión 128

    Sensibilidad 128

    Rapidez en la indicación 128

    Alcance 128

    REPASO 129

CAPÍTULO 5 .... **131**

ANÁLISIS DE CIRCUITOS RESISTIVOS.................. **131**

RESISTENCIA EQUIVALENTE.. 132

    Conexiones en serie... 132

    Resistencia equivalente en serie.. 133

    Conexiones en paralelo 133

    Resistencia equivalente en paralelo 135

    Conductancia equivalente... 135

    Conexiones en serie-paralelo.. 139

    Capacidad equivalente e inductancia equivalente 142

CONVERSIÓN DELTA A ESTRELLA ($\Delta - Y$) Y ESTRELLA A DELTA ($Y - \Delta$)... 143

DIVISORES DE VOLTAJE Y CORRIENTE................................... 146

    Divisores de voltaje... 146

    Divisor de corriente 147

ANÁLISIS DE MALLAS 150

    Determinantes 152

ANÁLISIS DE NODOS.. 154

REPASO 158

EJERCICIOS... 158

CAPÍTULO 6 .... **167**

GUÍA DE APOYO ACADÉMICO............................ **167**

PRACTICA N°1.. 169

IDENTIFICACIÓN DE RESISTENCIAS............................. 169

PRACTICA N°2.. 171

CARACTERIZACIÓN DE RESISTENCIAS 171

PRACTICA N°3.. 174

RESISTENCIAS EQUIVALENTES............................. 174

PRACTICA N°4.. 177

MANEJO DE INSTRUMENTOS DE MEDIDA DE C.D...... 177

PRACTICA N°5.. 180

MANEJO DE INSTRUMENTOS DE MEDIDA DE C.A....... 180

PRACTICA N°6.. 181

MANEJO DEL OSCILOSCOPIO 181

PRACTICA N°7.. 183

LEYES DE KIRCHHOFF............................. 183

PRACTICA N°8.. 185

CIRCUITOS RLC 185

PRACTICA N°9.. 187

DIVISORES DE VOLTAJE Y DE CORRIENTE.................... 187

GLOSARIO 191

CAPÍTULO 7 .... **195**

SEMICONDUCTORES............................ **195**

SEMICONDUCTORES INTRÍNSECOS 196

DOPADO DE UN SEMICONDUCTOR 196

TIPOS DE SEMICONDUCTORES EXTRÍNSECOS............................. 197

Semiconductor tipo n.................... 197

Semiconductor tipo p.................... 198

REPASO 199

CAPÍTULO 8 .... **201**

DIODOS **201**

POLARIZACIÓN DIRECTA 201

POLARIZACIÓN INVERSA 202

ASPECTO FÍSICO Y SÍMBOLO ELÉCTRICO DEL DIODO 204

ANALOGÍA PARA EL DIODO 204

CHEQUEO DE DIODOS Y DETECCIÓN DE FALLAS 205

ESPECIFICACIONES TÉCNICAS 207

REVISIÓN EN MANUAL ECG 207

REPASO 209

CAPÍTULO 9 .... **211**

CIRCUITOS CON DIODOS **211**

EL TRANSFORMADOR REDUCTOR 211

RECTIFICADOR DE MEDIA ONDA 216

Periodo de la señal de media onda 218

Valor medio de la señal de media onda 219

RECTIFICADOR DE ONDA COMPLETA 220

Frecuencia de la señal 222

Valor medio de la señal de onda completa 223

El rectificador en puente 224

OTROS CIRCUITOS CON DIODOS 225

Multiplicadores de tensión 225

Doblador de tensión de media onda 226

Doblador de tensión de onda completa 227

Limitadores (recortadores) 228

Limitador polarizado 229

OTROS TIPOS DE DIODOS 229

El diodo Zener 230

Voltaje Zener y resistencia Zener 232

El diodo Schottky 234

El Varicap 235

REPASO 237

EJERCICIOS 237

CAPÍTULO 10 239

TRANSISTORES BIPOLARES (BJT) 239

COMPOSICIÓN Y SIMBOLOGÍA 239

POLARIZACIÓN DEL TRANSISTOR 241

CONFIGURACIONES DE UN TRANSISTOR 242

Emisor común 244

Colector común 245

Base común 246

CORRIENTES EN UN TRANSISTOR 250

RELACIÓN ENTRE A Y B 253

OTROS CIRCUITOS DE POLARIZACIÓN 255

Polarización fija 255

Polarización automática 256

Polarización por divisor de tensión 257

CHEQUEO DE UN TRANSISTOR E IDENTIFICACIÓN DE TERMINALES

.... 258

CIRCUITOS CHEQUEADORES DE TRANSISTORES 261

CURVAS CARACTERÍSTICAS 263

Curva característica de entrada 264

Curva característica de salida 264

CÁLCULOS DE VOLTAJE, CORRIENTE Y POTENCIA DE UN

TRANSISTOR 265

Cálculo de la corriente de base 266

Voltaje del transistor 267

Voltaje y potencia del transistor 268

LÍMITES DEL TRANSISTOR 270

REGIONES DE OPERACIÓN DEL TRANSISTOR 270

La recta de carga 271

El punto de saturación... 273

El punto de corte... 273

El punto de funcionamiento 273

Polarización de emisor 279

El transistor como interruptor........................... 285

El transistor como excitador de LEDs 288

Cálculo de la resistencia limitadora, Rc.................... 289

El concepto de seguidor de emisor 292

Las clases de funcionamiento 292

Conexión Darlington 293

Repaso 295

Ejercicios... 296

CAPÍTULO 11 301

OTROS COMPONENTES ELECTRÓNICOS 301

Pilas 301

Baterías.. 302

Interruptores.. 302

Pulsadores normalmente abierto y normalmente

cerrado.. 303

Fusibles... 303

Varistores 304

Resistencias o resistores 304

Potenciómetros... 305

Condensadores o capacitores cerámicos 305

Condensadores o capacitadores electrolíticos 306

Bobinas o inductancias.. 306

Diodos emisores de luz (LEDs) 307

Fotoceldas.. 307

Circuitos integrados (CI) 308

Parlantes 308

CAPÍTULO 12 311

LA FUENTE DE PODER 311

La etapa de entrada 312
La rectificación de la señal 312
Filtrado de la señal 312
Regulación de tensión 314
    Serie LM340 315
    Serie LM320 315
    Reguladores variables 316
    Reguladores con salida simétrica 316
Repaso 320
Ejercicios 320

CAPÍTULO 13 323

GUÍA DE APOYO ACADÉMICO 323

Práctica N°1 324
    CIRCUITOS RECTIFICADORES 324
Práctica N°2 327
    MULTIPLICADORES DE VOLTAJE 327
Práctica N°3 329
    EL DIODO ZENER 329
Práctica N°4 332
    POLARIZACIÓN DE TRANSISTORES BIPOLARES Y
    ESTABILIDAD TÉRMICA 332
Práctica N°5 334
    CARACTERÍSTICA DE TRANSISTOR BIPOLAR 334
Práctica N°6 336
    EL TRANSISTOR COMO INTERRUPTOR Y COMO
    CONMUTADOR 336

PRÁCTICA N°7... 339
AMPLIFICADORES A TRANSISTOR............................. 339
PRÁCTICA N°8... 341
REGULADOR DISCRETO DE VOLTAJE........................... 341
PRÁCTICA N°9... 343
REGULADOR INTEGRADO DE VOLTAJE......................... 343
PROYECTO 345
FUENTE DE PODER REGULADA VARIABLE 345
GLOSARIO.. 347

CAPÍTULO 14 355

EL AMPLIFICADOR DIFERENCIAL 355

INTRODUCCIÓN 355
Tipos de circuitos integrados.................................... 355
Escalas de integración 356
EL AMPLIFICADOR DIFERENCIAL................................ 357
Forma general.. 358
Amplificador diferencial con entrada en un sólo terminal 359
Operación con entrada diferencial (doble entrada).................. 362
REPASO 367
EJERCICIOS... 367

CAPÍTULO 15 371

EL AMPLIFICADOR OPERACIONAL 371

CONSTITUCIÓN DEL AMPLIFICADOR OPERACIONAL 371
TERMINALES DEL AMPLIFICADOR OPERACIONAL 374
Terminales del suministro de potencia............................ 374
Terminal de salida 374
Terminales de entrada 376
GANANCIA DE VOLTAJE EN CIRCUITO ABIERTO 377
VOLTAJE DIFERENCIAL DE ENTRADA, V_D 378

DEFINICIÓN DE TÉRMINOS PARA LOS AMPLIFICADORES OPERACIONALES 379

OTRAS CARACTERÍSTICAS DE LOS AMPLIFICADORES OPERACIONALES 384

TENSIÓN OFFSET 386

Ventajas de la retroalimentación en la compensación del offset . 389

RETROALIMENTACIÓN NEGATIVA 390

Ganancia ideal de tensión 392

Ganancia de tensión en lazo abierto y en lazo cerrado 395

REPASO 398

EJERCICIOS 398

CAPÍTULO 16 .... **401**

APLICACIONES DEL AMPLIFICADOR OPERACIONAL **401**

AMPLIFICADOR NO INVERSOR DE TENSIÓN 401

AMPLIFICADOR INVERSOR DE TENSIÓN 402

Tierra física y tierra virtual 404

SEGUIDOR UNITARIO 407

COMPARADORES 407

Detectores de nivel positivo 408

Detectores de nivel negativo 410

CONVERTIDOR DE ONDA SENOIDAL A CUADRADA 411

EL AMPLIFICADOR SUMADOR 413

EL INTEGRADOR 417

EL DIFERENCIADOR 420

AMPLIFICADOR LOGARÍTMICO 423

AMPLIFICADOR ANTILOGARÍTMICO 426

CONVERTIDORES DE FORMA DE ONDA 427

Convertidor de onda senoidal a rectangular 427

Convertidor de onda rectangular a triangular 428

Convertidor de onda triangular a pulso 429

REPASO 434

EJERCICIOS... 435

CAPÍTULO 17 451

DISPOSITIVOS ESPECIALES 451

TRANSISTOR UNIJUNTURA (UJT)...................................... 452

Parámetros y características del UJT 454

Oscilador de relajación con U.J.T 457

Generación de pulsos y generación de ondas triangulares 462

EL TEMPORIZADOR 555 463

Generador de pulsos de reloj con 555 465

Aplicación de estas señales en microprocesadores 470

TIRISTORES 471

Principio de funcionamiento de los tiristores 471

Switcheo de un latch... 473

El SCR (rectificador controlado de silicio) 474

Chequeo de SCRs.. 476

El TRIAC (Tríodo de doble sentido) 477

El DIAC... 478

El CUADRAC... 479

FAMILIAS LÓGICAS TTL Y CMOS 480

Precauciones 481

REPASO 482

EJERCICIOS... 482

CAPÍTULO 18 485

GUÍA DE APOYO ACADÉMICO 485

PRÁCTICA N°1... 487

AMPLIFICADOR DIFERENCIAL 487

PRACTICA N°2... 490

AMPLIFICADOR INVERSOR Y NO INVERSOR *490*

PRACTICA N°3 492

TENSIÓN DE OFFSET DE UN AMPLIFICADOR

OPERACIONAL *492*

PRACTICA N°4 494

AMPLIFICADOR OPERACIONAL COMO SUMADOR *494*

PRACTICA N°5 497

COMPARADOR, INTEGRADOR, DIFERENCIADOR *497*

PRACTICA N°6 500

GENERADORES DE FORMAS DE ONDA *500*

PRACTICA N°7 503

TEMPORIZADOR 555 .... *503*

PRACTICA N°8 506

EL TRANSISTOR UNIJUNTURA *506*

PRACTICA N°9 508

CONTROL DE POTENCIA *508*

GLOSARIO **511**

ÍNDICE DE FIGURAS **517**

ÍNDICE DE TABLAS **531**

ALBEIRO PATIÑO BUILES **533**

PRINCIPIOS DE ELECTRICIDAD

Capítulo 1
FUNDAMENTOS DE ELECTRICIDAD

Electricidad por frotamiento

Bien conocido es el experimento de peinarse el cabello seco y acercar luego el peine a pequeños pedacitos de papel. Se observa cómo los trocitos de papel son atraídos por el peine, aunque una vez en contacto con éste se desprenden nuevamente; en dicho caso se dice que el peine ha sido electrizado por frotamiento, y al fenómeno se le conoce como triboelectricidad.

El mismo efecto es observado cuando el ámbar (del griego *elektro*), es frotado con piel de conejo. De ahí el nombre de «fenómenos eléctricos». También se observa en el vidrio al frotarlo con seda. Cuando se acerca un trozo de corcho al elemento frotado previamente, se ve que el corcho es atraído, luego repelido. Los elementos se han electrizado por fricción.

Con base en experimentos como estos se concluyó, dentro de la teoría tradicional, que existen dos clases de electricidad: vítrea o positiva, que se produce en el vidrio al frotarlo con seda; y la resinosa o negativa, que se produce en el ámbar al frotarlo con una piel.

Ahora bien, si acercamos una barra de vidrio electrizada a una bolita de corcho suspendida, ésta es atraída, figura 1.1(a); si acercamos después una barra de ámbar, vemos que también es atraída, figura 1.1(b); pero si acercamos simultáneamente la de vidrio y la de ámbar, vemos que no hay atracción, lo que indica que las acciones del vidrio y el ámbar tienden a oponerse y a anularse, figura 1.1(c).

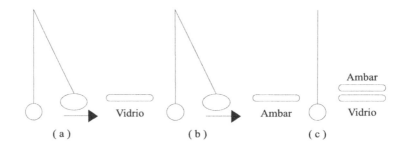

Figura 1-1. Fenómeno de atracción y repulsión.

Se establecieron entonces leyes como las que siguen y que se representan en la figura 1.2.:

1. «Por frotamiento, siempre se electrizan simultáneamente los dos cuerpos, con electricidades contrarias».

2. «Las electricidades del mismo nombre, se repelen; las de nombre contrario, se atraen».

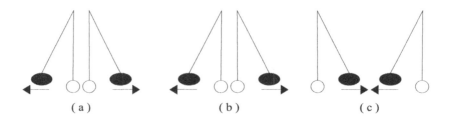

Figura 1-2. Cargas positivas y negativas que adquieren los cuerpos al ser frotados.

Igualmente, se planteó la conocida ley de Coulomb, que detallaremos más adelante, y que planteamos a continuación.

«Las fuerzas que se ejercen entre dos cargas eléctricas puntuales son directamente proporcionales a sus cantidades de electricidad e inversamente proporcionales al cuadrado de la distancia que las separa».

Electricidad estática y electricidad dinámica

En la conceptualización de la carga eléctrica hay dos casos a diferenciar: la carga eléctrica que está aplicada en un punto determinado, en reposo; y aquella que está circulando a través de una trayectoria cerrada definida. A la primera se le llama electricidad estática o electrostática, y a la segunda electricidad dinámica o electrodinámica.

Cada una de estas ramas tiene diversas aplicaciones, todas de gran importancia. Sin embargo, la electrostática, y en particular la electricidad por frotamiento, ha encontrado su principal aplicación en los laboratorios de física nuclear, mientras la electrodinámica se ha convertido en el eje de todos los fenómenos eléctricos y electrónicos con sus fines precisos de generación, transmisión, recepción y transformación de energía.

La teoría electrónica
En resumen, la teoría electrónica expone la hipótesis de que toda la materia es electricidad; es decir, que todos los elementos están constituidos por átomos, compuestos a su

vez, principalmente, por dos clases de partículas de materia sumamente pequeñas: los electrones y los protones.

El átomo

Este, en su forma más elemental, se encuentra formado por el núcleo y la periferia. En el núcleo se encuentran los neutrones, los cuales no tienen carga alguna, y los protones, los cuales contienen una carga eléctrica positiva; alrededor de la periferia se encuentran los electrones, con carga eléctrica negativa y una masa que es 1840 veces mayor que la de los protones. En la tabla 1.1. se indica la carga y la masa de estas tres partículas.

Tabla 1-1. Partículas atómicas.

PARTÍCULA	CARGA	MASA (Kg)
Electrón	1.6×10^{-19}	9.11×10^{-31}
Protón	1.6×10^{-19}	1.67×10^{-27}
Neutrón	0	1.67×10^{-27}

Los electrones, considerados la unidad natural de carga, están ligados al átomo por fuerzas eléctricas, y su número y disposición difiere en las distintas sustancias, por lo que en algunos materiales los electrones están fuertemente retenidos por dichas fuerzas, y en otros, los electrones alojados en la parte más externa del átomo pueden ser liberados con facilidad, circulando libremente de átomo en átomo.

En el primer caso se trata de materiales aislantes, cuyos electrones están firmemente retenidos, en el segundo se trata de conductores, con sus electrones externos libres.

La configuración electrónica

En la figura 1.3, puede verse que los electrones están dispuestos en círculos (niveles y subniveles de energía) alrededor del núcleo, los cuales corresponden a capas esféricas representativas de las órbitas de los electrones; cada capa puede contener un número máximo de elementos, y cuando es ocupada totalmente, los electrones adicionales pasan a otra capa superior de mayor radio.

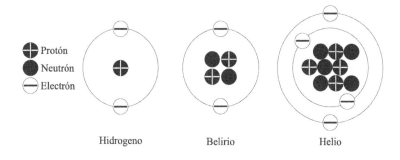

Figura 1-3. Constitución atómica del hidrogeno, helio y berilio.

El número de electrones en cada nivel y subnivel puede determinarse mediante la figura 1.4. En esta, los coeficientes corresponden a los niveles (círculos) de energía, los literales son subniveles de energía y se constituyen en una ayuda para la correcta disposición de los electrones en las distintas capas; y los superíndices indican el número máximo de electrones en cada subnivel. Las flechas indican la dirección a seguir en la disposición.

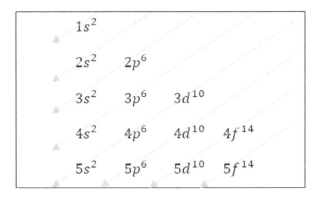

Figura 1-4. Niveles y subniveles de energía.

Aunque el procedimiento cae en el campo de la química, para los electricistas y electrónicos arroja particular interés la determinación del número de electrones que caen en el último nivel de energía, los cuales reciben el nombre de *electrones de valencia.*

EJEMPLO 1.1

El cobre (Cu) tiene un número atómico Z de 29; el Silicio (Si) y el oxígeno (O), tienen un número atómico de 14 y 8 respectivamente. Si el número atómico es el número total de electrones de cada elemento, mediante la configuración electrónica determinar los electrones de valencia de cada uno.

SOLUCIÓN

Haciendo uso de la figura 1.4. y de los datos suministrados en el planteamiento del problema, obtenemos las siguientes configuraciones:

Para el Cobre (Cu)

$$1s^2 \quad 2s^2 \quad 2p^6 \quad 3s^2 \quad 3p^6 \quad 4s^2 \quad 3d^9$$

El último nivel es el 4, y en él se alojan 2 electrones. Es decir, el cobre tiene 2 electrones de valencia.

Para el Silicio (Si)

$$1s^2 \quad 2s^2 \quad 2p^6 \quad 3s^2 \quad 3p^2$$

El último nivel es el 3; como hay dos subniveles y cada uno permite 2 electrones, el número de electrones de valencia para el silicio es 4.

Para el Oxígeno (O)

$$1s^2 \quad 2s^2 \quad 2p^4$$

Se observa que el último nivel es 2, y que en el subnivel s se alojan 2 electrones mientras en el subnivel p se alojan 4 electrones. En total son 6, por lo que 6 es el número de electrones de valencia para el oxígeno.

Conductores, aislantes y semiconductores

Así las cosas, es evidente que algunos elementos tendrán sus niveles de energía completos, mientras que en otros se encontrarán sitios desocupados; y es esta diferencia la que influye primordialmente en la facilidad con que una corriente eléctrica puede circular a través de un material, pues si la capa exterior está completa es difícil que el átomo pierda o gane electrones; en cambio, si existe en ella un lugar vacío, un electrón puede saltar hasta él, u otro electrón abandonar la capa mucho más fácilmente.

En general, los elementos que tienen cuatro electrones de valencia se denominan semiconductores, los que tienen menos de cuatro electrones de valencia se denominan conductores, y los que tienen más de cuatro electrones en su último nivel son llamados aislantes o dieléctricos.

Resumiendo

Los cuerpos conductores poseen electrones libres que pueden desplazarse a través de su masa. En los dieléctricos esto no es posible sin gran dificultad. La gran mayoría de los fenómenos eléctricos se deben a la movilidad de los electrones o cargas negativas; así, los cuerpos cargados positivamente son los que han perdido electrones y los cargados negativamente son los que han ganado electrones.

Conductores

Son todos los materiales que tienen la propiedad de permitir el paso de la corriente eléctrica, y se caracterizan porque los electrones de las órbitas exteriores pueden ser fácilmente desprendidos del átomo.

Obviamente, dicha facilidad de conducción no es la misma para todos los materiales conductores, y, además, varía de acuerdo con diversos factores, como por ejemplo la temperatura.

Temperaturas muy bajas (entre -268°C y -273.15°C, que es el cero absoluto) muchos metales experimentan un cambio brusco en sus características de conducción, llegando a convertirse en conductores perfectos, es decir, presentan una oposición prácticamente despreciable al paso de la corriente. Este fenómeno se denomina *superconductividad*, y lo presentan los elementos como el aluminio, el estaño, el mercurio y el plomo.

Semiconductores

Otros materiales, como algunos óxidos y el silicio, presentan unas características particulares, que no permiten clasificarlos dentro de los conductores, pero tampoco dentro de los aislantes. Sus características median entre estos dos extremos, por lo que se conocen con el nombre de «Semiconductores». Son de gran importancia como componente esencial de los transistores, tiristores, rectificadores, termistores y otros dispositivos de uso electrónico.

Tabla 1-2. *Materiales conductores, semiconductores y aislantes.*

CONDUCTORES	SEMICONDUCTORES	AISLANTES
Cobre	Silicio	Aceite
Aluminio	Germanio	Baquelita
Plata	Oxido de manganeso	Cerámica
Oro	Óxido de zinc	Goma
Hierro	Oxido de níquel	Mica
Plomo	Oxido de titanio	Parafina
Platino	Óxido de hierro	Polietileno
Níquel	Oxido de magnesio	Vidrio

Aislantes

Son materiales que presentan una posición muy elevada al paso de la corriente. Se conocen también como dieléctricos, y se caracterizan porque los electrones de las órbitas exteriores están firmemente retenidos en el átomo.

REPASO

Conceptos

Defina o discuta lo siguiente:

■ Triboelectricidad.

■ Electrostática y electrodinámica.

■ Teoría electrónica.

■ El átomo.

■ Configuración electrónica.

■ Nivel y subnivel de energía.

■ Conductor, semiconductor, aislante.

EJERCICIOS

1.1   Realice la configuración electrónica para los siguientes elementos:

   a. Carbón (Z = 6)

   b. Hierro (Z = 26)

   c. Germanio (Z = 32)

1.2   Cuántos electrones de valencia tiene el aluminio. (Z = 13).

1.3   Determinar si los siguientes elementos son conductores, semiconductores o dieléctricos:

   a. Sodio (Z = 11)

   b. Germanio (Z = 32)

   c. Cloro (Z = 17)

   d. Titano (Z = 22)

1.4   Cuántos niveles de energía tiene el Xenón (Z = 54)

INVESTIGUE

1.1 ¿Qué es la inducción electromagnética?

1.2 ¿Cómo puede cargarse un cuerpo por inducción electromagnética?

1.3 ¿Por qué la inducción es peligrosa para aparatos electrónicos y componentes computacionales?

Capítulo 2
CONCEPTOS FUNDAMENTALES

Energía y transferencia de energía

El objetivo principal del estudio de los fenómenos eléctricos y su consecuente manipulación es «la realización de un trabajo por medio de la entrega de energía en el lugar exacto, en la forma adecuada, y con la potencia suficiente para una gran variedad de propósitos».

El contenido general de la frase anterior se puede obtener considerando los términos *Trabajo, Energía y Potencia,* tal como se usan en el lenguaje común.

Sin embargo, estos términos, tan básicos en electricidad, se deben tomar en su sentido más preciso, tanto cualitativa como cuantitativamente.

Trabajo

Se realiza un «Trabajo» cuando algo se mueve contra una fuerza que se opone; por ejemplo, cuando se levanta un peso contra la gravedad o cuando se vence la fuerza de inercia y se pone algo en movimiento. Cuantitativamente, el trabajo se obtiene multiplicando la fuerza aplicada y la distancia a través de la cual se mueve la fuerza. Esto es:

$$W = Fd \qquad (2.1)$$

Donde: W = Trabajo.
            F = Fuerza.
            d = Distancia.

En el Sistema Internacional que tiene como base el metro para longitudes, el kilogramo para masas y el segundo para tiempo, la unidad de trabajo es el Julio (J).

EJEMPLO 2.1
Una fuerza de 4 Newtons actúa a lo largo de una distancia de 3 metros. Determinar el trabajo realizado.

SOLUCIÓN
Con F = 4N y d = 3m, reemplazamos en la ecuación (2.1), y obtenemos:

$$\text{Trabajo} = (4N)(3m) = 12J$$

Energía
«Energía» es la capacidad para realizar un trabajo.

Un principio general aplicable a todos los sistemas físicos es el «Principio de conservación de la energía», el cual establece que la energía no se crea ni se destruye; solamente se transforma en calor, luz o sonidos; puede ser energía mecánica de posición o de movimiento, puede almacenarse en una batería o en un resorte, pero no se puede crear ni destruir.

Un caso sencillo y conocido es el de una central hidroeléctrica; el agua se desplaza por grandes tuberías a partir de un embalse, de manera que la energía producida se debe a la caída de la masa de agua desde un punto a otro, con la diferencia de niveles H. (figura 2.1).

En síntesis, el ciclo completo de transformación de la energía se puede esquematizar así.

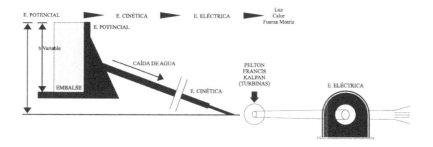

Figura 2-1. Transferencia de energía en una central hidroeléctrica.

Potencia

«Potencia» es la razón con que se entrega energía en el tiempo en el sistema MKS, la potencia se mide en vatios (w).

Ahora bien, de la definición de potencia, si W es el trabajo realizado o la energía consumida o entregada en el tiempo t, la potencia medida para ese período es:

$$P = W/t \qquad (2.2)$$

Donde: P = Potencia.
               W = Trabajo.
               t = Tiempo.

EJEMPLO 2.2

Una fuente de 5 vatios trabaja durante 2 horas continuas alimentando una carga luminosa. Determinar la energía suministrada por la fuente.

SOLUCIÓN

Despejando de la ecuación (2.2), obtenemos que la expresión para la energía es:

$$W = P\,t$$

Reemplazando en esta fórmula los valores dados en el problema llegamos a:

$$W = (5W)(2h) = 10W - h$$

Debido a la relación íntima que existe entre potencia y energía, frecuentemente encontramos que esta última está expresada en unidades tales como vatios – segundos o kilovatios – hora. (1 kWh = 3.6 (10^6) W- s). Un vatio – segundo es lo mismo que un Julio.

Expresando el valor obtenido en kWh, tenemos que la energía suministrada por la fuente es:

$$W = 0.01kWh$$

¿A cuántos W-s equivale esto?

Carga eléctrica

La cantidad eléctrica más elemental es la carga eléctrica o cantidad de electricidad. Podemos nombrarla, y aún ver un alambre que está conduciéndola, pero es imposible visualizarla en sí misma, separada de la partícula o del objeto. En general, un conocimiento de cargas eléctricas y de la electricidad, solo se puede lograr por el estudio de sus efectos.

Las cargas eléctricas, arbitrariamente, se denominan «Positiva» y «Negativa». Así, por ejemplo, el electrón es una carga negativa. Un cuerpo eléctricamente neutro tiene igual carga eléctrica positiva y negativa. Una carga eléctricamente negativa significa un exceso de electrones. La carga se representa por una letra Q (carga constante) o q (carga variable en el tiempo) y se mide ordinariamente en Culombios (C), unidad del sistema MKS.

La carga de un electrón es -1.6x10^{-19}C (Ver tabla 1.1), y para formar una cantidad de electricidad igual a 1 Culombio se necesitan 6.3 x 10^{-18} electrones.

EJEMPLO 2.3

Encontrar la carga en Culombios representada por:

(a) 7 electrones.
(b) 15 protones.

SOLUCIÓN

a. Si un electrón tiene una carga de -1.6 x 10-19 C, una regla de tres simple nos permite calcular la carga de 7 electrones.

$$Q = 7electrones\frac{-1.6(10^{-19})C}{1electrón} = -11.2(10^{-19})C$$

b. La única diferencia entre la carga de un electrón y la de un protón es que la de éste es positiva. Así, si un protón tiene una carga de +1.6 x 1019 C, la carga de 15 protones será:

$$Q = 15 protones \frac{+1.6(10^{-19})C}{1 protón} = +24(10^{-19})C$$

Un efecto bastante significativo de una carga eléctrica es el de poder producir una fuerza. Ya en el capítulo anterior se mencionaba que, específicamente, una carga repele a otras del mismo signo y atrae a otras cargas de signo contrario. Por ejemplo, cualquier carga que sea atraída por un electrón, será muy probablemente, un protón.

Ley de Coulomb

La magnitud de la fuerza entre dos cuerpos cargados es directamente proporcional al producto de las cargas e inversamente proporcional al cuadrado de la distancia entre ellas. Esto es, la fuerza F entre dos cuerpos cargados con cargas Q_1 y Q_2 está dada por:

$$F = \frac{KQ_1Q_2}{d^2} \tag{2.3}$$

Donde d es la distancia entre las cargas y K es una constate que depende de las unidades usadas y del medio que rodea las cargas. Frecuentemente se llama a K «Constante dieléctrica». En la tabla 2.1 se muestra una lista con la constante dieléctrica de algunas sustancias.

Tabla 2-1. Constante dieléctrica.

(T = 20°C; Presión atmosférica; f < 1MHz)	
Tipo de dieléctrico	k
Aire	1.0059

(T = 20°C; Presión atmosférica; f < 1MHz)	
Tipo de dieléctrico	k
Ámbar	2.9
Asfalto	2.7
Baquelita	6 (3 ½ a 8 ½)
Cera de Abejas	2.7
Celuloide	6.2
Cerámica	5 ½ x 10³ (4k a 7k)
Agua destilada	78
Ebonita	2.8
Etilo	26
Vidrio (Ventanas)	6
Glicerina	56
Mica	5 (6 a 7 ½)
Milar	3
Papel	2.5 (2 a 4)
Parafina	4 (3 a 5)
Petróleo	4 (2 a 6)
Polietileno	2.3
Poliestireno	2.6
Porcelana	6.5 (6 a 7 ½)
Cuarzo	3.8
Pyrex (Vidrio)	4.8
Caucho	3 (2 a 3 ½)
Pizarra	6.8
Tierra	2.9
Teflón	2
Vacío	1.0
Vaselina	2.2
Agua	81
Madera	5.5 (2 ½ a 8 ½)

EJEMPLO 2.4

Determinar:

a. La fuerza con que se atrae una carga positiva de 20C y una negativa de 80C, separadas 0.05m, en el vacío.

b. La fuerza con que se repelen dos cargas positivas de 5 y 8C separadas 2m, en el vacío.

SOLUCIÓN

a. Sea Q1 = +20C = -80C, la separación entre las cargas es de d = 0.05m y la constante del vacío, según la tabla 2.1 es 1.0. Reemplazando estos valores en la ecuación (2.3) tenemos:

$$F = 1.0 \left(\frac{(+20C)(-80C)}{(0.05m)^2} \right) = -0.64(10^6)N$$

b. Si Q1 = 5C, Q2 = 8C y d = 2m, reemplazamos estos valores en la ecuación (2.3) y llegamos a:

$$F = 1.0 \left(\frac{(5C)(8C)}{(2m)^2} \right) = 10N$$

Corriente eléctrica

En nuestro estudio estamos más interesados en las cargas en movimiento que en las cargas en reposo, debido a la transferencia de energía que puede presentarse en ellas.

Definimos la corriente eléctrica como el flujo de cargas a través de una sección de material conductor en un período de tiempo determinado.

Imaginemos que nos encontramos en un punto específico de un circuito y que vemos pasar q culombios cada t segundos. Cuantitativamente, y ateniéndonos fielmente a la definición dada arriba, podemos calcular la corriente eléctrica como:

$$I = \frac{Q}{t} \qquad (2.4)$$

En el caso de que las cargas sean variables en el tiempo, entonces la expresión quedará:

$$I = \frac{\Delta q}{\Delta t} = \frac{q_1 - q_2}{t_1 - t_2} \qquad (2.5)$$

Obsérvese que en la ecuación (2.5) todas las letras son minúsculas. En general, siempre que nos refiramos a valores cambiantes en el tiempo, los denotaremos con minúsculas, mientras que los valores constantes los denotaremos con mayúsculas, como en la ecuación (2.4).

En el Sistema Internacional (SI) o (MKS), la medida de corriente es el amperio (A). Un amperio es igual a un flujo de carga de un culombio por segundo.

EJEMPLO 2.5
Si por punto determinado de un conductor pasan 200C en 640ms, determinar la corriente circulante.

SOLUCIÓN
Se observa que los valores son constantes en el tiempo. Luego, reemplazando los valores dados en la ecuación (2.4), obtenemos:

$$I = \frac{Q}{t} = \frac{200C}{640ms} = \frac{200C}{640(10^{-3}s)}$$

Es decir:

$$I = 312.5A$$

EJEMPLO 2.6

En un instante determinado pasan por un punto de un conductor $650 \cdot 10^{20}$ electrones. ¿Cuál es el valor de la corriente en ese intervalo?

SOLUCIÓN

Primero que todo debemos pasar los flujos de carga a Culombios, así:

$$q_1 = (6x10^{20} elect) \left(\frac{+1.6x10^{-19}C}{1 elect} \right) = +96C$$

Análogamente,

$$q_2 = (650x10^{20} elect) \left(\frac{+1.6x10^{-19}C}{1 elect} \right) = +10400C$$

Y reemplazamos estos valores en la ecuación (2.5), con $t_1 = 0$, tenemos:

$$i = \frac{q_1 - q_2}{t_1 - t_2}$$

Sentido real y sentido convencional de la corriente eléctrica

De acuerdo con la teoría electrónica, la dirección de la corriente eléctrica es aquella en la cual se mueven los electrones o partículas cargadas negativamente, tal como se muestra en la figura 2.2.

Los electrones se desplazan desde el punto donde hay exceso de ellos, (cátodos) hacia el punto donde hay déficit de estos (ánodo). Aprovechando el «puente» tendido por el hilo conductor, el sentido convencional, sin embargo, es contrario, y se sigue utilizando para evitar confusiones en teorías establecidas con base en este sentido tradicional.

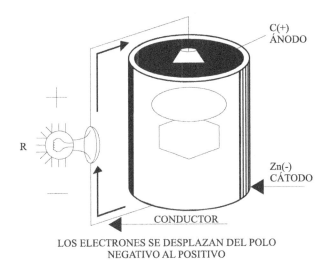

LOS ELECTRONES SE DESPLAZAN DEL POLO
NEGATIVO AL POSITIVO

Figura 2-2. Sentido real de la corriente.

El sentido convencional de la corriente es pues ficticio, no real. La dirección de la corriente es contraria al movimiento de electrones que la producen (figura 2.3).

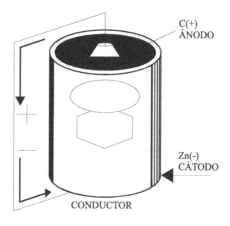

Figura 2-3. Sentido convencional de la corriente.

Mecanismo de la conducción en los metales

En los metales, los átomos se hallan muy próximos y sus capas externas no están completas, por lo que los electrones pueden circular fácilmente de átomo en átomo. En ausencia de cualquier atracción unidireccional, los electrones se mueven al azar, de forma que, en promedio, ninguna carga neta es transportada de una parte a otra del metal, tal como se ilustra en la figura 2.4.

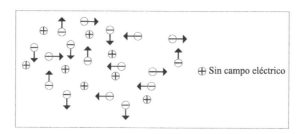

Figura 2-4. Movimiento de los electrones sin campo eléctrico.

En cambio, si en un metal, por ejemplo, en el extremo de un alambre, los electrones son atraídos por algún procedimiento, su movimiento deja de ser totalmente al azar y aparece una deriva hacia la zona de la que se sacan electrones, como se muestra en la figura 2.5. Este movimiento constituye una corriente eléctrica.

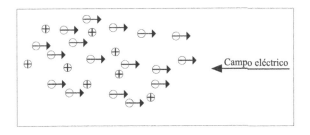

Figura 2-5. Movimiento de los electrones con campo electrónico.

Corriente directa y corriente alterna

Ahora sabemos que las corrientes consisten usualmente en desplazamientos de electrones negativos, pero la convención no ha cambiado. Por definición, la corriente positiva tiene la dirección de cargas positivas, la cual es opuesta al flujo de electrones.

En corriente directa el flujo de cargas tiene una dirección durante el período de tiempo considerado. La figura 2.6 muestra la gráfica de una corriente directa como función del tiempo. Más específicamente, muestra una corriente directa estacionaria, ya que la magnitud permanece constante en el valor I.

Figura 2-6. Corriente directa.

En corriente alterna las cargas fluyen primero en una dirección y luego en otra, repitiendo el ciclo con una frecuencia definida.

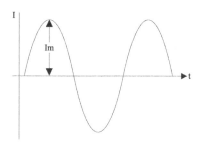

Figura 2-7. Corriente alterna.

La onda que se muestra en la figura 2.7 es senoidal, con I_m valor máximo o pico. La parte sólida muestra un ciclo completo, el cual se repite 60 veces por segundo y la parte punteada muestra la forma cíclica en que se repite la onda.

Diferencia de potencial, voltaje o tensión

La figura 2.8 muestra el diagrama del más sencillo de los circuitos: consta de una batería que alimenta una lámpara. La corriente I circula de la batería a la lámpara y de ésta a la batería, constituyéndose así un camino o circuito cerrado.

Si uno de los alambres se desconecta o si un interruptor insertado en uno de los alambres está abierto, tenemos un circuito abierto; en este caso no habría corriente (I=0), ni tampoco transferencia de energía.

Otra cosa sucedería si al formar el circuito, accidentalmente, conectados en alambre entre los puntos *e* y *d* o entre los puntos *a* y *b*, alrededor de la lámpara o de la batería respectivamente.

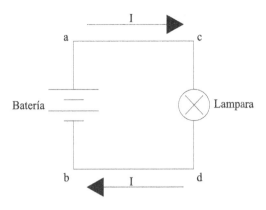

Figura 2-8. Circuito elemental.

En este caso tendríamos los que se denomina un corto circuito. La corriente de la batería sería alta (destructiva normalmente), y ésta no pasaría por la lámpara sino en cantidad tan despreciable, que se podría decir que no habría transferencia de energía a la lámpara; usualmente, estos problemas se evitan colocando fusibles o cortacircuitos que sirven para abrir el circuito automáticamente cuando se presentan tales fallas.

Ahora bien, para mantener la corriente I en el circuito, es necesario un consumo de energía para que fluyan las cargas a través de la lámpara y de los alambres, este trabajo o energía es la que se obtiene de la fuente. El trabajo realizado al mover una carga entre dos puntos de un circuito recibe el nombre de diferencia de potencial, voltaje o tensión entre esos dos puntos. El voltaje, en otras palabras, es el trabajo o energía por unidad de carga. Cuantitativamente seria.

$$V = \frac{W}{Q}$$
(2.6)

Donde: V = Voltaje.

W = Trabajo o energía.

Q = Carga eléctrica.

En el Sistema Internacional o MKS, el voltaje se mide en voltios *(V)*. Un voltio es el trabajo realizado por un julio para mover una carga de un culombio de un lugar a otro.

A veces se refiere al voltaje como diferencia de potencial. Esto se debe a que la corriente, al ir del punto *a* al punto *b*, en la lámpara, consume energía; Es decir, el punto *a* está a mayor tensión o voltaje que el punto *b*, y al voltaje neto sobre la carga se le denomina V_{ab}. En general $V_{ab} = V_a - V_b$ y $V_{ab} = -V_{ba}$. Esta segunda expresión es equivalente a la primera, ya que $-V_{ba} = -(V_b - V_a) = V_a - V_b = V_{ab}$. Por lo que podemos escribir también:

$$V_{ab} = \frac{W}{Q} \qquad (2.7)$$

Para los elementos positivos que consideramos más adelante *(Secciones 3.4, 3.5 y 3.6)*, será de gran importancia tener bien presente este punto.

En general, por el terminal que entra la corriente a un elemento se presenta una elevación de tensión. Mientras que por el terminal que sale se presenta una caída de tensión.

El aumento de voltaje lo representaremos con un signo más (+). y la caída de voltaje con un signo menos (−).

Así las cosas, las corrientes, a los elementos pasivos, siempre entran por (+), con aumento de tensión, y salen por menos (−), con caída de tensión, (figura 3.9, 3.18 y 3.20).

EJEMPLO 2.7

Se requiere una energía de 15J para mover una carga de 5C de un punto a un punto b. ¿Qué voltaje es necesario aplicar?

SOLUCIÓN

Según los datos del problema $W = 15J$ y $Q = 5C$. Reemplazando estos valores en la ecuación (2.6), llegamos a que se necesita un voltaje de:

$$V = \frac{W}{Q} = \frac{15J}{5C} = 3V$$

EJEMPLO 2.8

Para mover un flujo de 8×10^{19} electrones se aplica un voltaje de 12V. Calcular la disipación de energía.

SOLUCIÓN

Primero determinamos la carga en culombios, así:

$$Q = 8(10^9)elect\left(\frac{+1.6(10^{-19})C}{1elect}\right) = +12.8C$$

Reemplazando ahora estos valores en la ecuación (2.6), tenemos:

$$12V = \frac{W}{12.8C}$$

Despejando tenemos:

$$W = (12V)(12.8C) = 153.6J$$

Analogía para la corriente eléctrica y el voltaje

Es posible hacer una comparación de corriente eléctrica con otra de agua que circula por un tubo que une dos tanques con niveles de agua diferente. (figura 2.9).

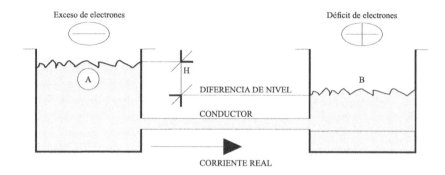

Figura 2-9. Diferencia de nivel (análogo a una diferencia de potencial).

Si los dos niveles de agua se igualan, entonces no habrá circulación de corriente.

En conclusión, el agua *(corriente)* circula por el tubo *(conductor)* gracias a la diferencia de nivel *(voltaje o diferencia de potencial)* hasta que los niveles de agua son iguales.

Si, por ejemplo, se coloca una bomba entre dos tanques, como se muestra en la figura 2.10, de tal forma que la bomba mantenga constante la diferencia de niveles entre los dos recipientes de almacenamiento, también la corriente pasará continuamente de *A* a *B*.

El primer caso semeja una pila o batería, la cual termina por agotarse debido a las reacciones químicas. El segundo caso representa un generador electrónico, en el cual el nivel de tensión permanece constante, y por lo tanto también el flujo de corriente a través del conductor.

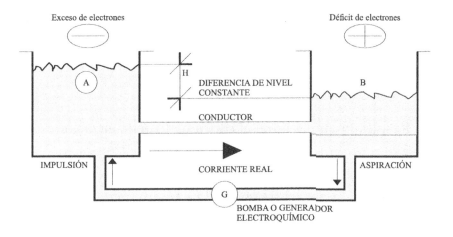

Figura 2-10. La diferencia de nivel se mantiene constante.

Potencia eléctrica

En un caso particular, la potencia es la que se entrega o absorbe en la parte del circuito a través del cual se mide un voltaje (v). Este elemento también debe conducir una corriente (i), y como el voltaje varía con el tiempo, también la potencia (p) cambiará a cada instante, y su valor instantáneo será:

$$p = v\,i \qquad (2.8)$$

Pero si tanto la corriente como el voltaje permanecen constantes en el tiempo, también será constante la potencia, la cual se calcula como:

$$P = V\,I \qquad (2.9)$$

Si reemplazamos las ecuaciones (2.4) y (2.6) en la (2.9), tenemos:

$$P = V I = \frac{W}{Q}\frac{Q}{t} = \frac{W}{t}$$

Resultado que es igual al consignado en la ecuación (2.2).

EJEMPLO 2.9

Por una carga eléctrica conectada a una fuente de 110V circula una corriente de 2.6A. ¿Cuál es la potencia de la carga?

SOLUCIÓN

Según la ecuación (2.9), la potencia está dada por:

$$P = V I$$

Si reemplazamos los valores dados por el problema en la fórmula, llegamos a:

$$P = (110V)(2.6A) = 286W$$

La unidad de potencia en el Sistema Internacional es el vatio (W), 1W es el producto de 1V y 1A, y equivale al consumo de 1J por cada segundo, para mover una carga determinada.

Energía eléctrica

Cuando el voltaje y la corriente permanecen constantes en un intervalo de tiempo determinado, entonces se habla de una energía total, la cual es entregada por una fuente y absorbida por una carga. Cuantitativamente, la energía está dada por:

$$W = V I t \qquad (2.10)$$

Si reemplazamos la ecuación (2.9) en la (2.10), tenemos:

$$W = P t \qquad (2.11)$$

Ecuación que es la misma que se desprende de la (2.2) y que fue utilizada en el ejemplo 2.2.

EJEMPLO 2.10

Suponga, en el ejercicio anterior, que la carga está conectada durante 10 horas ¿Cuál es la energía absorbida por dicha carga de la fuente?

SOLUCIÓN

Del problema anterior sabemos que la potencia disipada por la carga es de 286W.

Si reemplazamos este valor y el tiempo de 10 horas en la ecuación (2.11) obtenemos:

$$W = (286W)(10h) = 2860W - h$$

Lo que en la unidad más común de KWh, será:

$$W = 2860Wh \left(\frac{1kWh}{10^3Wh} \right) = 2.86kWh$$

O también:

$$W = 2.86kWh\left(\frac{3.6(10^6)Ws}{1kWh}\right) = 10.3(10^6)Ws$$

Ya se han introducido las principales cantidades eléctricas con las cuales está normalmente en contacto el electricista y el electrónico. Se resumen en la tabla 2.2, junto con sus unidades más usuales y su abreviatura. Para denotar unidades más grandes o más pequeñas, se usa una serie de prefijos con el nombre de la unidad básica, y así se evita una gran cantidad de ceros antes y después del punto decimal.

Tabla 2-2. Principales cantidades eléctricas.

CANTIDAD ELÉCTRICA	ABREVIATURA	UNIDAD
Carga	Q, q	Culomb
Corriente	I, i	Amperio
Voltaje	V, v	Voltio
Potencia	P, p	Vatio
Energía	E, e	Julio
Tiempo	t	Segundo

Estos prefijos, con sus abreviaturas entre paréntesis, se dan en la tabla 2.3. De esta forma, en circuitos industriales hablaremos de kilovoltios (kV) y Megavatios (MW), mientras en circuitos electrónicos de bajo nivel de potencia y en circuitos de comunicaciones trataremos frecuentemente con milivoltios (mV) y microamperios (μA). Como veremos más adelante, estos prefijos también se usan en las unidades de las constantes del circuito.

Tabla 2-3. *Prefijos usados con las cantidades eléctricas.*

PARA CANTIDADES		PARA CANTIDADES PEQUEÑAS	
Kilo (K)	10^3 unidades	Mili (m)	10^{-3} unidades
Mega (M)	10^6 unidades	Micro (μ)	10^{-6} unidades
Giga (G)	10^9 unidades	Nano (n)	10^{-9} unidades
Tera (T)	10^{12} unidades	Pico (p)	10^{-12} unidades

REPASO

Conceptos

Defina o discuta lo siguiente:

- Trabajo, potencia y energía.
- Carga eléctrica neutra.
- Ley de Coulomb.
- Sentido real y sentido convencional de la corriente eléctrica.
- Mecanismo de la conducción en los metales.
- Corriente alterna y corriente directa.
- «Para que haya corriente eléctrica debe haber un camino cerrado y una diferencia de potencial».
- Voltaje, corriente y potencia variable con el tiempo.

EJERCICIOS

2.1.   Calcular la fuerza con que se atraen:

        a.   En el vacío.

        b.   En el agua.

        c.   En el aceite.

Las cargas eléctricas de +20C y -30C separado 5cm.

2.2.   Una fuerza de 12N se mueve a lo largo de una distancia d, realizando un trabajo de 38J. Calcular la distancia d.

2.3.   Una fuente eléctrica suministra una energía de 60J durante 3 horas. ¿Qué potencia puede entregar dicha fuente?

2.4. Una lámpara trabaja con un voltaje de 110V. Si la potencia absorbida es de 150W, ¿Cuál es el valor de la corriente demandada por la lámpara?, si ésta opera durante 5 horas continuas, ¿Cuánta energía consumirá?, ¿Cuánta si trabaja durante 19 horas?

2.5. Durante 5 segundos pasan por un punto de un conductor 80 x 1018 electrones. ¿Cuánta corriente circula por el conductor en ese tiempo?

2.6. En un tiempo (t_1 = 0) pasan por un punto de un conductor 20C y 10 segundos después se ha contabilizado una carga de 50C. ¿Cuál es el valor instantáneo de la corriente circulante?

2.7. ¿Cuántos electrones hay en una carga de 100 Culombios?

2.8. Un voltaje de 60V es aplicado para mover una carga de 12C. ¿Cuánta energía se requiere en este proceso?

INVESTIGUE

2.1. ¿Cuál es la diferencia entre corriente directa y corriente continua?

2.2. ¿Cuántas clases de corriente directa se pueden determinar?

Capítulo 3
ELEMENTOS DE CIRCUITOS Y LEYES BÁSICAS

Circuito eléctrico

Un circuito eléctrico es una representación simbólica de una disposición física real. Se caracteriza por tener uno o más elementos activos interconectados con uno o más elementos pasivos de energía eléctrica.

Elementos activos

Entre los elementos activos se encuentran las pilas, las baterías, los acumuladores y las fuentes, estas últimas tanto independientes como dependientes. las fuentes tienen la características o propiedad de suministrar o una diferencia de potencial (fuente de voltaje) o una corriente (fuente de corriente) indefinidamente. Las fuentes de voltaje entregan voltaje independientemente de la corriente y las fuentes de corriente entregan corriente independientemente del voltaje; por esta razón se llaman fuentes independientes. Las fuentes dependientes, por su parte, entregan un voltaje o una corriente en función de corrientes o voltajes existentes en otra parte del circuito; también reciben el nombre de fuentes controladas por corriente y fuentes controladas por voltaje.

Elementos pasivos

Los elementos pasivos individuales que forman la parte receptora o sumideros de una red eléctrica también reciben el nombre de *"Parámetros"*.

Las relaciones entre los voltajes y las corrientes entre los elementos del circuito se han establecido sobre bases experimentales. Existen tres tipos de elementos de circuito:

1. Un tipo de elemento de circuito requiere un voltaje directamente proporcional a la corriente del elemento. La constante de proporcionalidad recibe el nombre de *"Resistencia"*. Esta constante o parámetro del circuito está íntimamente relacionada con la disipación de energía en forma de calor en el circuito, y se mira con más detalle posteriormente.

2. Otro tipo de elemento de circuito requiere un voltaje directamente proporcional al cambio de la corriente con respecto al tiempo; la constante de proporcionalidad recibe el nombre de *"Inductancia"* Este parámetro está íntimamente relacionado con el campo magnético del circuito.

3. El tercer tipo de elemento de circuito requiere una corriente proporcional al cambio del voltaje con respecto al tiempo. La constante de proporcionalidad recibe el nombre de "Capacidad" y este parámetro está asociado con el campo eléctrico del circuito.

Todos los circuitos eléctricos consisten en la combinación de estos tres tipos de elementos de circuito. Sin embargo, para propósito prácticos, no todos los tipos deben estar presente en todo circuito.

Pilas, baterías y acumuladores

Son necesarios dos metales y el líquido o solución especial que introduce la diferencia de potencial entre los metales para originar así la electricidad por un proceso químico. Al elemento resultante se le denomina pila de volta, en honor al científico Alejandro Volta que la descubrió.

Más concretamente en la pila de volta, figura 3.1(a), dos conductores eléctricos de materiales diferentes, Zn y Cu, se sumergen dentro de una solución conductora o electrolito (H_2SO_4) diluido. Se produce entonces una diferencia de potencial o de tensión entre dos metales.

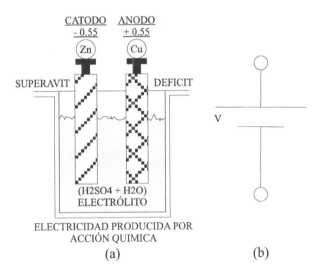

Figura 3-1. (a) Pila de volta, (b) Símbolo esquemático de una pila.

Los dos metales se llaman electrodos, polos o bornes de la pila. El Zn resulta cargado positivamente y toma el nombre de ánodo, con déficit de electrones.

En la figura 3.1(b) se muestra el símbolo esquemático de una pila. Como la corriente que produce una pila es muy pequeña, Volta dispuso una serie de pilas superpuestas, creando la primera batería de pilas en serie. La figura 3.2(a) muestra la disposición realizada por Volta, y la figura3.2(b) muestra el símbolo esquemático de una batería.

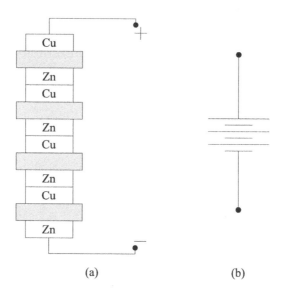

(a)   (b)

Figura 3-2. (a) Composición de una batería (b) símbolo de una batería.

Las pilas, y por tanto las baterías, se inutilizan al cabo de cierto tiempo por consumirse el electrolito o uno de los electrodos, a causa de las reacciones químicas que ocurren en el proceso. Estas pilas sólo pueden operar de nuevo aña-diendo más electrolito o reponiendo el electrodo gastado.

Sin embargo, un tipo especial de electroquímicos presen-tan la particularidad de no perder sus propiedades y me-diante un proceso de carga pueden funcionar de nuevo sin necesidad de añadir nuevas sustancias. Estos son los "acumuladores" y para cargarlos es necesario recurrir a generadores auxiliares. (figura 3.3).

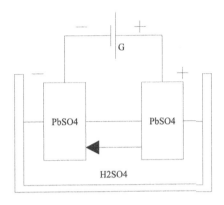

Figura 3-3. Acumulador, indicando el generador G, para cargarlo.

Analogía para una batería

Una pila o batería (generador de corriente continua), provista de polos y conectada a un circuito externo cerrado, es comparable a una bomba centrífuga conectada a un circuito cerrado de tubería externa, de modo que impulsa corriente por su polo positivo (boca de aspiración). En esta operación se gasta la presión o voltaje, pero la corriente o caudal no se gasta, circula en circuito cerrado. (figura 3.4).

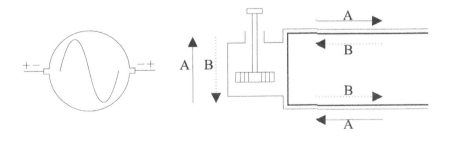

Figura 3-4. Analogía para una batería.

Fuentes independientes de voltaje y corriente

En sí mismos, tanto la pila y la batería como el acumulador son fuentes independientes, ya que, como tales, están en capacidad de suministrar una potencia (voltaje y corriente) eléctrica independientemente de cualquier otro proceso.

La representación de la figura 3.5 (a) muestra una fuente de voltaje, cuyo voltaje e es generalmente una función del tiempo. La elevación de voltaje se presenta entre el terminal marcado con ($-$) y el termina marcado con ($+$), si la función $e(t)oE$ es positiva.

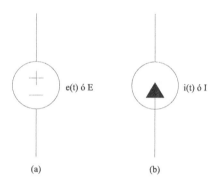

e(t) ó E   i(t) ó I

(a)   (b)

Figura 3-5. Representación de fuentes independientes (a) de voltaje (b) de corriente.

La representación de la fuente ideal de corriente se muestra en la figura 3.5 (b). En la figura, la flecha apunta en la dirección de la corriente positiva.

Las fuentes físicas no son fuentes ideales de voltaje ni fuentes ideales de corriente. En muchos casos, sin embargo, la representación ideal es suficiente para los propósitos perseguidos en cualquier estudio.

En un circuito que tiene una sola fuente y uno o varios elementos pasivos, la potencia es siempre suministrada por dicha fuente. Pero si en un mismo circuito se tienen varias fuentes y uno o varios elementos pasivos, la potencia de la fuente puede ser absorbida o suministrada, es decir, al menos una de las fuentes suministra la energía y el resto termina absorbiéndola, igual que los demás elementos pasivos.

Una fuente siempre tiene polaridad asignada. Si la corriente sale del terminal positivo, figura 3.6 (a), la fuente está entregando o suministrando potencia. Cuando la corriente entra al terminal positivo de la fuente, figura 3.6 (b) decimos que la fuente está absorbiendo potencia. La corriente también puede tener sentido positivo y negativo, dependiendo de la dirección de la circulación. Así, por ejemplo, la corriente I en la figura 3.6(a) será -I si el sentido de la flecha se invierte. Igual se puede decir para el caso de la figura 3.6 (b).

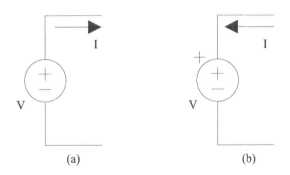

(a)   (b)

Figura 3-6. Potencia (a) suministrada y (b) Absorbida.

Analogía

La figura (3.7) muestra la gráfica correspondiente a la analogía de un generador de corriente alterna (fuente de energía eléctrica), conectado a un circuito cerrado externo, comparable a una bomba de pistón (sube y baja el pistón dentro de un cilindro) y conectada a un circuito cerrado de tuberías.

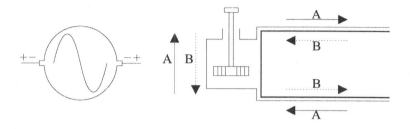

Figura 3-7. Analogía de un generador de corriente alterna.

En ambos casos, la fuente cambia de polaridad en cada subida y bajada del pistón. Las subidas pueden ser consideradas positivas y negativas las bajadas. También puede hacerse la consideración contraria.

EJEMPLO 3.1

Determine si en los siguientes casos la fuente está suministrando o absorbiendo potencia.

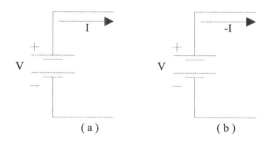

(a)   (b)

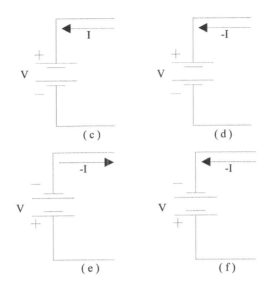

Figura 3-7-1. Circuito del Ejemplo 3.1.

SOLUCIÓN

Primero que todo anotamos que para todos los casos la magnitud de la potencia se determina como el producto $V * I$, del voltaje y la corriente.

En segundo lugar, procedemos a determinar las polaridades positivas de las fuentes e, igualmente, las direcciones de las flechas de corriente cuando ésta tiene un valor positivo, así:

a. Tanto V como I son positivos, como I sale por el terminal positivo, la fuente está suministrando potencia.

b. Para que la corriente I sea positiva es necesario invertir el sentido de la flecha, es decir, la corriente quedaría entrando por el terminal positivo de la fuente, lo que implica que ésta está absorbiendo potencia.

71

c. Tanto el voltaje V como la corriente l son positivas, la corriente entra al terminal positivo, luego la fuente absorbe potencia.

d. Invirtiendo el sentido de la corriente, ésta quedará saliendo por el terminal positivo. Es decir, la fuente ésta suministrando potencia.

e. Obsérvese cómo la fuente esta invertida, esto es, con la polaridad invertida hacia abajo; como también la corriente es negativa, al invertir la flecha quedaría entrando por el terminal negativo de la fuente, es decir, saliendo por el terminal positivo. Así las cosas, la fuente está suministrando potencia.

f. Como en el caso anterior, cambiando el sentido de la corriente, ésta queda saliendo por el terminal negativo, o sea entrando por el positivo. La fuente absorbe potencia.

Fuentes dependientes o controladas

Existe una segunda clase de fuentes en las que el voltaje o la corriente de la fuente es una función del voltaje o la corriente existente en otra sección del circuito o dispositivo. Los dispositivos físicos en los que existen estas fuentes controladas incluyen los generadores eléctricos y los transistores. En el generador el voltaje inducido en un arrollamiento es función de la corriente en otro arrollamiento. En el transistor la corriente de salida puede ser proporcional a la corriente de entrada. En la figura 3.8 se muestran cuatro tipos de fuentes controladas.

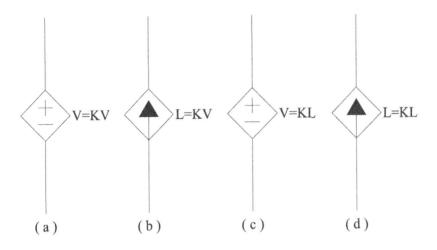

Figura 3-8. Representación de las fuentes controladas.

Los tipos que aparecen son la fuente de voltaje con volta-je controlado, figura 3.8 (a); la fuente de corriente con volta-je controlado, figura 3.8 (b); la fuente de voltaje con corrien-te controlada, figura 3.8 (c); la fuente de corriente con co-rriente controlada; figura 3.8 (d).

Para su estudio deben conocerse tanto la fuente como la variable de control.

Resistencia y leyes de Ohm, Pouillet y de Joule

Resistencias ideales

En la figura 3.9 se representa el símbolo de una resisten-cia ideal o perfecta.

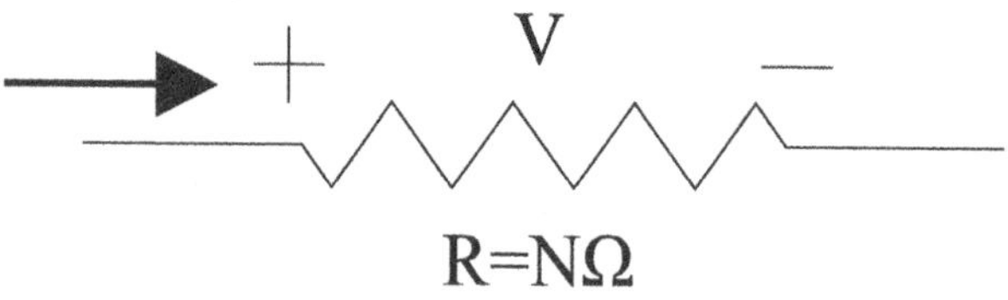

$$R = N\Omega$$

Figura 3-9. Representación gráfica de una resistencia.

Una resistencia ideal no cambia su valor con la temperatura o por cualquier otra razón, y puede transportar una corriente infinita sin ser destruida. Por definición, como es natural, no tiene ni capacitancia ni inductancia. Este tipo de elemento, como ya fue mencionado anteriormente, requiere un voltaje entre sus terminales directamente proporcional a la corriente que circula a través de él. Expresado cuantitativamente, el voltaje es:

$$V = I\,R \; voltios \tag{3.1}$$

Donde I es la corriente en amperios. La constante de proporcionalidad R es la resistencia del elemento, y se mide en Ohmios (Símbolo Ω) La relación entre el voltaje y la corriente expresada en la ecuación (3.1), se conoce como la **Ley de Ohm.**

EJEMPLO 3.2

Un dispositivo eléctrico trabaja con una corriente de 2. 67A y un voltaje de 60V. ¿Cuál es el valor de su resistencia?

SOLUCIÓN

Si despejamos R de la ecuación (3.1), tenemos:

$$R = \frac{V}{I}$$

Y reemplazando los valores dados en esta ecuación:

$$R = \frac{60V}{2.67A} = 22.48\Omega$$

EJEMPLO 3.3

¿Cuál será la resistencia de una lámpara eléctrica que trabaja con un voltaje de 110V y consume una corriente de 0,9A?

SOLUCIÓN

Hemos visto que la resistencia eléctrica se calcula mediante la expresión:

$$R = \frac{V}{I}$$

Reemplazando en esta expresión los valores de V e I llegamos a:

$$R = \frac{110V}{0.9A} = 122.22\Omega$$

Resistencias reales

Las resistencias pueden fabricarse de un gran número de materiales. En la figura 3.10 puede verse la forma de fabricación para algunos de los tipos principales allí mismo indicados. Sin embargo, hay que señalar que existen variaciones considerables entre los productos de distintos fabricantes.

En el caso de la resistencia de hilo bobinado, si el hilo de la resistencia se arrolla sobre un soporte formando una bobina, su inductancia puede ser considerable. Sin embargo, disponiendo juntos dos arrollamientos iguales sobre el mismo soporte y conectándolos en serie, pero de modo que las corrientes circulen en sentidos opuestos, el flujo resultante será depreciable y también la inductancia. Las resistencias así fabricadas reciben el nombre de resistencia de bobinado no inductivo.

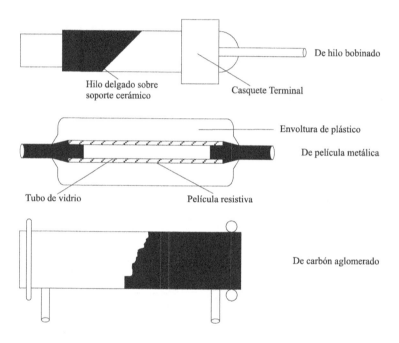

Figura 3-10. Diferentes tipos de resistencia.

El procedimiento de fabricación de las resistencias de carbón es bastante diferente. El material puede ser carbón puro comprimido en forma de varilla, o también carbón mezclado con arcilla, formando un cilindro. La inductancia es muy pequeña, puesto que la resistencia constituye solo parte de una espira.

Un tercer tipo de resistencia, con un valor óhmico normalmente elevado, es la resistencia formada por una delgada película de material conductor que puede ser un metal o carbón depositada sobre un soporte de material aislante.

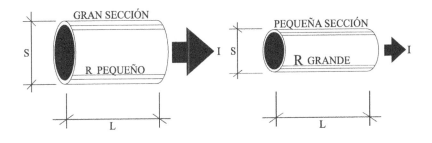

Figura 3-11. La resistencia varía con la longitud y a sección transversal del conductor.

Cálculo de la resistencia a partir de la forma geométrica del conductor

Del análisis de la ecuación (3.1), la Ley de Ohm, y de la figura 3.11, se desprende que la intensidad de la corriente I será mayor mientras menor es la resistencia R del conductor al paso de esa corriente. Esa resistencia opuesta depende de la naturaleza del conductor, de su longitud y de su sección transversal fundamentalmente. Ohm comprobó que la resistencia de un conductor es directamente proporcional a su longitud (l) e inversamente proporcional a la sección transversal (S). Estos resultados, llamados ley de Pouillet, pueden resumirse en la fórmula:

$$R = P\frac{l}{S} \tag{3.2}$$

Donde el coeficiente ρ se llama resistividad o resistencia específica y depende de la sustancia. La resistividad es igual a la resistencia de un conductor que tiene longitud y sección iguales a la unidad. En la tabla 3.1 se presenta la resistividad de algunas sustancias cuando se encuentran a una temperatura de 20° C.

Tabla 3-1. Resistividad de algunos elementos a 20°C.

Material	Resistividad $\rho, \Omega \ m *$	Material	Resistividad $\rho, \Omega \ m *$
Aluminio	2.83×10^{-8}	Grafito	8×10^{-6}
Antimonio	4.17×10^{-7}	Hierro	$9.8 \times 10^{+7}$
Baquelita, Compuestos y Resinas plásticas	$1 \times 10^{+8}$	Plomo	2.2×10^{-7}
Latón	7×10^{-8}	Aleación de Manganina	4.4×10^{-7}
Carbono	3.5×10^{-8}	Mercurio	9.6×10^{-7}
Aleación de Constantán	4.9×10^{-7}	Mica	$1 \times 10^{+14}$
Cobre	1.7×10^{-8}	Nicromo	1×10^{-6}
Alpaca (Plata alemana)	3.3×10^{-7}	Caucho (duro)	$1 \times 10^{+16}$
Germanio	0.45	Silicio	$1.3 \times 10^{+3}$
Vidrio	$1 \times 10^{+12}$	Plata	1.6×10^{-8}
Oro	24×10^{-8}	Acero (4% si)	5×10^{-7}
		Tungsteno	5.2×10^{-8}

* Los valores pueden variar según la pureza del material.

EJEMPLO 3.4

Una placa de Germanio tiene una longitud de 0.5m y una sección transversal circular de 0.3 mm². Calcular su resistencia.

SOLUCIÓN

El Germanio según la tabla 3.1 tiene una resistencia de $0.45\Omega - m$. La sección es de $0.3\ mm^2$ lo que equivale a $0.3\ x\ 10^{-6}m^2$. Si reemplazamos estos valores en la ecuación 3.2. Obtenemos que:

$$R = 0.45\Omega - m\left(\frac{0.5m}{0.3(10^{-6})m^2}\right)$$

Es decir:

$$R = 750K\Omega$$

EJEMPLO 3.5

Un conductor de hierro tiene una sección cuadrada $0.03m$ de lado y una resistencia de $1K\Omega$, ¿Cuál será la longitud del conductor?

SOLUCIÓN

Despejando de la ecuación (3.2) la longitud, obtenemos:

$$l = \frac{RS}{P}$$

El hierro, según la tabla 3.1, tienen una resistividad de $9.8\ x\ 10^{-7}\Omega$-m Reemplazando estos valores tenemos:

$$l = 1000\Omega\left(\frac{(0.03m)^2}{9.8(10^{-7}\Omega - m)}\right)$$

Es decir:

$$l = 918.367m$$

Analogía y energía de la resistencia

La resistencia eléctrica es comparable con la fricción en las tuberías en el análogo hidráulico y también al rozamiento en los sistemas mecánicos. La resistencia o fricción se opone directamente a la corriente, al flujo de agua o al movimiento, y la energía disipada para vencer está oposición aparece en forma de calor. La potencia disipada por la resistencia puede determinarse a partir de la ecuación (2.9), combinada con la ecuación (3.1):

$$P = VI = (IR)I = I^2 R Vatios \tag{3.3}$$

O también:

$$P = VI = V\left(\frac{V}{R}\right) = \frac{V^2}{R} \; Vatios \tag{3.4}$$

Resultado que constituye La **Ley de Joule:** La cantidad de calor desprendido de un conductor es proporcional a su resistencia y al cuadrado de la intensidad de corriente (Según la ecuación (3.3)). O también, la cantidad de calor que se desprende de un conductor es inversamente proporcional a la resistencia y directamente proporcional al cuadrado del voltaje (Según ecuación (3.4)).

EJEMPLO 3.6

Una resistencia eléctrica trabaja con un voltaje de 220V y un valor óhmico de 100 se mide en sus terminales. Calcular la potencia disipada por la resistencia.

SOLUCIÓN

Con los valores dados en el problema y la ecuación (3.4), calculamos:

$$P = \frac{V^2}{R} = \frac{(200V)^2}{100} = 484\ Vatios$$

EJEMPLO 3.7

Por un conductor de silicio de 0.2m de largo y sección transversal circular de 0.0002m de radio, circulan $200x10^{18}$ electrones en dos segundos. Calcular la potencia disipada por el elemento.

SOLUCIÓN

Sabemos que el conductor tiene una sección transversal circular cuyo valor será:

$$S = \pi r^2$$

Con radio $r = 0.0002m$, tenemos:

$$S = 3.1416(0.0002m)^2$$

O sea que:

$$S = 4(10^{-8})m^2$$

En la tabla 3.1 vemos que la resistividad del silicio es $\rho = 1.3x10^3 \Omega - m$ y reemplazando en la ecuación (3.2):

$$R = 1.3(10^3)\Omega - m\left(\frac{0.2m}{4(10^{-8})m^2}\right)$$

Así que:

$$R = 0.065(10^{11})\Omega$$

Lo que también equivale a:

$$R = 6500M\Omega$$

La carga que fluye por el conductor es de:

$$Q = 200(10^{18})elect \left(\frac{1.6(10^{-19})C}{1elect}\right)$$

Es decir:

$$Q = 32C$$

Y en 2 segundos hay una intensidad de corriente de:

$$I = \frac{Q}{t} = \frac{32C}{2s} = 16Amperios$$

Con estos valores podemos reemplazar en la ecuación (3.3) y llegar a:

$$P = (16A)^2 \; x \; 6500 \; x \; 10^6\Omega$$

Es decir:

$$P = 1.67 \; x \; 10^{12} \; Vatios$$

O también,

$$P = 1.67 \; TW$$

NOTA: El carácter y datos de este y todos los demás problemas del presente libro es estricta y meramente pedagógico, por lo que los resultados en algunos casos sería muy improbable que se hiciera realidad.

Influencia de la temperatura sobre la resistencia

De lo visto hasta el momento, la facilidad para conducir la corriente eléctrica no es igual en todos los materiales conductores, y varia también con la temperatura. Los cambios de temperatura modifican la energía de los electrones en los átomos de una sustancia y como la movilidad de dichos electrones afecta a la facilidad de circulación de la corriente eléctrica, es natural que exista una relación entre la temperatura y la conducción.

En algunos materiales la variación de la resistencia con la temperatura es muy grande, y en otros, bastante considerable, por lo que resulta necesario tener un método para evaluar dichos cambios, tanto como conocer la resistencia misma.

La relación entre resistencia y temperatura no es lineal, como puede apreciarse en la figura 3.12 que se refiere al plomo, y que se obtuvo experimentalmente. No obstante, ocurre a menudo en la práctica que la variación de temperatura respecto a otra temperatura para la que la resistencia es conocida no es demasiado grande, y puede utilizarse una relación lineal, que suele escribirse así:

$$R_T = R_0[1 + \alpha_0(T - T_O)] \qquad (3.5)$$

Siendo: R_T: La resistencia a la temperatura T.

R_0: Resistencia conocida a la temperatura T_0.

α_0: Coeficiente de temperatura del material a la temperatura T_0.

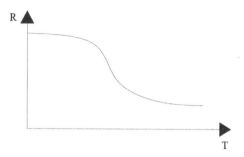

Figura 3-12. Curva de la variación de la resistencia con la temperatura para el plomo.

La tabla 3.2 presenta el coeficiente de temperatura para diferentes materiales de uso común:

Cabe anotar que α_0 significa que la resistencia de cobre aumenta a razón de 0.43% por cada °C a partir de 0°C.

Tabla 3-2. Coeficientes de temperatura de algunos metales a 0°.

METAL	COEFICIENTE DE TEMPERATURA (α)
Plata	0.0040
Cobre	0.0043
Oro	0.0037
Aluminio	0.0042
Tungsteno	0.0051
Niquel	0.0044
Estaño	0.0047
Hierro	0.0042
Plomo	0.0041
Mercurio	0.0009

EJEMPLO 3.8

La resistencia de un arrollamiento de electroimán de cobre vale 30Ω cuando la temperatura es de 20°C. ¿Cuál será la resistencia del arrollamiento cuando la temperatura es de 80°C y el coeficiente α_0 es de 0,0043?

SOLUCIÓN

Utilizando la ecuación (3.5) con $R_0 = 30\Omega, T = 80°C$ y $T_0 = 20°C$, Llegamos a:

$$R_T = 30\Omega[1 + 0.0043(80°C - 20°C)]$$

Que se reduce al valor:

$$R_T = 37.74\Omega$$

Conductancia y conductividad

La ecuación (3.1) da el voltaje entre los terminales de una resistencia en términos de su corriente. Una relación recíproca puede ser utilizada, donde la corriente en términos del voltaje es generalmente de igual valor, o ligeramente mayor en un caso particular. Como resultado, la Ley de Ohm frecuentemente puede ser también expresada como:

$$I = G \, V \, Amperios \qquad (3.6)$$

Donde:

$$G = \frac{I}{R} \qquad (3.7)$$

El inverso de la resistencia, G, recibe el nombre de conductancia y se mide en *mhos*. Una unidad más moderna también utilizada es el Siemens (S) Ahora bien, si la resistencia es el grado de oposición que un material presenta al paso de la corriente, podemos definir la conductancia como el grado con que dicho material permite la circulación de dicha corriente.

La potencia, en términos de la conductancia, puede ser expresada como:

$$P = V\,I = V(GV) = V^2 G \; Vatios \tag{3.8}$$

O también:

$$P = V\,I = \left(\frac{I}{G}\right)I = \frac{I^2}{G} \; Vatios \tag{3.9}$$

EJEMPLO 3.9
Calcular la conductancia de un conductor, si al aplicarle una diferencia de potencial de 110V, la intensidad de corriente es de 0.2A.

SOLUCIÓN

$$V = 110V$$
$$I = 0.2A$$

Según la Ley de Ohm:

$$R = \frac{V}{I} = \frac{110V}{0.2A} = 550\Omega$$

Y de acuerdo con la expresión dada en la ecuación (3.7):

$$G = \frac{I}{R} = \frac{1}{550\Omega} = 1.81ms$$

Análogamente, el inverso de la resistividad de un conductor es la **conductividad**, *representada* por σ (Letra griega Sigma).

$$\sigma = \frac{1}{\rho} \qquad (3.10)$$

Por lo que la expresión en la ecuación (3.2) también se puede escribir como:

$$R = \frac{l}{\sigma s} \qquad (3.11)$$

O también utilizando la conductancia:

$$G = \frac{\sigma s}{l} \qquad (3.12)$$

La unidad de la conductividad σ, es el Siemens/m.

EJEMPLO 3.10
Dado un lingote de oro de forma cuadrada, de 50m de lado y 10.75m de longitud, especifique su conductividad y su conductancia.

SOLUCIÓN
Por la tabla 3.1 y de la ecuación (3.10):

$$\sigma = \frac{1}{2.4(10^{-8})} = 4.167(10^7)\frac{S}{m}$$

Resistencias Variables

Reóstatos

La relación entre la longitud y la resistencia de un conductor es de gran aplicación en la preparación de resistencias variables o reóstatos, de los cuales el tipo más sencillo y usado es el reóstato de corredera, que consiste, figura 3.13, en un hilo metálico enrollado en hélice sobre un tubo de porcelana u otro aislador. La corriente penetra por A, recorre varias espiras, con un valor óhmico determinado hasta llegar al contacto móvil o corredera C por donde sale hasta B. La resistencia depende del número de espiras entre A y C. Variando la posición C varía la resistencia intercalada en el circuito.

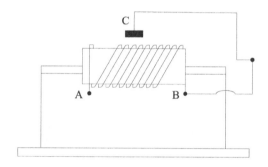

Figura 3-13. Principio de construcción de un reóstato.

En los esquemas, los reóstatos se representan como se indica en la figura 3.14.

Potenciómetros

Otro tipo de resistencia variable es el potenciómetro. Son semejantes en fabricación a los reóstatos, con la diferencia de que son de forma distinta, más pequeños normalmente y manejan potencias (voltajes y corrientes) muy bajos en comparación.

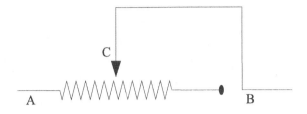

Figura 3-14. Símbolo de un reóstato.

Termistores

Los termistores son resistores semiconductores cuya resistencia varía en forma considerable con los cambios de temperatura. Tienen aplicaciones importantes en medición y control.

Analogía para resistencias variables

Una resistencia variable o reóstato se emplea para graduar la cantidad de corriente que circula por un circuito. Es comparable a intercalar una válvula de mariposa (compuerta móvil) en una tubería que conduce agua a presión; figura 3.15.

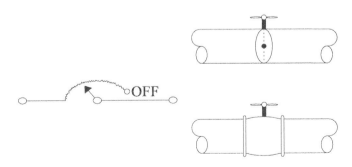

Figura 3-15. Analogía para un reóstato.

Puede abrirse del todo (resistencia cero) o cerrarse del todo (resistencia infinita); caben, sin embargo, las posiciones intermedias al dejarla entreabierta.

Un potenciómetro consta de una resistencia sobre la cual puede moverse un contacto deslizante. De su posición depende el voltaje, que toma de la fuente. Por ello es un típico divisor de voltaje.

Cuando el contacto está en la posición A toma el voltaje máximo, en la posición B el voltaje mínimo. Un valor intermedio se obtiene por ejemplo en la posición C.

El potenciómetro es comparable a un tanque lleno de agua en el cual H es la presión máxima sobre el fondo. Tiene un tubo móvil que puede inclinarse sobre el fondo, de modo que se aprovecha la presión parcial h en una posición intermedia, como aparece en la figura 3.16. La presión máxima H se aprovecha en la posición A (tubo horizontal), mientras en la posición vertical B no se obtiene salida de agua.

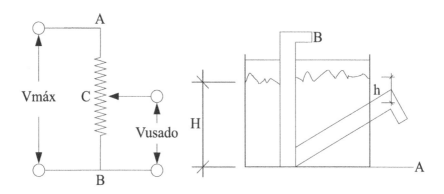

Figura 3-16. Analogía para un potenciómetro.

90

Resumen de fórmulas

Finalmente, la figura 3.17 muestra un disco en el que se relacionan todas las fórmulas que se pueden desprender por despeje de las leyes de Ohm y de Joule. La incógnita (parte central) se encuentra en cada caso en función de dos valores conocidos.

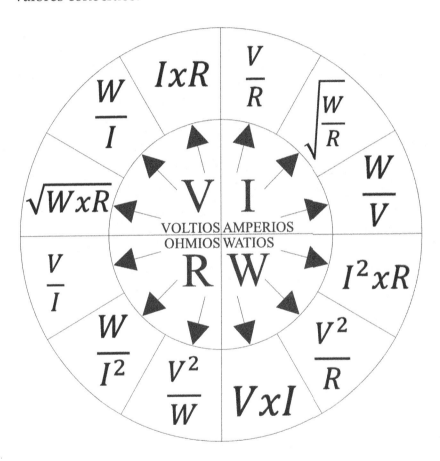

Figura 3-17. Disco que relaciona la ley de Ohm y la ley de Joule (resumen de fórmulas).

Inductancia

Inductancias ideales

En la figura 3.18 se representa el símbolo de una bobina de autoinducción o inductancia perfecta.

Figura 3-18. Símbolo de una inductancia o bobina.

El material conductor que forman las espiras tiene resistencia nula y el medio próximo a la bobina no causa una pérdida de energía al establecer un campo magnético variable. Por la bobina, idealmente, puede pasar una corriente infinita sin dañarla, de modo que una inductancia perfecta puede almacenar también una energía infinita.

Inductancias reales

Las bobinas inductivas reales se construyen de muchas formas distintas. Se construyen esencialmente de un devanado de hilo conductor enrollado sobre un soporte que puede o no ser material magnético. Se pueden mencionar particularmente las *ferritas*, que son materiales que poseen una alta permeabilidad y bajas pérdidas a frecuencias medias y elevadas. Se utilizan comúnmente en radio y televisión.

En la figura 3.19 puede verse un ejemplo de bobina con núcleo de hierro.

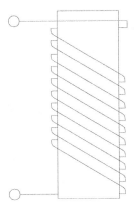

Figura 3-19. Bobina con núcleo de hierro.

A diferencia de las inductancias perfectas, las reales poseen además resistencia y capacidad, las que pueden ser reducidas a valores mínimos utilizando materiales y formas constructivas adecuadas.

Este elemento de circuito, como ya se mencionó, requiere un voltaje entre sus terminales directamente proporcional a la tasa del cambio de la corriente. Expresado cuantitativamente el voltaje es:

$$V = L\left(\frac{i_1 - i_2}{t_1 - t_2}\right) \qquad (3.13)$$

La constante de proporcionalidad, L, es la inductancia del elemento. Cuando V, Δi y Δt están dados en voltios, amperios y segundos respectivamente, la inductancia L se mide en henrios (H).

Analogía y energía de la inductancia

La inductancia es analogía a la masa o inercia en los sistemas mecánicos y a la masa del líquido en los sistemas hidráulicos.

La energía asociada con el efecto inductivo es:

$$W_L = \frac{1}{2} L_i^2 \; Julios \tag{3.14}$$

A diferencia de la energía disipada por una resistencia, la energía debida al efecto inductivo se almacena en la misma forma que la energía cinética se almacena en una masa en movimiento. Su valor, como puede verse en la ecuación (3.14), depende de la corriente que la atraviesa, y a medida que la corriente del circuito se hace cero, la de la bobina va reapareciendo hasta también agotarse.

EJEMPLO 3.10

En un intervalo de tiempo de 5 segundos, se midió un flujo de corriente uniforme de 0.02 Amperios, cuando sobre una pequeña bobina se había aplicado un voltaje de 0.8m. Calcular la inductancia L de la bobina, y la energía almacenada por ésta.

SOLUCIÓN

Podemos reescribir la ecuación (3.13), como:

$$V = L \frac{\Delta_i}{\Delta_t}$$

Donde Δ significa "un cambio en". De esta forma tendríamos que:

$$V = 0.08m, \Delta_i = 0.02A \text{ y } \Delta_t = 55s$$

Despejando L tenemos:

$$L = \frac{V \ x \ \Delta_t}{\Delta_i}$$

Y reemplazando:

$$L = \frac{0.8x10^3x5}{0.02} = 200mH$$

Y la ecuación (3.14):

$$W = \frac{1}{2}(200x10^{-3})(0.02)^2$$

Es decir:

$$W = 0.04mJ$$

Capacitancia

Capacitores ideales

Los capacitores son uno de los componentes eléctricos de mayor uso en la actualidad; la capacitancia o capacidad es la relación que existe entre la carga y el voltaje del elemento físico llamado capacitor o condensador. También puede definirse como la relación existente entre la corriente y la variación de voltaje con respecto al tiempo. En la figura 3.20 se representa el símbolo de un capacitor o condensador ideal. Puede soportar la aplicación de una diferencia de potencial infinita entre sus terminales y por tanto almacenar una carga eléctrica infinita, de modo que la aplicación de una diferencia de potencial constante no da lugar a la circulación de corriente. Además, no produce pérdidas de energía.

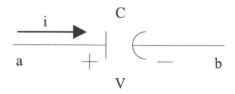

Figura 3-20. Símbolo de una capacidad o condensador.

Capacitores o condensadores reales

Los condensadores reales consisten en electrodos conductores conectados a dos terminales y separados por un dieléctrico.

En la figura 3.21 se representa la construcción de dos condensadores típicos utilizados en muchas aplicaciones.

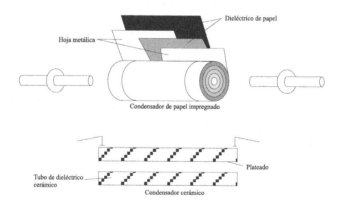

Figura 3-21. Constructivas de condensador de papel impregnado y de cerámica.

Los condensadores variables con frecuencia tienen la estructura mostrada en la figura 3.22 (a). En general, el aire es el dieléctrico más empleado, si bien se intercalan a veces hojas de cualquier material dieléctrico entre las placas fijas y las móviles.

Otro tipo de condensador variable de pequeño tamaño se representa en la figura 3.22 (b), en el que el dieléctrico es mica, y la capacidad se regula variando la separación entre las placas.

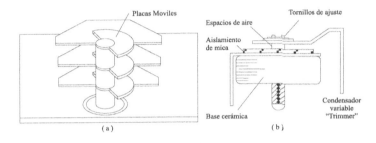

Figura 3-22. (a) Condensador variable con dieléctrico de aire (b) Condensador variable "Trimmer".

La capacidad se define como la relación que existe entre la carga y el voltaje de dos conductores, es decir:

$$C = \frac{Q}{V}$$

$$(3.15)$$

Dónde Q está en culombios, V en voltios y C en faradios. Debido a que el faradio es una cantidad físicamente grande, C se expresa frecuentemente en microfaradios (μF) o en picofaradios (pF). Ver tabla 2.3.

Así mismo, y dado que la corriente es la variación de la carga con respecto al tiempo, la ecuación anterior conduce a:

$$i = c \left[\frac{v_1 - v_2}{t_1 - t_2} \right] \tag{3.16}$$

Donde la corriente i está en amperios.

Analogía energía la capacitancia

Un condensador es básicamente una fuente supletoria de voltaje capaz de suministrarlo el circuito cuando cae el voltaje de la fuente; es comparable a un tanque hidroneumático lleno de agua y aire a presión, como se llama la figura 3.23. Cuando crece la presión se carga; si decae la presión de la fuente se descarga, tratando de mantener la presión en la tubería.

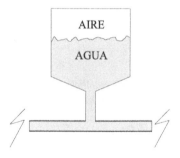

Figura 3-23. Analogía para un condensador.

La capacidad también es análoga a las constantes de un resorte en los sistemas mecánicos.

La energía asociada con el efecto capacitivo es:

$$W_c = \frac{1}{2} C V^2 \, Julios \tag{3.17}$$

La energía representada en la ecuación (3.17) se almacena en la capacidad en una forma similar a como un resorte comprimido o alargado almacena la energía potencial. Su valor depende solamente de la magnitud del voltaje.

EJEMPLO 3.11
Calcular la capacidad de un conductor cuya carga es 20C, si su potencial es de 220V.

SOLUCIÓN
De la ecuación (3.15) y con:

$$Q = 20C$$
$$V = 220V$$

$$C = \frac{Q}{V} = \frac{20C}{220V} = 0.09F$$

EJEMPLO 3.12
Hallar la carga de un conductor cuya capacitancia es $0.9\mu F$, si su potencial es $35V$.

SOLUCIÓN

$$C = 0.9\mu F$$

$$V = 35V$$

De la ecuación (3.15):

$$Q = CV = 0.9x10^{-6}x35$$

Es decir:

$$Q = 31.5\mu C$$

EJEMPLO 3.13

Para el condensador del ejercicio 3.12, calcular la energía almacenada.

SOLUCIÓN

Según la ecuación (3.17):

$$W_c = \frac{1}{2}CV^2$$

Si $C = 0.9\mu F$ y $V = 35V$, entonces:

$$W_c = \frac{1}{2}(0.9x10^{-6})(35)^2$$

Lo que se reduce a:

$$W_c = 0.55mJ$$

Cálculo de la capacidad a partir de la forma geométrica

La capacitancia de los capacitores de dos placas paralelas, figura 3.24, depende de su forma y sus dimensiones, y está dada por:

Donde K es la permitividad de un dieléctrico (o constante dieléctrica) ver tabla 2.1, A es el área y d el espaciamiento entre las placas. Así calculada la capacidad queda expresada en picofaradios, como se muestra en la expresión.

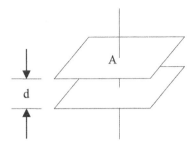

Figura 3-24. Capacitor de placas paralelas.

$$C = \frac{KA}{11.3d}pF \qquad (3.18)$$

Existen otras formas geométricas utilizadas en la fabricación de conductores, sin embargo, la forma matemática para calcular su capacidad es compleja y escapa los propósitos del presente texto.

EJEMPLO 3.14

Determinar el valor de la capacidad de un condensador de placas paralelas para el que las dimensiones de la placa son 2.5cm por 100cm, la distancia entre las placas es de 0.025cm y el material dieléctrico papel (K=4).

SOLUCIÓN

Al reemplazar en la ecuación (3.18) Se obtiene:

$$C = \frac{4 \; x \; 2.5 \; x \; 100}{11.3 \; x \; 0.025} = 3540pF$$

Características y aplicaciones de capacitores

Para satisfacer los requisitos y las aplicaciones para los capacitores se han desarrollado muchos tamaños y tipos diferentes.

En la Tabla 3.3 se da una lista de capacitores utilizados comúnmente:

Tabla 3-3. Característica típica de capacitores fijos utilizados comúnmente.

Tipo	Gama de Capacitancias	Voltaje Máximo de Trabajo (V)	Temperatura Operacional Máxima (°C)	Tolerancia %	Resistencia De aislamiento (MΩ)
Mica	$1pF - 0.1\mu F$	50000	150	± 0.2 ± 5	>100000
Mica Plateada	$1pF - 0.1\mu F$	75000	125	± 1 a ± 20	1000
Papel	$500pF - 50\mu F$	100000	125	± 10 a ± 20	100
Poliestireno	$500pF - 10\mu F$	1000	85	± 0.5	10000
Policarbonato	$0.001 - 1\mu F$	600	140	± 1	10000
Poliéster	$5000pF - 10\mu F$	600	125	± 10	10000
Cerámica: k baja k alta	$1pF - 0.001\mu F$ $100pF - 2.2\mu F$	6000 100	125 85	± 5 a ± 20 ± 100 a ± 20	1000 100
Vidrio	$10pF - 0.15\mu F$	6000	125	± 1 a ± 20	>100000
Vacío	$1 - 5000pF$	60000	85	± 5	>100000
Almacena- miento De Energía	$0.5 - 250\mu F$	50000	100	± 10 a ± 20	100
Electrolítico: Aluminio Tántalo	$1\mu F - 1F$ $0.001 - 1000\mu F$	700 100	85 125	± 100 a -20 ± 5 a ± 20	<1 >1

Capacitores electrolíticos de aluminio

Son de alta capacitancia por unidad de volumen. Se emplean en aplicaciones de filtrado, derivación y acoplamiento, en las que se requiere gran capacitancia, pero en las que la tolerancia y la variación de la capacitancia con la temperatura no son importantes. Existen en el mercado unidades polarizadas y no polarizadas. Los capacitores electrolíticos no están diseñados para aplicaciones a frecuencias elevadas, y la reactancia (valor resistivo expresado en Ohmios) puede alcanzar un valor mínimo a frecuencias tan bajas como 10kHz.

En general, presentan un decremento gradual de capacitancia sobre un período largo de tiempo, aproximadamente 10% al cabo de 10.000 horas de trabajo.

Capacitores eléctricos de tantalio

Los capacitores de tantalio son más flexibles y presentan mejores características que los electrolíticos de aluminio, pero también su costo es mucho más elevado. Existen tres tipos: de hojas metálicas, húmedo y sólido.

Las principales aplicaciones de estos condensadores se encuentran en filtros de fuentes de alimentación, derivación y acoplamiento, en las que son muy importantes una gran capacitancia y pequeño tamaño de la envoltura.

Presenta la desventaja de ser muy susceptibles a altos picos de voltaje transferido; además, se recomienda que el voltaje de operación no exceda el 60% de voltaje nominal.

Capacitores de cerámica

Son particularmente idóneos para aplicación de filtrado, derivación y acoplamiento de circuitos híbridos integrados, en los que es posible tolerar considerables cambios en la capacitancia. Son de bajo costo, reducido tamaño y de aplicabilidad general en electrónica.

Capacitores de papel y plástico

Se utilizan ampliamente del filtrado, acoplamiento, derivación, cronometraje y supresión de ruido. Son capaces de funcionar a altas temperaturas, poseen alta resistencia de aislamiento y buena estabilidad.

Capacitores de mica y vidrio

Se utilizan cuando se requiere excelente estabilidad con respecto a la temperatura, envejecimiento y frecuencia. Se usan en circuitos de acoplamiento, derivación y circuitos de alta frecuencia que requieren buen rendimiento y fiabilidad.

El protoboard

Aunque no es propiamente un elemento de circuito, sí es una útil herramienta en esta materia.

El protoboard es una tabla de conexiones como la que se muestra en la figura 3.25, en la cual se pueden ensamblar circuitos electrónicos sin tener que recurrir la soldadura.

GRUPO VERTICAL

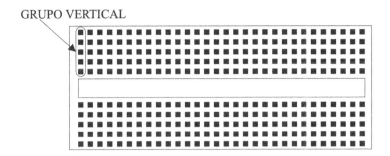

Figura 3-25. El protoboard visto por encima.

Las conexiones se hacen rápida y fácilmente y es por tanto de gran utilidad para hacer experimentos.

Tiene muchos orificios en cada tramo. En cada orificio se aloja un terminal de un componente o un cable. Los cinco huecos en cada hilera vertical están unidos o interconectados mediante una pequeña barra conductora (figura 3.26). Dos o más cables o terminales, conectados en algún de los cinco huecos estarán en contacto entre sí. Hay 60 juegos de cinco huecos.

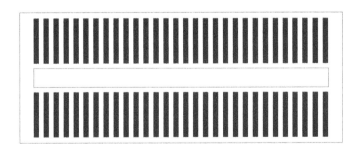

Figura 3-26. El Protoboard visto por debajo y por dentro.

Un canal central separa o divide la tabla en mitades; los circuitos integrados son conectados en el protoboard como se muestra en la figura 3.27. Los números y letras son con el fin de ayudar a identificar cada orificio durante el trabajo de ensamblaje.

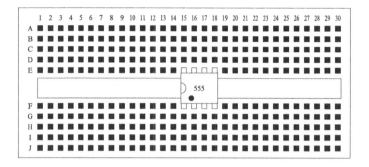

Figura 3-27. Conexión de un CI en el protoboard.

Uso del protoboard

Digamos que queremos montar un circuito para encender un LED, como el que se muestra en la figura 3.28 (a). En la figura 3.28 (b) se muestra cómo quedarían soldadas las respectivas terminales.

La corriente fluye del positivo al negativo pasando por el LED, por lo tanto, éste enciende.

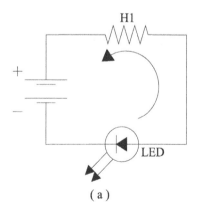

(a)

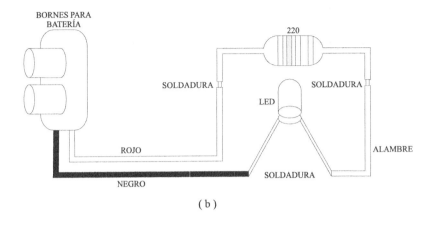

(b)

Figura 3-28. (a) Circuito eléctrico (b) Forma de hacer las conexiones con soldadura.

Sin embargo, no siempre se tiene la intención de hacer el circuito con soldadura. Es posible que se quiera sólo conocer su funcionamiento o si funcionará bien. Para esto se utiliza el protoboard. En este caso, los terminales de los componentes quedarán conectados uno con otro por placas de metal en el protoboard, como muestra la figura 3.29.

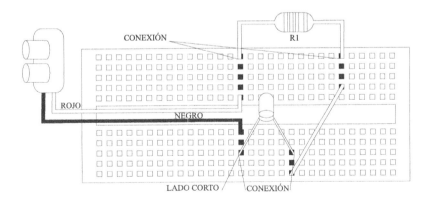

Figura 3-29. Conexiones del circuito en el protoboard.

Los cables que tengan que conectarse juntos deben insertarse en los huecos de la misma columna vertical.

Leyes de Kirchoff

Las leyes fundamentales de los circuitos eléctricos se presentan como consecuencias básicas de la naturaleza de las cantidades eléctricas definidas en los apartes anteriores, y las mismas conducen directamente a los métodos para el estudio sistemático de los circuitos eléctricos. Estas leyes se conocen como las *Leyes de Kirchhoff*. La primera de ellas es de las corrientes.

Ley de corrientes de Kirchhoff (LIK)

La suma algebraica de todas las corrientes que entran a un nodo es igual a la suma algebraica de todas las corrientes que salen del mismo nodo.

El término nodo (o empalme) se define como un punto donde se conectan tres o más elementos, ya sean activos o pasivos. Al aplicar esta ley, las corrientes dirigidas hacia el empalme se pueden considerar positivas, mientras que las que van en sentido contrario, negativas. También se puede considerar, al contrario, mientras se sea consecuente. En la figura 3.30 la ecuación en el punto de empalme a, es:

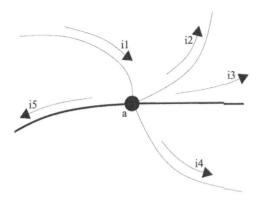

Figura 3-30. Unión o empalme en un circuito.

$$i_1 - i_2 - i_3 - i_4 - i_5 = 0$$

Lo que significa que toda la electricidad que fluye hacia el nodo también debe fluir hacia fuera de él.

EJEMPLO 3.15

En el circuito de la figura 3.30 se tiene que $i_1 = 4A, i_2 = 7A, i_3 = 2A$ e $i_4 = 1A$. Calcular el valor de i_5.

SOLUCIÓN

Como vimos en el apartado anterior, la ley de corrientes de Kirchhoff, para el circuito en mención, conduce a:

$$i_1 - i_2 - i_3 - i_4 - i_5 = 0$$

Si despejamos i_5 de aquí y reemplazamos llegamos a:

$$i_5 = (4 - 7 - 2 - 1)A = -6A$$

El hecho de que la corriente i_5 arroje un resultado negativo significa que el sentido contrario es el correcto para la dirección de flujo de corriente.

EJEMPLO 3.16

Dado el circuito de la figura 3.31:
Determinar el valor de la corriente i_4.

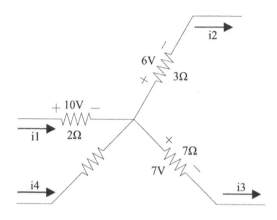

Figura 3-31. Circuito del ejercicio 3.16.

SOLUCIÓN

La ecuación de corrientes de Kirchhoff para el circuito es:

$$i_1 + i_4 = i_2 + i_3$$

No se conocen los valores de las corrientes, pero se pueden calcular con los datos consignados en el problema. Utilizando la ecuación (3.1) y despejando en la ecuación anterior tenemos:

$$i_4 = i_2 + i_3 - i_1 = \frac{6V}{3\Omega} + \frac{7V}{7\Omega} - \frac{10V}{2\Omega} = 2A + 1A - 5A = -2A$$

Como en el caso anterior, el sentido real del flujo de corriente es contrario al asumido en el circuito.

La segunda ley de Kirchhoff es la ley de los voltajes:

Ley de voltajes de Kirchhoff (LVK)

La suma algebraica de todos los voltajes tomados en una dirección alrededor de una malla es cero.

Esta ley es una consecuencia del principio de conservación de la energía, y equivale a hacer un balance al igualar a la energía que entra al circuito y la que sale de él. Al escribir las ecuaciones se puede ir alrededor del sendero en cualquier dirección y sumar las elevaciones o caídas de voltaje (ver sección 2.4.), mientras se sea consistente en una ecuación particular.

En términos generales, dar solución a los circuitos implica determinar voltajes y corrientes en ciertos elementos, conocidos corriente y voltaje en otros elementos.

En la figura 3.32, se muestra una malla o sendero cerrado para el cual la LVK permite obtener la siguiente ecuación, tomando como referencia los primeros signos en la dirección mostrada.

$$-V_f + V_1 + V_2 + V_3 = 0$$

Ecuación que se puede reescribir como:

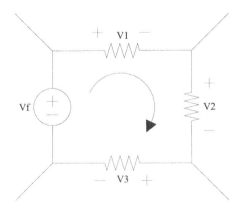

Figura 3-32. Malla o sendero cerrado.

$$V_f = V_1 + V_2 + V_3$$

Lo que significa qué el voltaje entregado por la fuente se reparte totalmente entre las tres resistencias que conforman el circuito.

EJEMPLO 3.17

En el circuito mostrado en la figura 3.32 el voltaje de la fuente, V_f, es de 15 voltios; V_1 es de 7 voltios y V_3 es de 1 voltio. Calcular el voltaje V_2.

SOLUCIÓN

Aplicando la ley de voltajes de Kirchhoff a esta malla se obtiene la ecuación:

$$-V_f + V_1 + V_2 + V_3 = 0$$

De donde se desprende que:

$$V_2 = V_f - V_1 - V_3$$

Reemplazando:

$$V_2 = 15V - 7V - 1V = 7V$$

REPASO

Conceptos

Defina o discuta lo siguiente:

■ Elementos activos Y elementos pasivos de circuitos eléctricos.

■ Ley de Ohm, ley de Pouillet, ley de Joule.

■ Resistencia eléctrica, resistividad.

■ Capacitor, condensador, capacidad y capacitancia.

■ Inductor, bobina, inductancia.

■ Conductancia.

■ Ley de Kirchhoff.

EJERCICIOS

3.1.	La figura 3.33 muestra un circuito eléctrico. Determine el valor de la potencia manejada por el circuito, y cuál de los dos elementos la entrega y cuál la recibe.

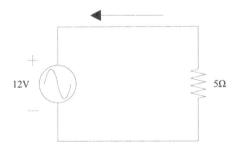

Figura 3-33. Circuito del problema 3.1.

3.2. Una resistencia eléctrica funciona normalmente cuando se le aplica un voltaje de 169V y le circula una corriente de 0.7A. Determine su valor.

3.3. Se mide la resistencia de una bobina de precisión y se lee un valor de 3.4Ω. Sí por sus espiras circula una corriente de 9 amperios. ¿Cuál es el valor del voltaje aplicado?

3.4. Una placa de $2m$ de longitud y $0.02mm^2$ de sección tiene una resistividad de $0.0043\Omega - m$ ¿Cuál es el valor de su resistencia?

3.5. Una resistencia debe proteger un diodo LED, por el cual debe circular $230mA$. Si la resistencia es de 1KΩ y está en serie con el diodo LED, ¿Cuál es el valor de la potencia máxima que disipará?

3.6. La resistencia de un bobinado de transformador de cobre es de 55Ω a una temperatura de 0°C. ¿Cuál será la resistencia del bobinado cuando la temperatura es de 25°C? ($\alpha_0 = 0.0043$).

3.7. ¿Cuál será la conductancia de una lámina metálica que tiene 200Ω de resistencia?

3.8. Un condensador tiene una capacidad (C) de $4.7\mu F$. Si entre sus terminales se aplica un voltaje de 35V. ¿Cuál será el valor de la energía que puede almacenar?

3.9. En el circuito de la figura 3.34, calcular i:

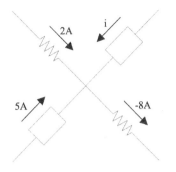

Figura 3-34. Circuito del problema 3.9.

3.10. Dado el circuito de la figura 3.35. Calcular el valor de *v*.

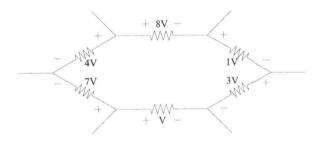

Figura 3-35. Circuito del problema 3.10.

Capítulo 4
INSTRUMENTOS DE MEDIDA

«La medida de las magnitudes eléctricas tiene como fin primordial conocerlas y valorarlas, a fin de controlar correctamente los procesos de producción, transporte, distribución y utilización de la energía eléctrica».

Medir una magnitud es compararla de medida con otra que se ha tomado como patrón o unidad. Para este propósito se han diseñado y construido los aparatos de medida, los cuales son dispositivos que, por una parte, pueden convertir una magnitud en otra (transductores) y por otra pueden hacer una comparación entre la magnitud eléctrica y aquella tomada como unidad para efectos de su valoración.

Actualmente se cuenta con tres clases de aparatos de medida eléctrica a saber: instrumentos de indicación analógica, instrumentos de indicación digital y osciloscopio de rayos catódicos.

Instrumento de indicación analógica es todo aquel que utiliza una escala graduada para la indicación de la magnitud medida. La figura 4.1 (a) muestra la forma de presentación de un multímetro Simpson comercial y la figura 4.1 (b) muestra la escala analógica con que se indica la información.

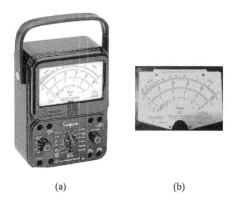

(a)   (b)

Figura 4-1. (a) Multímetro comercial Simpson (b) Escala análoga de un multímetro.

Instrumentos de indicación analógica

La medición de la corriente y la tensión de C.C. en circuitos eléctricos y electrónicos, se efectúa empleando un mecanismo de bobina móvil, el cual está basado en el principio del galvanómetro, figura 4.2, con el que se miden corrientes muy pequeñas.

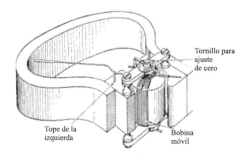

Figura 4-2. Disposición de las piezas en un galvanómetro.

Los imanes permanentes generan una inducción de flujo de norte a sur. Cuando se quiere medir alguna magnitud eléctrica, lo que se hace es permitir la circulación de una corriente por el bobinado móvil; éste genera un campo magnético que, al encontrarse en el mismo espacio de la inducción magnética polar, da lugar a una fuerza de rotación. Esta rotación es proporcional a la magnitud a medir, y la aguja se detectará indicando el valor en la base de los amperímetros, multímetros y óhmetros analógicos. Los símbolos para el galvanómetro se muestran en la figura 4.3.

Figura 4-3. Símbolo de un galvanómetro.

Amperímetro

Es un instrumento utilizado para la medición de corriente eléctricas. Su símbolo se muestra en la figura 4.4.

Figura 4-4. Símbolo del amperímetro.

Para construir un amperímetro lo que se hace es conectar resistencias en paralelo con el galvanómetro, con el fin de que la mayor parte de la corriente circule por la resistencia, llamada SHUNT o derivación, y no por el galvanómetro. El aparato adicionalmente cuenta con otra circuitería de precisión, la que permite entre otras cosas, que la indicación de la aguja corresponda al valor a medir, es decir, la suma de las corrientes que van por la resistencia Shunt. figura 4.5.

Si se requiere un amperímetro con capacidad para medir en diferentes escalas, se colocan varias resistencias en paralelo.

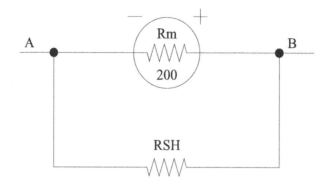

Figura 4-5. Shunt o derivación del amperímetro.

Voltímetro

Es un instrumento utilizado para la medición de voltaje, diferencia de potencial o tensión eléctrica. Su símbolo es el que se muestra la figura 4.6.

Figura 4-6. Símbolo de un voltímetro.

Para su construcción se conectan resistencias en serie con el galvanómetro, figura 4.6, con el fin de que la mayor parte del voltaje a medir caiga sobre la resistencia y no sobre el galvanómetro.

Como en el caso del amperímetro, el voltímetro cuenta con un completo circuito que le permite realizar las mediciones en forma exacta y precisa. Figura 4.7.

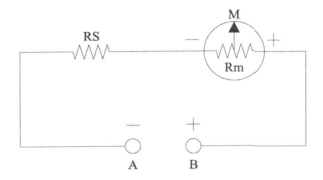

Figura 4-7. Construcción de un voltímetro.

Si se quiere un voltímetro con capacidad para medir en diferentes escalas se colocan varias resistencias en serie con el galvanómetro.

Óhmetro

Es un instrumento de medida utilizado para medir resistencias. También se utiliza para localizar componentes abiertos y corto circuitos y determinar la continuidad de un circuito. Su símbolo se muestra en la figura 4.8.

Figura 4-8. Símbolo de un Óhmetro.

121

Lo mismo que el voltímetro y el amperímetro, este instrumento básico de pruebas utiliza un galvanómetro excitado con corriente continua. Sin embargo, a diferencia del voltímetro y del amperímetro, el óhmetro requiere una fuente de tensión incorporada, figura 4.9.

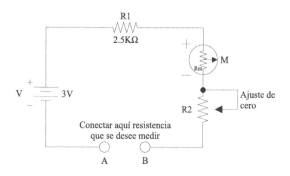

Figura 4-9. Circuito serie fundamental de un óhmetro.

Cuando los conductores de prueba correspondientes a A y B están cortocircuitados, el circuito se cierra, y mediante R_2 se puede desviar la aguja hasta el final de la escala. Esta es la posición de cero del óhmetro, en el extremo de la derecha, y R_2 se denomina *Ajuste de cero*.

Instrumentos de indicación digital

Son instrumentos electrónicos que reciben una señal de voltaje o corriente o una combinación de ambas y la convierten en un voltaje directo. Este, mediante un convertidor análogo a digital se convierte en una señal de pulsos que es codificada y decodificada en posteriores etapas, las mismas que terminan con una indicación en pantalla digital. Figura 4.10.

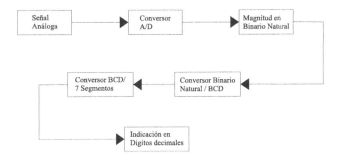

Figura 4-10. Diagrama de bloque de un instrumento de medida digital.

El osciloscopio

El osciloscopio es un instrumento de medición de gran utilidad, el cual muestra una gráfica de voltaje sobre el eje vertical versus el tiempo en el eje horizontal.

Con él, el usuario puede determinar qué cantidad de señal es de corriente continua, cuánto de ella es corriente alterna, cuanto ruido tiene, si el ruido está variando con el tiempo y cuál es la frecuencia de la señal. Sin embargo, lo que hace versátil al aparato, es que el usuario puede hacer todas las cosas antes mencionadas al mismo tiempo, y no en pruebas separadas.

Los controles del panel frontal facilitan la decisión del usuario entre la selección de una amplia escala de sensibilidades, referencias de tiempos, modos de visualización y posibilidades de disparo. La parte frontal de un osciloscopio puede verse en la figura 4.11.

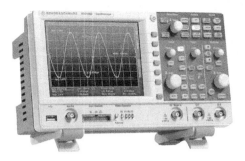

Figura 4-11. Carátula de un osciloscopio.

En sí mismo, el manejo del osciloscopio es sencillo. Sin embargo, por lo extenso que podría ser una explicación de ellos sin caer en demasiada superficialidad, el tema no será tratado en este texto. De preferencia, remitimos al lector a catálogos, manuales o libros que se ocupan con propiedad del asunto.

Conexión de los instrumentos de medida

Los instrumentos de medida, según la medición a que estén destinados, tienen una forma particular de ser conectados, igualmente por sus características especiales de construcción requieren de ciertos cuidados mínimos naturales, sin los cuales puede disminuirse notablemente su vida útil.

Recuérdese que los instrumentos de medida – concretamente los analógicos– se construyen a partir de un galvanómetro. De acuerdo con la magnitud a medir, se colocan resistencias en serie con dicho elemento (Voltímetro) o en paralelo, (Amperímetro). Dependiendo de la precisión, clase, exactitud, etc. Con que se diseñan los aparatos, el valor de estas resistencias puede variar en amplios rangos. Sin embargo, en términos generales, la resistencia para un voltímetro puede considerar infinita, mientras que la resistencia de un amperímetro puede considerarse cero.

Cuando se quiere medir una corriente eléctrica, se debe abrir el circuito y colocar el amperímetro en serie con el elemento que la conduce, figura 4.12 (a); si se quiere medir un voltaje se debe colocar el voltímetro en paralelo con el elemento, figura 4.12 (b); y si se pretende medir una resistencia se debe colocar el óhmetro en paralelo con el elemento, figura 4.12 (c).

Precauciones

Se debe tener cuidado con la conexión incorrecta de los instrumentos de medida, ya que cualquier forma errónea en su manejo conduciría al rápido, si no inmediato deterioro de estos. En especial debe cuidarse mucho el no conectar un amperímetro en paralelo con un componente energizado, pues si se tiene en cuenta que la resistencia interna de estos instrumentos es muy baja (cercana a cero), el hecho equivaldría a realizar un corto circuito en el cual el instrumento conduciendo una muy elevada corriente, saldría grandemente deteriorado, también debe evitarse al máximo el pretender medir resistencia, con el óhmetro, mientras el circuito está energizado; igualmente cuando se mida una resistencia, ésta no podrá estar conectada a ninguna otra, pues de lo contrario la medición sería un valor equivalente y no el correcto del elemento que se quiere medir.

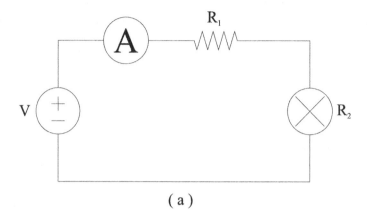

(a)

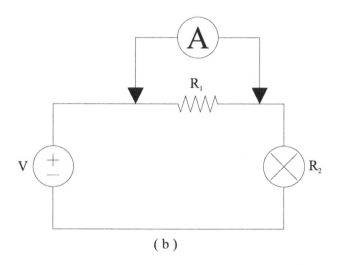

(b)

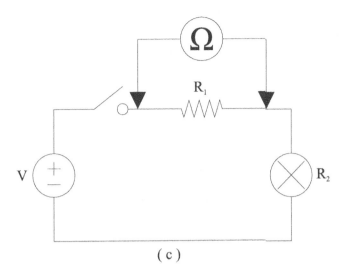

Figura 4-12. Conexión de un instrumento de medida para medir (a) Corriente (b) Volta-je (c) Resistencia.

Características comparativas de instrumentos de medida análogos y digitales

En un taller es recomendable tener ambos aparatos; los digitales son más robustos mecánicamente, resistentes a las vibraciones, sacudidas y golpes que los analógicos; al mismo tiempo pueden ser menos costosos.

En los analógicos se visualiza el campo de la medición, en los digitales no.

Los analógicos no dan un valor apreciable de una magnitud oscilante o instantáneamente variable.

El digital tiene polarización directa, es decir, el rojo es positivo y el negro es negativo; los analógicos tienen polarización inversa, es decir, el negro es positivo y el rojo es negativo.

En los analógicos es conveniente cuidar la polaridad para no deteriorar la aguja y siempre medir en la escala apropiada; si no se conoce rango de la magnitud, se debe empezar a medir en la escala más alta.

Características que deben tener los instrumentos de medida

Exactitud o fidelidad
Concordancia entre el valor indicado y el valor real de la magnitud medida.

Precisión
Capacidad de discriminar pequeñas variaciones de la magnitud. Se dice también que un aparato es preciso cuando tiene buena resolución.

Sensibilidad
Capacidad de responder a pequeñas variaciones de la magnitud.

Rapidez en la indicación
Capacidad del aparato ara responder inmediatamente se le aplica la magnitud.

Alcance
Relación entre la mayor lectura posible y la menor, excepto cero. Si el mínimo valor que puede indicar un amperímetro es por ejemplo 5A y el mayor de 100A, el alcance será de $\frac{100}{5} = 20$.

REPASO

Conceptos

■ Defina o discuta lo siguiente:

o Instrumento de indicación analógica.

o Instrumento de indicación digital.

o Amperímetro.

o Resistencia Shunt.

o Voltímetro.

o Óhmetro.

o Conexión de los instrumentos de medida:

- Amperímetro.

- Voltímetro.

- Óhmetro.

o Exactitud de un instrumento de medida.

o Precisión.

o Sensibilidad.

o Rapidez.

o Alcance.

Capítulo 5
ANÁLISIS DE CIRCUITOS
RESISTIVOS

Las leyes de Kirchhoff constituyen para el técnico útiles herramientas para el análisis de circuitos, sin importar su complejidad. Recordemos que la ley de voltajes establece que la suma algebraica de los voltajes alrededor de una malla es cero; la ley de corrientes establece que la suma de corrientes que entran en un nodo es siempre igual a la suma de las que salen. También se anotaba que en las aplicaciones de LVK y LIK es necesario designar las polaridades de los voltajes entre los bornes de los elementos y la dirección del flujo de electrones en el nodo de un circuito.

Son, pues, las leyes de Kirchhoff, en unión con la ley de Ohm, la piedra angular sobre la cual se erige todo el análisis de circuitos. Este, a su vez, en su forma más elemental, tiene como primeros conceptos los que veremos en los siguientes apartes y que enumeramos inicialmente como:

1. Resistencia equivalente.

2. Conversión Delta a Estrella ($\Delta - Y$) y Estrella a Delta ($Y - \Delta$)

3. Divisores del voltaje y de corriente.

4. Análisis de mallas.

5. Análisis de nodos.

Resistencia equivalente

Conexiones en serie

Un grupo de elementos están conectados en serie cuando se empalman de tal forma que por ellos circula la misma corriente. figura 5.1.

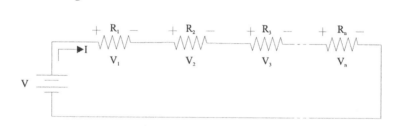

Figura 5-1. Resistencias conectadas en serie.

Así en el circuito, el voltaje total V aplicado quedará repartido proporcionalmente en cada una de las resistencias de forma que, según la ley de voltajes Kirchhoff:

$$V = V_1 + V_2 + V_3 + \cdots + V_N$$

Si utilizamos la ley de Ohm para determinar el valor de los diferentes voltajes:

$$V = iR_1 + iR_2 + iR_3 + \cdots + iR_N$$

$$V = i(R_1 + R_2 + R_3 + \cdots + R_N)$$

Donde, despejando i, tenemos:

$$\frac{V}{i} = R_1 + R_2 + R_3 + \cdots + R_N$$

Como V e i son el voltaje y la corriente totales en el circuito, la relación V/i será la resistencia equivalente. Es decir:

$$R_{Equiv} = R_1 + R_2 + R_3 + \cdots + R_N \qquad (5.1)$$

Resistencia equivalente en serie

En el circuito en serie la resistencia total o equivalente, R_{Equiv} ante la fuente, es igual a la suma de los valores de las resistencias individuales, figura 5.2.

Figura 5-2. Resistencia equivalente de resistencias conectadas en serie.

Conexiones en paralelo

Un grupo de elementos están conectados en paralelo, cuando se empalman de tal forma que sobre ellos queda aplicado el mismo voltaje. figura 5.3.

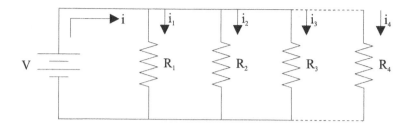

Figura 5-3. Resistencias conectadas en paralelo.

Se observa que la corriente total se reparte sobre las diferentes ramas, en una cantidad que es proporcional al valor de las resistencias presentes. De acuerdo con la ley de corrientes de Kirchhoff y la ley de Ohm:

$$i = i_1 + i_2 + i_3 + \cdots + i_N$$

$$i = \frac{V}{R_1} + \frac{V}{R_2} + \frac{V}{R_3} + \cdots + \frac{V}{R_N}$$

$$i = V\left(\frac{1}{R_1} + \frac{1}{R_2} + \frac{1}{R_3} + \cdots + \frac{1}{R_N}\right)$$

$$\frac{i}{V} = \frac{1}{R_1} + \frac{1}{R_2} + \frac{1}{R_3} + \cdots + \frac{1}{R_N}$$

Como en el caso anterior, V e i son el voltaje y la corriente totales en el circuito y por tanto i/V, se puede escribir como i/R_{Equiv}, de donde:

$$\frac{i}{R_{Equiv}} = \frac{1}{R_1} + \frac{1}{R_2} + \frac{1}{R_3} + \cdots + \frac{1}{R_N} \qquad (5.2)$$

Resistencia equivalente en paralelo

En un circuito en paralelo el inverso de la resistencia equivalente es igual a la suma de los inversos de las resistencias tomadas individualmente. figura 5.4.

Figura 5-4. Resistencia equivalente de resistencias conectadas en paralelo.

Conductancia equivalente

Las conductancias en paralelo se combinan en la misma forma que las resistencias en serie, y las conductancias en serie se combinan de la misma forma que les resistencias en paralelo.

EJEMPLO 5.1

Determinar la resistencia y la conductancia equivalentes en el circuito de la figura 5.5.

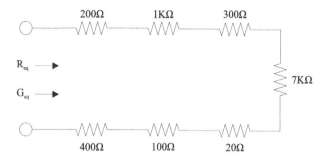

Figura 5-5. Circuito del ejemplo 5.1.

SOLUCIÓN

Como las resistencias están conectadas en serie, utilizando la ecuación (5.1).

$$R_{eq} = 200\Omega + 1000\Omega + 300\Omega + 7000\Omega + 400\Omega + 100\Omega + 20\Omega$$

$$R_{eq} = 9020\Omega$$

Y utilizando la ecuación para conductancia:

$$G_{eq} = \frac{1}{R_{eq}} = \frac{1}{9020} = 2.0001108ms$$

EJEMPLO 5.2

Determine la resistencia equivalente para el circuito dado en la figura 5.6.

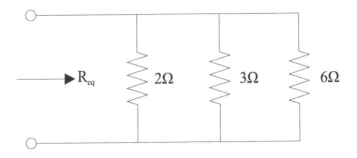

Figura 5-6. Circuito del ejemplo 5.2.

SOLUCIÓN

Utilizando la ecuación (5.2) para cálculo de resistencia equivalente de resistencias conectadas en paralelo, tenemos:

$$\frac{1}{R_{eq}} = \frac{1}{2} + \frac{1}{3} + \frac{1}{6}$$

$$\frac{1}{R_{eq}} = G_{eq} = 1s$$

Es decir que:

$$R_{eq} = 1\Omega$$

EJEMPLO 5.3

Determine la resistencia equivalente del circuito mostrado en la figura 5.7.

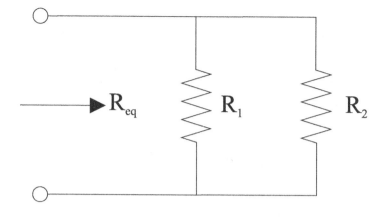

Figura 5-7. Circuito del ejemplo 5.3.

SOLUCIÓN

Como las resistencias están en paralelo, utilizamos la ecuación (5.2).

$$\frac{1}{R_{eq}} = \frac{1}{R_1} + \frac{1}{R_2}$$

$$\frac{1}{R_{eq}} = \frac{R_1 + R_2}{R_1 R_2}$$

Es decir:

$$R_{eq} = \frac{R_1 R_2}{R_1 + R_2}$$

Como conclusión podemos decir que la resistencia equivalente de dos resistencias conectadas en paralelo es igual al producto de las resistencias dividido por su suma.

Conexiones en serie-paralelo

Para resolver circuitos que estén conectados em combinación serie-paralelo se recomienda seguir el siguiente procedimiento:

1. Identificar todos los nodos.
2. Identificar las secciones en serie y en paralelo.
3. Simplificar cada sección aislada, utilizando para ello las ecuaciones indicadas.
4. Insertar los elementos entre los nodos apropiados.
5. Reducir a la R_{eq} o G_{eq}.

EJEMPLO 5.4

Determine la resistencia equivalente para el circuito mostrado en la figura 5.8.

SOLUCIÓN

Obsérvese que las secciones entre los nodos A y B y entre los nodos C y D están en paralelo, y éstas a su vez están en serie con las resistencias de 5Ω y 10Ω.

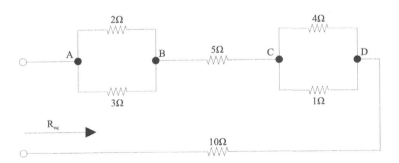

Figura 5-8. Circuito del ejemplo 5.4.

Reducimos primero las secciones en paralelo:

$$R_{eq_1} = \frac{2x3}{2+3} = \frac{6}{5}\,\Omega$$

$$R_{eq_2} = \frac{4x1}{4+1} = \frac{4}{5}\,\Omega$$

El circuito se reduce al circuito de la figura 5.8.1:

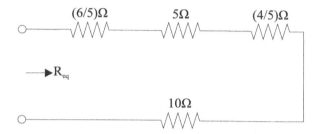

Figura 5-8-1. Circuito simplificado del ejemplo 5.4.

Donde todas las resistencias están en serie:

$$R_{eq} = \frac{6}{5}\Omega + 5\Omega + \frac{4}{5}\Omega + 10\Omega$$

$$R_{eq} = 17\Omega$$

EJEMPLO 5.5

Determine la resistencia equivalente del circuito mostrado en la figura 5.9.

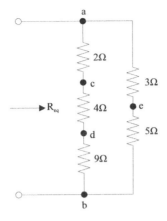

Figura 5-9. Circuito del ejemplo 5.5.

SOLUCIÓN

Se observa que las resistencias en serie R_{acdb} y R_{aeb} están en paralelo entre sí. El circuito se puede simplificar como se muestra en la figura 5.9.1:

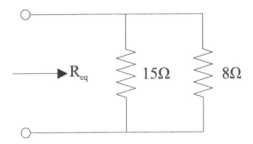

Figura 5-9-1. Circuito simplificado del ejemplo 5.5.

Y la resistencia equivalente es:

$$R_{eq} = \frac{15x8}{15+8} = \frac{120}{23}\Omega$$

Si se quisiera conocer la conductancia, ésta sería:

$$G_{eq} = \frac{1}{R_{eq}} = \frac{23}{120} s$$

Capacidad equivalente e inductancia equivalente

De la misma forma que para un circuito puramente resistivo, se puede hallar una resistencia equivalente para un circuito puramente capacitivo o puramente inductivo.

El inverso de la capacidad equivalente de condensadores conectados en serie es igual a la suma de los inversos de las capacidades tomadas individualmente, es decir:

$$\frac{1}{C_{eq}} = \frac{1}{C_1} + \frac{1}{C_2} + \frac{1}{C_3} + \cdots + \frac{1}{C_N} \qquad (5.3)$$

Análogamente, la capacidad equivalente de condensadores conectados en paralelo es igual a la suma de las capacidades tomadas individualmente, es decir:

Como puede verse, estas leyes son contrarias a las vistas para resistencias.

Para el caso de las bobinas, en cambio, se tiene:

La inductancia equivalente de bobinas conectadas en series es igual a la suma de las inductancias tomadas individualmente, es decir:

$$L_{eq} = L_1 + L_2 + L_3 + \cdots + L_N \qquad (5.5)$$

Análogamente, el inverso de la inductancia equivalente de bobinas conectadas en paralelo es igual a la suma de los inversos de las bobinas tomadas individualmente, es decir:

$$\frac{1}{L_{eq}} = \frac{1}{L_1} + \frac{1}{L_2} + \frac{1}{L_3} + \cdots + \frac{1}{L_N} \qquad (5.6)$$

Conversión Delta a Estrella (Δ − Y) y Estrella a Delta (Y − Δ)

Alternativamente se usan para estas versiones los nombres de $\Pi \rightarrow T$ y $T \rightarrow \Pi$. Con referencia a la figura 5.10. Las fórmulas para estas conversiones son:

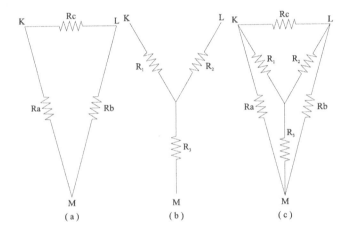

Figura 5-10. Conversiones de delta a estrella y de estrella a delta. (a) Circuito delta (Δ); (b) Circuito estrella (Y); (c) Conversiones.

$$R_1 = \frac{R_a R_c}{R_a + R_b + R_c} \qquad (5.7)$$

$$R_2 = \frac{R_b R_c}{R_a + R_b + R_c} \qquad (5.8)$$

$$R_3 = \frac{R_a R_b}{R_a + R_b + R_c} \qquad (5.9)$$

$$R_a = \frac{R_1 R_2 + R_1 R_3 + R_2 R_3}{R_2} \tag{5.10}$$

$$R_b = \frac{R_1 R_2 + R_1 R_3 + R_2 R_3}{R_1} \tag{5.11}$$

$$R_c = \frac{R_1 R_2 + R_1 R_3 + R_2 R_3}{R_3} \tag{5.12}$$

EJEMPLO 5.6

Determinar la resistencia equivalente y la conductancia equivalente para el circuito puente mostrado en la figura 5.11.

SOLUCIÓN

El circuito Δ superior, figura 5.11 (a), a través de los nodos wxy, se transforma en circuitos Y, figura 5.11 (b) mediante las ecuaciones dadas en (5.7) a (5.12).

$$R_1 = \frac{3x5}{14} = 1.07\Omega$$

$$R_2 = \frac{6x5}{14} = 2.14\Omega$$

$$R_3 = \frac{3x6}{14} = 1.29\Omega$$

Si se denomina v el nodo interno del circuito Y, figura 5.11 (b), y el Y equivalente se inserta en los nodos wxy, entonces (mirar figura 5.11 (c)), R_{vx} está en serie con R_{xz} y R_{vy} está en serie con R_{yz}. Por tanto $R_{vxz} = 5.29\Omega$ y $R_{vyz} = 4.14\Omega$. Así mismo, $R_{vz} = (R_{vxz} \,//\, R_{vyz}) = 5.29 \,//\, 4.14 = 2.32\Omega$ y $G_{eq} = 1/R_{eq} = 0.295s$.

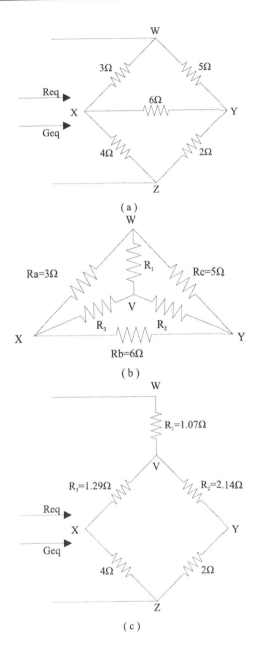

Figura 5-11. Circuito del ejemplo 5.6. (a) Circuito dado. (b) Conversión de la Delta superior en Y. (c) Circuito Simplificado.

Divisores de voltaje y corriente

Divisores de voltaje

En ocasiones estamos interesados en conocer el voltaje en los terminales de una resistencia determinada en un circuito en serie. Figura 5.12. El voltaje V_n en los terminales de cualquier resistencia R_n, es igual al producto del voltaje aplicado V_{tot} por R_n dividido por la suma de las resistencias, R_{eq} en el circuito en serie:

$$V_n = V_{tot}\frac{R_n}{R_{eq}} \tag{5.13}$$

De la ecuación (5.13), se ve que el voltaje V_n es directamente proporcional a la resistencia R_n.

Es importante tener en cuenta que este principio del divisor de voltaje se aplica sólo a circuitos serie donde la corriente por todos los elementos es la misma.

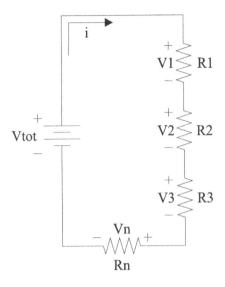

Figura 5-12. Divisor de voltaje.

Divisor de corriente

En un circuito que tenga conectadas n ramas en paralelo, figura 5.13, en ocasiones se desea conocer la corriente en una rama determinada. La corriente I_n en una rama R_n es igual al producto de la corriente aplicada I_{tot} por la resistencia equivalente del circuito en paralelo dividida por R_n.

$$I_n = I_{tot}\frac{R_{eq}}{R_n} \tag{5.14}$$

El principio de divisores de corriente se aplica solo a circuitos en paralelo, en los cuales el voltaje para todos los componentes es el mismo.

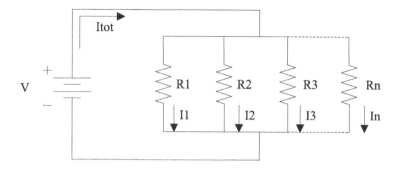

Figura 5-13. Divisor de corriente.

EJEMPLO 5.7

Use divisores de voltaje para determinar el voltaje en las resistencias del circuito en la figura 5.14.

SOLUCIÓN

De acuerdo con la ecuación (5.13) tenemos:

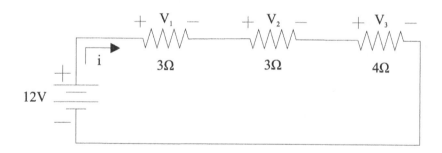

Figura 5-14. Circuito del ejemplo 5.7.

$$V_1 = 12 \, x \frac{3}{10} = 3.6V$$

$$V_2 = 12 \, x \frac{3}{10} = 3.6V$$

$$V_3 = 12 \, x \frac{4}{10} = 4.8V$$

EJEMPLO 5.8

Use divisores de corriente para determinar las corrientes indicadas en el circuito de la figura 5.15.

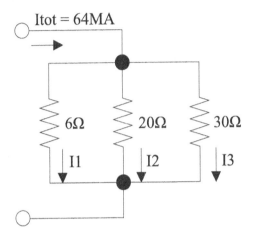

Figura 5-15. Circuito del ejemplo 5.8.

SOLUCIÓN

La R_{eq} es el resultado del paralelo de 6Ω, 20Ω y 30Ω, que es 4Ω; por la ecuación (5.14) tenemos:

$$I_1 = 64mA \, x \frac{4}{6} = 42.67mA$$

$$I_2 = 64mA \, x \frac{4}{20} = 12.8mA$$

$$I_3 = 64mA \, x \frac{4}{30} = 8.53mA$$

Análisis de mallas

Una malla es una trayectoria cerrada, sin otras trayectorias cerradas en su interior; un lazo es una trayectoria cerrada, pero puede tener otras en su interior, es decir, toda malla es un lazo, pero no todo lazo es una malla.

El método utilizado para darle solución a un circuito utilizando análisis de mallas consiste en los siguientes pasos:

1. Se suponen corrientes de malla en cualquier dirección.

2. Se colocan signos de sentido de voltaje para cada elemento, teniendo como referencia la dirección de la corriente de malla; cada componente puede tener sentidos de voltaje diferente, debido a dos corrientes de malla en mallas diferentes. Las fuentes tienen polaridad de voltaje fijo.

3. Escribir las ecuaciones de voltajes de Kirchhoff para cada malla. Para ello se puede seguir cualquier dirección, aunque se sugiere seguir la que indica la corriente de malla.

4. Reescribir ordenadamente las ecuaciones y darle solución al sistema resultante.

Para la solución del sistema de ecuaciones obtenido se pude utilizar cualquiera de los métodos algebraicos conocidos, a saber: eliminación, igualación, sustitución, determinantes.

EJEMPLO 5.9

Para el circuito de la figura 5.16 (a), escribir las ecuaciones de mallas.

SOLUCIÓN

En la figura 5.16 (b) se supone que las corrientes de malla fluyen en el sentido de las manecillas del reloj. Igualmente, se indican los sentidos de polaridad de los voltajes de todos los elementos del circuito.

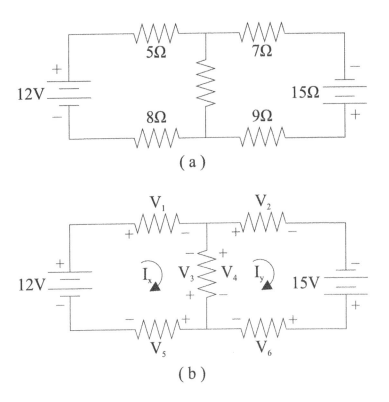

Figura 5-16. *Análisis de mallas. (a) Circuito dado. (b) Direcciones supuestas de corriente y voltaje en los elementos.*

La aplicación de la ley de Kirchhoff para la primera malla es:

$$-12 + V_1 + V_3 - V_4 + V_5 = 0$$

O también:

$$19I_x - 6I_y = 12$$

Para la segunda malla:

$$V_4 - V_3 + V_2 - 15 + V_6 = 0$$

O también:

$$-6I_x + 22I_y = 15$$

Así obtenemos el sistema de ecuaciones:

$$19I_x - 6I_y = 12$$
$$-6I_x + 22I_y = 15$$

Si quisiéramos llegar más lejos y encontrar los valores de las corrientes de mallas, se sugiere el método de determinantes.

Determinantes

Una matriz cuadrada de números encerrados por líneas verticales a cada lado se denomina determinante. Un determinante ($2x2$) de segundo orden se expresa por medio de:

$$DET = \begin{vmatrix} a_{11} & a_{12} \\ a_{21} & a_{22} \end{vmatrix} \qquad (5.15)$$

En donde un elemento en general se designa como a_{ij}. Por ejemplo, en la ecuación (5.15), a_{21} está en la segunda hilera y la primera columna del determinante DET.

Un determinante $(3x3)$ de tercer orden se expresa como sigue:

$$DET = \begin{vmatrix} a_{11} & a_{12} & a_{13} \\ a_{21} & a_{22} & a_{23} \\ a_{31} & a_{32} & a_{33} \end{vmatrix} \qquad (5.16)$$

EJEMPLO 5.10

Dado el sistema de ecuaciones obtenido en el ejemplo anterior, mediante determinantes, obtenga el valor de I_x e I_y.

SOLUCIÓN

El sistema de ecuaciones propuestas es:

$$19I_x - 6I_y = 12$$
$$-6I_x + 22I_y = 15$$

El determinante de los coeficientes es:

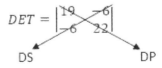

Donde se observa la diagonal principal DP, y la diagonal secundaria DS. El valor de DET es igual al producto de los elementos de la diagonal principal menos el producto de los elementos de la diagonal secundaria. Por tanto:

$$DET = 19(22) - (-6)(-6) = 382$$

Si se desea conocer el valor de una incógnita, como I_x, se reemplazan los coeficientes de I_x en el determinante de los coeficientes para las funciones forzadas del circuito. Luego, por regla de Cramer:

$$I_x = \frac{DET_x}{DET} \ y \ I_y = \frac{DET_y}{DET} \tag{5.17}$$

Las funciones forzadas del sistema de ecuaciones planteado son 12 y 15V y por la ecuación (5.17).

$$I_x = \frac{\begin{vmatrix} 12 & -6 \\ -6 & 22 \end{vmatrix}}{382} = \frac{354}{382} = 0.927A$$

$$I_y = \frac{\begin{vmatrix} 19 & 12 \\ -6 & 15 \end{vmatrix}}{382} = \frac{357}{382} = 0.935A$$

Análisis de nodos

El análisis de nodos es otro método para la solución de circuitos. Este es empleado para determinar valores de voltajes cuando se conocen valores de corrientes. Para solución de circuitos por este método se puede seguir el siguiente procedimiento:

1. Identificar todos los nodos y designarlos con una letra o un número.

2. Seleccionar uno de los nodos como referencia (cero voltios o tierra).

3. Suponer que todos los otros nodos están a un potencial más alto que el de la tierra.

4. Suponer corrientes en los elementos. Entre nodos diferentes al de referencia se asume una dirección cualquiera. Entre un nodo y el de referencia, las corrientes preferiblemente entrando al nodo de referencia.

5. El sentido del voltaje se acomoda a la dirección supuesta de la corriente. figura 5.17.

6. Aplicar la ley de corrientes de Kirchhoff a cada nodo, con excepción del de referencia.

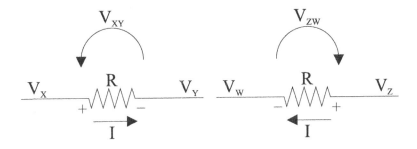

Figura 5-17. Sentido de voltaje para direcciones supuestas de las corrientes I.

$$I = \frac{V_x - V_y}{R} \qquad\qquad I = \frac{V_z - V_w}{R}$$

$$I = \frac{V_{xy}}{R} \qquad\qquad I = \frac{V_{zw}}{R}$$

EJEMPLO 5.11

Para el circuito de la figura 5.18 determine las ecuaciones de nodo.

SOLUCIÓN

Los nodos se designan como A, B, C y D. El nodo D se escoge como referencia. Se suponen direcciones para las corrientes.

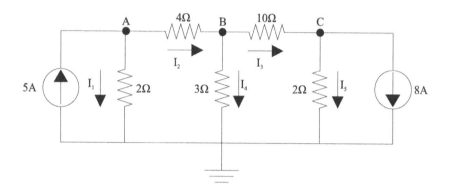

Figura 5-18. Circuito del ejemplo 5.11.

Como se muestra en a figura 5.18. Al aplicar la ley de corrientes de Kirchhoff a los nodos excepto el de referencia, se tiene:

Nodo A $\qquad$ $I_1 + I_2 = 5$

Nodo B $\qquad$ $I_3 + I_4 = I_2$

Nodo C $\qquad$ $I_5 + 8 = I_3$

Y expresando estas corrientes en términos de los voltajes obtenemos:

Nodo A $\qquad$ $0.75V_A - 0.25V_B + 0V_C = 5$

Nodo B $\qquad$ $0.25V_A - 0.68V_B + 0.1V_C = 0$

Nodo C $\qquad$ $0V_A + 0.1V_B - 0.6V_C = 8$

Por el método de determinantes y la regla de Cramer se puede obtener el valor de V_A, V_B y V_C. Se deja como ejercicio propuesto.

REPASO

Conceptos

Defina o discuta lo siguiente:

- ◼ Análisis de un circuito resistivo.
- ◼ Resistencia equivalente de un circuito en serie.
- ◼ Resistencia equivalente de u circuito en paralelo.
- ◼ Conductancia equivalente.
- ◼ Circuito serie-paralelo.
- ◼ Circuito en delta.
- ◼ Circuito en estrella.
- ◼ Conversión estrella a delta.
- ◼ Conversión delta a estrella.
- ◼ Divisor de voltaje.
- ◼ Divisor de corriente.
- ◼ Análisis de malas para solución de circuitos.
- ◼ Análisis de nodos para solución de circuitos.
- ◼ Determinantes.

EJERCICIOS

5.1. Determinar la resistencia equivalente y la conductancia equivalente para los circuitos en serie de la figura 5.19.

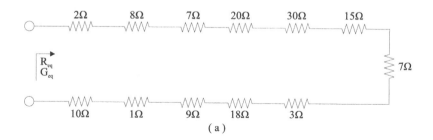

(a)

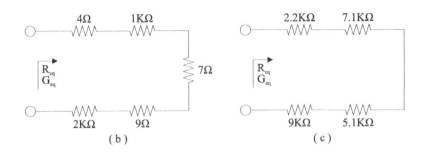

Figura 5-19. Circuito del ejercicio 5.1.

5.2. Determinar la resistencia equivalente y la conduc-tancia equivalente para los circuitos paralelos de la figura 5.20.

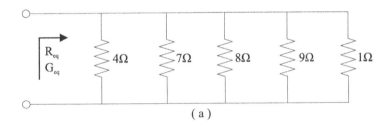

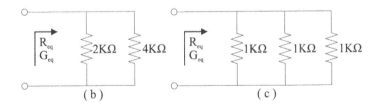

Figura 5-20. Circuito del ejercicio 5.2.

5.3. Determine la resistencia equivalente y la conductancia equivalente para los circuitos mixtos de la figura 5.21.

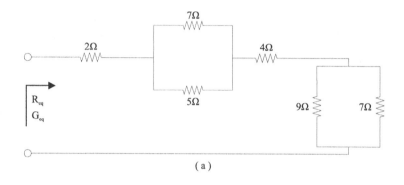

(a)

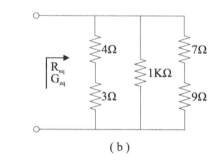

(b)

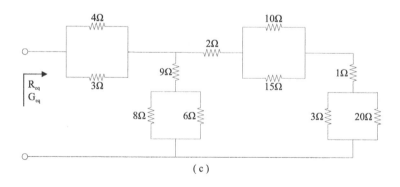

(c)

Figura 5-21. Circuito del ejercicio 5.3.

5.4. Utilice conversión estrella a delta y delta a estrella para hallar la resistencia equivalente de los circuitos de la figura 5.22.

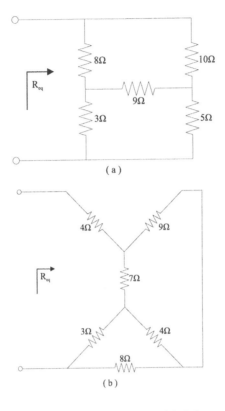

Figura 5-22. Circuito del ejercicio 5.4.

5.5. Utilice divisores de voltaje para calcular el valor de la tensión en la resistencia de 9Ω en el circuito de la figura 5.23.

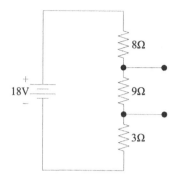

Figura 5-23. Circuito del ejercicio 5.5.

5.6. En el circuito mostrado en la figura 5.24. Determine el valor en el cual debe graduarse el potenciómetro, R_p, para que sobre la resistencia de 100Ω caigan $8V$.

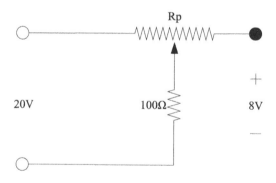

Figura 5-24. Circuito del ejercicio 5.6.

5.7. Utilice divisores de corriente para determinar la intensidad que circula por la resistencia de 15Ω en el circuito mostrado en la figura 5.25.

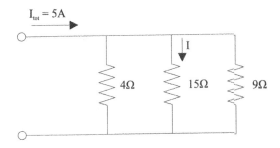

Figura 5-25. Circuito del ejercicio 5.7.

5.8. En el circuito mostrado en la figura 5.26 el valor de potenciómetro R_p, es de 100Ω. Calcular la corriente I que circula por el en el momento en que se encuentra en posición: (a) Mínima, (b) intermedia y (c) máxima.

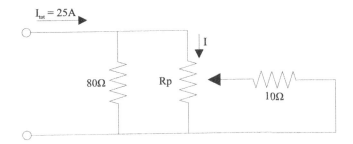

Figura 5-26. Circuito del ejercicio 5.8.

5.9. Para el circuito de la figura 5.27 determinar las ecuaciones de mallas.

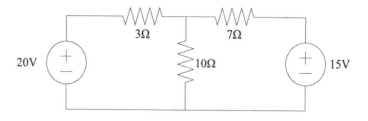

Figura 5-27. Circuito del ejercicio 5.9.

5.10. Determinar las ecuaciones de malla para el circuito de la figura 5.28.

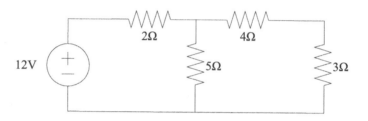

Figura 5-28. Circuito del ejercicio 5.10.

5.11. Determine las ecuaciones de malla para el circuito de la figura 5.29.

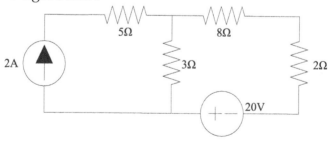

Figura 5-29. Circuito del ejercicio 5.11.

5.12. Determine las ecuaciones de nodos para el circuito de la figura 5.27.

5.13. Determine las ecuaciones de nodos para el circuito de la figura 5.28.

5.14. Determine las ecuaciones de nodos para el circuito de la figura 5.29.

5.15. Utilice determinantes para resolver los sistemas de ecuaciones obtenidos en la solución de los ejercicios planteados del numeral 5.9 al 5.14 y verifique que los valores de voltajes y corrientes obtenidos para el mismo circuito por los diferentes métodos son iguales.

5.16. Una vez conocidos los voltajes y las corrientes de los circuitos planteados en los numerales del 5.9 al 5.14 realice un balance final de potencia y muestre que la potencia suministrada por los elementos activos del circuito es igual a la potencia absorbida por los elementos pasivos del mismo.

Capítulo 6
GUÍA DE APOYO ACADÉMICO

La electricidad es una ciencia que no puede ser puramente teoría ni eminentemente práctica, en el sentido de empírica, ausente de ella completamente la conceptualización. Más bien, debe hacerse de ella una combinación teórico-práctica, mediante la cual se llegue a un dominio lo más perfecto posible, lo que requiere conocer muy bien causas y efectos de los elementos interactuando con diferentes señales, y así tener las precauciones que las conviertan en una ciencia "segura".

Bien (precavidamente) manejada, la electricidad puede ser una ciencia de fácil aplicación, pero cualquier descuido en su manejo la convierte en un campo, no tanto difícil, como peligroso.

Una bobina, por ejemplo, con corriente continua, es un cortocircuito franco; mientras que un condensador en corriente continua se comporta como un circuito abierto. Esto es, una bobina que se une en paralelo con otros elementos, que esté alimentada por una fuente de C.C., puede ocasionar graves daños: mientras que un condensador en serie con otros elementos, que esté alimentado por una fuente de C.C., impide cualquier circulación de corriente, y por tanto resistencia y otros elementos quedarán inhabilitadas.

Todo esto lo explica la teoría y lo comprueba la práctica.

El presente capitulo, como guía de apoyo académico, plantea una serie de prácticas de laboratorio mediante las cuales se comprueben todos los efectos, fenómenos y leyes planteados en la teoría, al tiempo que por su comprensión se llegue a una simulación mayor de todo el contexto previamente tratado.

Durante la práctica, los estudiantes tomarán datos de información de sus circuitos montados, y con estos harán un análisis posterior y presentarán un informe que ayude a medir su grado de asimilación, lo mismo que sus fallas y posibles formas de corregirlas.

PRACTICA N°1

IDENTIFICACIÓN DE RESISTENCIAS

OBJETIVOS

1. Manejar lo diferentes métodos empleados en la medición de resistencias: el óhmetro y el código de colores.

2. Comprender la importancia del concepto de tolerancia y rango de tolerancia para resistencias.

PROCEDIMIENTO

1. Escoja al azar un buen número de resistencias (de 15 a 20).

2. Utilizando el código de colores impreso en las resistencias, determine el valor de cada una.

3. Calcule un intervalo de tolerancia para cada resistencia.

4. Mida el valor de cada resistencia, utilizando un *tester* tanto análogo como digital ¿Cuál de los dos *tester* le parece más preciso?, ¿Por qué?

5. Compare los resultados obtenidos en los numerales 2 y 4 ¿Considera que están de acuerdo con las tolerancias respectivas?

6. Mida el valor resistivo de otros elementos (condensadores, bobinas, etc.), suministrado para la práctica.

INFORME

1. Elabore una tabla de resultados donde se consigne el valor de cada resistencia por los diferentes métodos, además del rango de tolerancia.

2. Analice los resultados obtenidos.

3. Presente sus conclusiones.

PREGUNTAS

1. ¿Cuál es la diferencia entre potenciómetro y reóstato?

2. ¿Qué tipos de resistencias comerciales existen?

3. ¿Por qué cree que sea importante un valor de tolerancia?

PRACTICA N°2

CARACTERIZACIÓN DE RESISTENCIAS

OBJETIVOS

1. Caracterizar por tensión-corriente los elementos resistivos en lineales y no lineales.

2. Determinar un valor de resistencia conocida la característica de tensión-corriente.

PROCEDIMIENTO

1. Realice un circuito (como el mostrado en la figura 6.1) con una fuente de tensión CD variable, un amperímetro, un voltímetro y una resistencia:

   a.   De carbón.

   b.   De filamento (un bombillo).

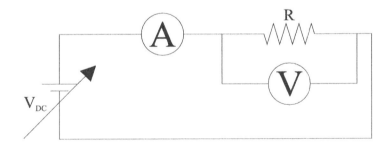

Figura 6-1. Circuito 1 de la práctica 2.

2. Llene la Tabla 6-1, determinando R a partir de la corriente (A) y el voltaje (V) (Ley de Ohm).

Tabla 6-1. Tabla de la práctica 2, punto 2 del procedimiento.

A	V	R

3. Repita el ejercicio, pero en lugar de una fuente DC variable utilice una fuente AC (Transformador). Para hacerlo variar inserte un potenciómetro, como se muestra en la figura 6.2.

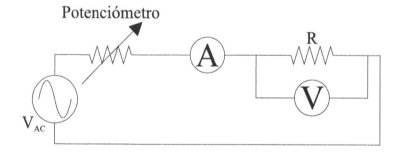

Figura 6-2. Circuito 2 de la práctica 2.

4. Llene la Tabla 6-2, determinando R a partir de la corriente (Δ) y el voltaje (V) (Ley de Ohm).

Tabla 6-2. Tabla de la práctica 2, punto 3 del procedimiento.

A	V	R

INFORME

1. Presente las tablas con los resultados.

2. Haga las gráficas de V vs I para cada caso.

3. Analice los resultados.

4. Presente conclusiones.

PREGUNTAS

1. ¿Cómo varían las resistencias en C. D y en C. A ?; ¿Cómo varia la R de carbón con relación con la de filamento?

2. ¿En qué casos la resistencia es lineal, y en qué casos es no lineal?

PRACTICA N°3

RESISTENCIAS EQUIVALENTES

OBJETIVOS

1. Afianzar el conocimiento en mediciones con el óhmetro (tanto análogo como digital) y el código de colores.

2. Contrastar de forma teórico-práctica el concepto de resistencias en serie, resistencias en paralelo y resistencias equivalentes.

PROCEDIMIENTO

1. Utilizando el código de colores determine el valor de las resistencias seleccionadas (10 a 15). Verifique dichos valores resistivos con el *tester* análogo y digital.

2. Haga una serie de dos resistencias y determine el color de la resistencia equivalente según código de colores y *tester*, tanto análogo como digital.

3. Repita el ejercicio, pero con tres resistencias. Las dos anteriores, más otra.

4. Siga agregando de a una resistencia y repita el procedimiento.

5. Repita todo el procedimiento anterior, pero colocando todas las resistencias en paralelo.

INFORME

1. Presente una tabla como la que se presenta a continuación, con todos los resultados obtenidos en el ejercicio de resistencias serie; repita para resistencias en paralelo.

Tabla 6-3. Tabla de la práctica 4, punto 1 del informe.

RESISTENCIAS EN SERIE (PARALELAS)							CÓDIGO DE COLOR	MEDIDOR ANÁLOGO	MEDIDOR DIGITAL
R_1	R_2								
R_1	R_2	R_3							
R_1	R_2	R_3	R_4						
R_1	R_2	R_3	R_4	R_5					
R_1	R_2	R_3	R_4	R_5	R_6				
R_1	R_2	R_3	R_4	R_5	R_6	R_7			

Nota: Para hallar el valor según el código de colores se deben utilizar las siguientes fórmulas:

$$R_{eq} = R_1 + R_2 + R_3 + \cdots + R_N (Circuito\ en\ serie)$$

$$\frac{1}{R_{eq}} = \frac{1}{R_1} + \frac{1}{R_2} + \frac{1}{R_3} + \cdots + \frac{1}{R_N} (Circuito\ en\ paralelo)$$

1. Analice los resultados.

2. Presente sus conclusiones.

PREGUNTAS

1. ¿Cómo es la resistencia equivalente de resistencias conectados en serie, comparada con las resistencias tomadas individualmente?

2. La misma pregunta, pero en el caso del circuito paralelo.

3. ¿Cuál de todos los métodos de medida de resistencia le parece:
   a. Más cómodo.
   b. Más práctico.
   c. Más preciso.

PRACTICA N°4

MANEJO DE INSTRUMENTOS DE MEDIDA DE C.D.

OBJETIVOS

1. Identificar los aparatos de medida para voltajes y corrientes.

2. Efectuar medidas de voltaje y de corriente empleando voltímetro y amperímetro.

3. Tener en cuenta las precauciones de conexión y operación de los diferentes aparatos de medida.

4. Familiarizarse con el montaje de circuitos en serie, paralelo y mixtos.

PROCEDIMIENTO

1. Realice el montaje de los siguientes circuitos:

   a.   Circuito en serie resistivo.

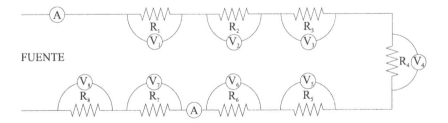

Figura 6-3. Circuito 1 de la práctica 4.

b.   Circuito paralelo-resistivo.

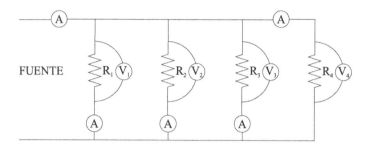

Figura 6-4. Circuito 2 de la práctica 4.

c.   Circuito serie-paralelo (mixto).

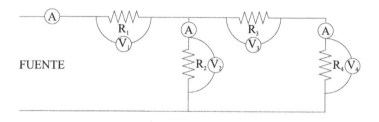

Figura 6-5. Circuito 3 de la práctica 4.

Empiece, para el efecto, con una fuente de C.D, y efectúe las mediciones de voltaje y corriente en diferentes puntos, tanto con aparato de medida análogo como digital.

INFORME

1. Elabore, para cada circuito, una tabla con los resultados obtenidos.

2. Analice los resultados.

3. Presente sus conclusiones.

PREGUNTAS

1. Explique. ¿Cómo se debe conectar un amperímetro y como un voltímetro, y que sucedería de no conectarse así?

2. Según su principio de funcionamiento. ¿Cómo se clasifican los aparatos de medida?

PRACTICA N°5

MANEJO DE INSTRUMENTOS DE MEDIDA DE C.A.

OBJETIVOS

Reafirmar los planteados para la práctica No.4.

PROCEDIMIENTO

Realice los mismos montajes presentados en la práctica No.4, pero emplee para el efecto fuentes de C.A. (Transformadores).

INFORME

Siga los ítems planteados para la práctica No.4.

PRACTICA N°6

MANEJO DEL OSCILOSCOPIO

OBJETIVOS

1. Aprender el funcionamiento y la calibración del osciloscopio, así como realizar mediciones en AC y en DC.

2. Calcular el periodo y la frecuencia de una onda senoidal y una onda cuadrada.

3. Conocer las precauciones para tener en cuenta con relación a:

   a. Voltaje de alimentación.
   b. Señales de entrada.
   c. Inclinación de la línea de trazo horizontal.
   d. Intensidad.
   e. Operación de un campo magnético fuerte.

PROCEDIMIENTO

1. Lea el manual del osciloscopio cuidadosamente.

2. Identifique las partes constitutivas del mismo y su función específica.

3. Observe diferentes tipos de onda a distintas frecuencias y amplitudes.

4. Realice un circuito en serie y mida sobre cada elemento.

    a. Voltaje pico-pico (Vpp).

    b. Voltaje pico (Vp).

    c. Voltaje eficaz (V_{RMS}).

1. Compare estos valores con los que obtenga con un voltímetro AC.

2. Realice un circuito con resistencia lineales (de carbón) y fuente DC. Mida las señales y compruebe este valor con el obtenido con un instrumento de medida DC.

3. Utilice un generador de onda y determine el periodo y la frecuencia de una onda cuadrada y una senoidal.

INFORME

1. Elabore los diagramas de los circuitos montados en el laboratorio, indicando los respectivos aparatos de medida.

2. Elabore una tabla de datos y resultados.

3. Indique claramente los datos realizados en los casos en que sea necesario.

4. Elabore los gráficos obtenidos en el laboratorio con el osciloscopio.

5. Analice los resultados y presente sus conclusiones.

PRACTICA N°7

LEYES DE KIRCHHOFF

OBJETIVOS

1. Comprobar las leyes de Kirchhoff: Distribución de voltajes en mallas y de corrientes en nodos.

PROCEDIMIENTO

1. Realice el montaje de los siguientes circuitos.
   a. Resistivo serie.
   b. Resistivo paralelo.
   c. Resistivo – capacitivo serie.

2. Tome las lecturas necesarias para la comprobación de las leyes de Kirchhoff.

INFORME

1. Realice los esquemas de los circuitos montados durante la práctica con los respectivos aparatos de medida.

2. Realice y consigne los cálculos realizados para cada circuito.

3. Elabore tablas de datos y resultados.

4. Presente sus conclusiones.

PREGUNTAS

1. ¿Las leyes de Kirchhoff se cumplen lo mismo en corriente directa y en corriente alterna?

2. ¿Cómo se deben aplicar las leyes de Kirchhoff en circuitos que tienen resistencias, bobinas, condensadores y fuente CA?

PRACTICA N°8

CIRCUITOS RLC

OBJETIVOS

1. Conocer los diferentes efectos de la corriente alterna y la corriente directa en circuitos que tienen bobinas y condensadores.

2. Considerar correctamente las precauciones que se deben tener presentes cuando se trabaja con bobinas y condensadores bajo efecto de corriente directa.

PROCEDIMIENTO

1. Realizar el montaje de un circuito RL (Resistencia – Bobina) en serie y aplicarle una fuente de:
   a. Corriente directa.
   b. Corriente alterna.

2. Repita el punto anterior, pero con un circuito RC en serie.

3. Repita el punto anterior peor con un circuito RLC en serie.

4. Realice el montaje de los siguientes circuitos:
   a. RL paralelo.
   b. RC paralelo.
   c. RLC paralelo.

5. Aplique una fuente de corriente ALTERNA en cada caso y efectúe las mediciones de voltaje en cada componente.

INFORME

1. Elabore los diagramas de los circuitos montados, incluyendo los aparatos de medición.

2. Realice una tabla con los resultados obtenidos.

3. Analice los resultados.

4. Presente sus conclusiones.

PREGUNTAS

1. ¿Por qué no se puede aplicar corriente directa a un circuito paralelo con bobina y condensadores?

2. Como se comporta:
   a. Una bobina.
   b. Un condensador.

   Con corriente directa. Y cómo se comporta con corriente alterna.

PRACTICA N°9

DIVISORES DE VOLTAJE Y DE CORRIENTE

OBJETIVOS

1. Poner en práctica una aplicación concreta de las resistencias (fijas y variables).

2. Cualificar y cuantificar los efectos de las resistencias cuando se conectan en serie (divisor de voltaje) y cuando se conectan en paralelo (divisor de corriente).

PROCEDIMIENTO

1. Calcule el valor de las resistencias requeridas para obtener los resultados que se pretenden, a partir de los valores conocidos, en los circuitos de la figura 6.6.

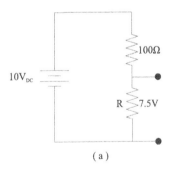

(a)

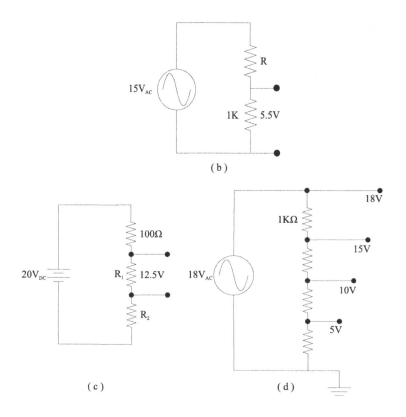

Figura 6-6. Circuitos 1 de la práctica 9.

1. Resuelva teóricamente los problemas de la figura 6.7.

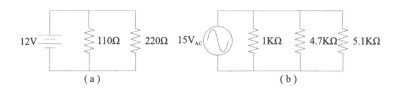

Figura 6-7. Circuitos 2 de la práctica 9.

188

2. En la medida de lo posible monte los circuitos planteados y mida los valores de voltaje y corriente requeridos. ¿Son iguales a los calculados?

GLOSARIO

Abierto: Se refiere a un componente o cable de conexión que tiene un circuito abierto, y es equivalente a una resistencia grande que tiende al infinito.

Amplitud: Tamaño de una señal, usualmente su valor pico.

Análoga: Similitud en algunos aspectos entre cosas diferentes que de hecho son distintas.

Coeficiente de temperatura: Tasa de cambio de una variable con respecto a la temperatura.

Cortocircuito: Problema de común aparición en los circuitos. Ocurre cuando una resistencia se hace extremadamente pequeña, casi cero. Por esto la tensión en un corto circuito tiende a cero, aunque la corriente puede ser muy grande. Un componente puede tener un cortocircuito interno, o un cortocircuito externo por una salpicadura de soldadura, o una conexión mal hecha.

Electrón libre: Aquel que sólo, está débilmente sujeto por un átomo. Conocido también como electrón de la banda de conducción debido a que describe una gran órbita, equivalente a alto nivel de energía.

Fuente de corriente: En teoría, es aquella que produce una corriente constante a través de una resistencia de carga de cualquier valor.

Fuente de voltaje: Aquella que produce en la carga una tensión constante para cualquier valor de la resistencia de carga.

Protección contra cortocircuitos: Significa que la fuente de alimentación tiene alguna forma de protegerse en caso de que se presente una excesiva corriente en la carga.

Termistor: Dispositivo cuya resistencia sufre grandes cambios con la temperatura.

Valor RMS: Empleado en las señales dependientes del tiempo. Conocido también como valor eficaz. Es el valor equivalente de una fuente de continua que produciría la misma cantidad de calor o potencia sobre el ciclo completo de una señal dependiente del tiempo.

ELECTRÓNICA BÁSICA

Capítulo 7
SEMICONDUCTORES

Podemos decir, sin temor a equivocarnos, que la materia prima fundamental de toda la electrónica, son los semiconductores. Diodos, transistores y circuitos integrados están hechos a base de estos componentes, los cuales se encuentran, electrónicamente hablando, entre los conductores y los aislantes. Los conductores son todos aquellos elementos que prestan una baja oposición al paso de la corriente eléctrica. Los aislantes son aquellos elementos que presentan una muy alta oposición. Los semiconductores, por su parte, no son ni buenos ni malos conductores de electricidad. Tienen exactamente cuatro electrones en la órbita de valencia (último nivel de energía), mientras que los mejores conductores tienen uno y los aislantes ocho electrones de valencia.

El Germanio es un ejemplo de semiconductor; es decir que, como tal, tiene 4 electrones en la órbita de valencia. El material semiconductor más utilizado es el Silicio, el cual contiene 14 protones y 14 electrones, cuatro de los cuales se encuentran en la órbita exterior.

Semiconductores intrínsecos

Un semiconductor integrado intrínseco es un semiconductor puro. Tiene igual carga positiva que negativa, como se muestra en la figura 7.1, y dichas cargas positivas y negativas se mueven en direcciones opuestas, transportando la carga neta de un lugar a otro.

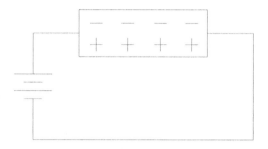

Figura 7-5. Semiconductor intrínseco.

Dopado de un semiconductor

El dopado es una forma de aumentar la conductividad de un semiconductor. Se logra añadiendo impurezas al semiconductor intrínseco. El semiconductor dopado se llama semiconductor extrínseco.

Con el dopado se consigue entonces aumentar el número de electrones libres y esto a su vez se logra añadiendo al Silicio fundido átomos pentavalentes (5 electrones de valencia) como, por ejemplo: Arsénico, Antimonio o Fósforo. Estos elementos terminan donando un electrón al átomo de Silicio.

También se puede hacer un dopado añadiendo al Silicio fundido impurezas trivalentes; es decir, átomos que tengan 3 electrones de valencia, como por ejemplo el Galio, el Boro y el Aluminio. El átomo trivalente termina aceptando un electrón y el Silicio queda con una carga positiva o hueco, que puede aceptar un electrón libre durante la recombinación.

Tipos de semiconductores extrínsecos

Como se desprende de lo anteriormente expuesto, el semiconductor se puede dopar para que quede con exceso de electrones o con exceso de huecos. Esto da lugar a su vez a dos tipos de semiconductores dopados.

Semiconductor tipo n

Cuando el semiconductor de Silicio se dopa con una impureza pentavalente, queda con un exceso de electrones con respecto a los huecos, y debido a esa carga negativa predominante a este elemento se le llama semiconductor tipo n. A los electrones, que son mayor número, se les llama portadores mayoritarios, y a los huecos se les llama portadores minoritarios. En la figura 7.2 puede observarse el esquema de un semiconductor tipo n.

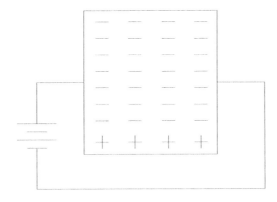

Figura 7-6. Semiconductor tipo n.

Semiconductor tipo p

Cuando el semiconductor de Silicio se dopa con una impureza trivalente, queda con un exceso de huecos con respecto a los electrones, y debido a esa carga positiva predominante a este elemento se le llama semiconductor tipo p, p de positivo. A los huecos, en mayor cantidad, se les denominan portadores mayoritarios. En la figura 7.3 puede observarse el esquema de un semiconductor tipo p.

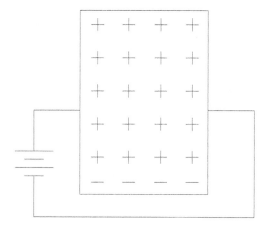

Figura 7-7. Semiconductor tipo p.

REPASO

Conceptos

Defina o discuta lo siguiente:

- Elemento semiconductor.
- Semiconductor intrínseco.
- Dopado de un semiconductor.
- Semiconductor extrínseco.
- Semiconductor tipo n.
- Semiconductor tipo p.
- Impurezas.
- Portador minoritario.
- Portador mayoritario.

Capítulo 8
DIODOS

Si consideramos en forma separada una capa de semiconductor tipo p o tipo n, ésta se comportará como lo haría una simple resistencia de carbón. Sin embargo, si se estudia la juntura compuesta por un semiconductor tipo p y uno tipo n se obtienen resultados especiales. El elemento así conseguido se denominan diodo, y su aplicación es amplia en el campo de electrónica en general. Ver figura 8.1.

Figura 8-11. Juntura pn o diodo.

Polarización directa

En la figura 8.2 se ve una fuente de corriente continua conectada a una unión pn. La forma que se muestra en dicha conexión corresponde a polarizar directamente el diodo. En polarización directa el diodo se comporta, idealmente, como un cortocircuito, y permite el flujo de la corriente eléctrica a través de él. Un todo real tiene una pequeña resistencia en polarización directa, y para efectos de cálculos de no mucha precisión puede considerarse dicha resistencia como despreciable.

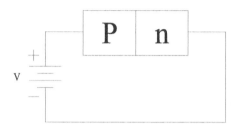

Figura 8-12. Polarización directa del diodo.

Obsérvese en la figura 8.2, como el positivo de la fuente está conectado a la juntura p, mientras el negativo está conectado a la juntura n.

Vale la pena repetir que en un diodo polarizado directamente la corriente fluye fácilmente por él. Pero para que el diodo entre en conducción es necesario que la fuente tenga un voltaje superior o igual a 0.7V, para el caso de que éste sea de Silicio. Si eventualmente se tiene un diodo de Germanio, el mínimo voltaje requerido para que el diodo entre en conducción es de 0.3V.

Polarización inversa

Si se invierte la polaridad de la fuente en el circuito anterior, de forma que el terminal positivo de la batería quede conectado al terminal n del diodo y el terminal negativo de la batería quede conectado al terminal p del diodo, figura 8.3, se tendrá una polarización inversa.

En polarización inversa el diodo se comporta como un circuito abierto, idealmente. La realidad es que en tal caso se presenta una alta resistencia entre sus terminales, del orden de megaohmios. Idealmente, por lo tanto, no deberá circular ninguna corriente por el diodo; sin embargo, en la práctica, una pequeña corriente fluye por el elemento. La corriente inversa originada por los portadores minoritarios se llama *corriente de saturación*, y puede ser del orden de nanoamperios. En adelante denotaremos a dicha corriente de saturación como Is.

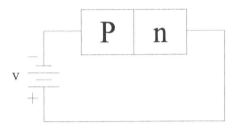

Figura 8-13. Polarización inversa.

Ahora bien, todo diodo tiene un valor máximo para el voltaje inverso que se le aplica. Normalmente, valores superiores a los 50V. Si se llegara a sobrepasar este límite (el especificado técnicamente para cada diodo, llamado *voltaje de ruptura*) el dispositivo entraría en avalancha, esto es, se comportaría como un conductor en ambos sentidos; valga decir, sería un cortocircuito sin utilidad alguna. En conclusión, sobrepasar el voltaje de ruptura implica destruir el diodo.

Aspecto físico y símbolo eléctrico del diodo

En la figura 8.4(c) se muestra el símbolo eléctrico empleado para representar un diodo. El terminal p se denomina ánodo, y el terminal n se denomina cátodo. El símbolo del diodo es una flecha que apunta del ánodo al cátodo. En la dirección en la que apunta la flecha la circulación de la corriente es posible, mientras que en el sentido contrario no lo es. La forma física del diodo, por su parte, es la de un pequeño tanque de color oscuro, marcado en el extremo del cátodo con una raya que lo envuelve de color plateado. Esto puede verse en la figura 8.4(b), mientras que en la figura 8.4(a) se muestra la composición física del diodo, discriminando sus terminales ánodo (A) y cátodo (K).

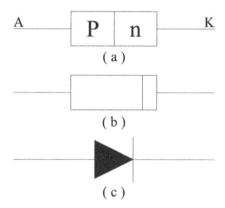

Figura 8-14. (a) Constitución del diodo (b) aspecto físico y (c) símbolo.

Analogía para el diodo

De lo discutido en las secciones precedentes se desprende que el diodo se comporta como un interruptor inteligente.

Cuando se le aplica polarización directa automáticamente se cierra y toma un valor de resistencia cero, mientras que cuando se le aplica polarización inversa se abre tomando un valor de resistencia infinita. Estos aspectos se muestran en la figura 8.5.

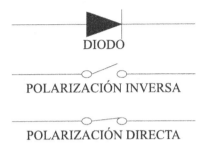

DIODO

POLARIZACIÓN INVERSA

POLARIZACIÓN DIRECTA

Figura 8-15. El diodo como un interruptor.

Chequeo de diodos y detección de fallas

Para determinar si un diodo está en buen estado se puede utilizar un óhmetro. Se debe medir la resistencia de diodo en ambas direcciones (esto se logra invirtiendo las puntas en una medición con respecto a la anterior), con lo que una de las mediciones del diodo estará polarizado directamente por la batería interna del medidor y marcará una baja resistencia, en la inversión de la medición el diodo quedará polarizado inversamente y por lo tanto marcará una alta resistencia. En general, lo que se espera es obtener una relación de resistencia inversa a directa muy alta, normalmente mayor de 100:1. Sin embargo, lo importante en esta prueba no es tanto el valor de la resistencia, como el determinar si el diodo conduce en un sentido y en otro no. Los siguientes casos constituyen fallas posibles en diodos: si la resistencia es pequeña en ambas direcciones es señal de que el diodo se encuentra cortocircuito; si por el contrario la resistencia es muy grande en ambos sentidos es indicativo de que el diodo está abierto; si la resistencia en la dirección inversa es relativamente pequeña, entonces decimos que tenemos un diodo con fugas. Las pruebas se efectúan con el diodo fuera del circuito, y se recomienda que se realicen en escala Rx10.

Para chequear diodos también puede utilizarse el práctico probador que se muestra en la figura 8.6. Cuando los puntos del chequeador se colocan de forma que la punta A toque el ánodo y la punta C toque el cátodo, el LED encenderá indicando que la corriente fluye a través del diodo. En caso de invertir las puntas no circulará corriente por el diodo y por lo tanto no encenderá. Si se ejecutan estos pasos con tales resultados el diodo se encuentra en buen estado, de lo contrario, algo anda mal en el dispositivo.

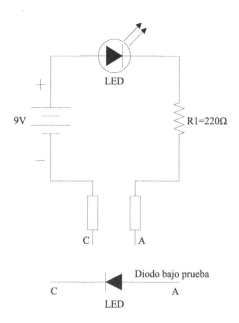

Figura 8-16. Chequeador de diodos.

Especificaciones técnicas

Los fabricantes de dispositivos semiconductores suministran a los usuarios especificaciones técnicas sobre los diferentes componentes en sus hojas de características. Estas son muchas veces complejas para el usuario normal que no alcanza a interpretarlas con propiedad, pero de gran utilidad para quienes diseñan circuitos. Muchas de estas características también pueden ser estudiadas en los llamados manuales de reemplazo, en los cuales se describen parámetros de interés para el técnico y el diseñador. En dichas hojas de características o especificaciones técnicas se deben ubicar los elementos de acuerdo con sus referencias, y los diodos, por ejemplo, normalmente se encuentran por un número que los diferencia siempre con el prefijo 1N que los denota. Así, por ejemplo, se encuentran referencias del 1N4001 al 1N4007, del 1N746 al 1N759, del 1N957 al 1N984 o del 1N4370 al 1N4372. Cada referencia tiene sus propias especificaciones técnicas.

Revisión en manual ECG

Los manuales de reemplazo para dispositivos semiconductores se han convertido en la actualidad en una útil herramienta de trabajo para los técnicos en electrónica y áreas afines.

El más popular es, quizás, el manual de reemplazos ECG que, en un solo tomo, proporciona completa información sobre la gran variedad de dispositivos existentes en el mercado, como diodos, transistores, SCRs, Triacs, circuitos integrados y otros elementos.

Mediante el manual ECG se puede tener información sobre las características de los dispositivos, tales como forma física e identificación de terminales.

Para utilizarlo se busca en la segunda parte del libro la referencia del componente que nos ocupa. Por ejemplo, queremos conocer las características del transistor 2N3904. Para localizarlo buscamos en la lista encabezada con el título *"to be replaced"* la referencia 2N3904.

A su derecha aparece el número ECG 123AP; éste es su reemplazo. Con este dato vamos a la primera parte del manual, donde en orden numérico aparecen los componentes ECG. Para nuestro ejemplo, el 123AP, nos dice el manual que es un transistor npn, y nos remite a la página 1-40 y a la figura T-16. En la página 1-40 encontramos una completa gran de características voltiamperimétricas de dicho transistor; mientras que en la parte interior un mensaje nos remite a la página 1-76, donde se encuentra la figura del empaque físico con indicaciones de tamaño y terminales.

Como puede verse, pues, ésta es una forma fácil de conocer todos los componentes y sus características, sin tener que recurrir a catálogos de fabricantes.

REPASO

Conceptos

Defina o discuta lo siguiente:

- Diodo semiconductor.
- Polarización directa.
- Polarización inversa.
- Analogía del diodo y del interruptor.
- Chequeo de diodos y detección de fallas.
- Especificación del diodo.
- Localización de componentes en el manual ECG.

Capítulo 9
CIRCUITOS CON DIODOS

Antes de iniciar el estudio de los circuitos con diodos es conveniente revisar algunos conceptos relacionados con el transformador reductor, el cual es necesario para el manejo de los bajos voltajes que se requieren en los circuitos electrónicos.

El transformador reductor

Los tomas de energía de que disponemos en los sectores residenciales, proporcionan al usuario una tensión nominal de 120V_{RMS}, a una frecuencia de 60 Hz. Este valor, sin embargo, no es constante, sino que fluctúa dependiendo de la hora, el sector y otros diversos factores. A horas pico, por ejemplo, puede caer a un nivel de aproximadamente 105V, y en horas de descanso elevarse a unos 125V. Recordemos que la relación entre el valor RMS y el valor pico de una onda senoidal está dada por:

$$V_{RMS} = \frac{V_m}{\sqrt{2}} \qquad (9.1)$$

La cual se puede expresar también como:

$$V_{RMS} = 0.707V_m \qquad (9.2)$$

Según esta ecuación el voltaje eficaz o RMS es el 70.7% del voltaje máximo de la onda. El valor RMS de una señal es la tensión continua equivalente que produciría la misma potencia que la onda senoidal en un ciclo completo. Ahora bien, la tensión que se obtiene de los tomas es demasiado elevada para aplicarla a los circuitos electrónicos; por esta razón, en casi todos estos equipos se utiliza un transformador que reduzca esta señal de la red a un valor inferior, más apropiado para el uso en dispositivos como diodos y transistores.

En la figura 9.1 se observa el símbolo electrónico de un transformador.

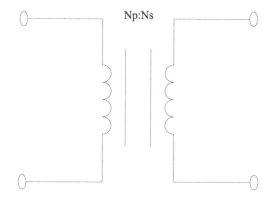

Figura 9-36. Símbolo del transformador.

Y en la figura 9.2 se muestra el esquema de un transformador con carga.

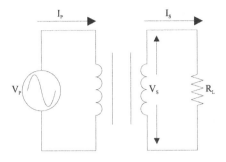

Figura 9-37. Transformador con carga.

La bobina izquierda se llama arrollamiento primario y a la derecha se le llama arrollamiento secundario. El número de vueltas en el arrollamiento primario es N_p y el del arrollamiento secundario es N_s. Las rayas verticales entre los arrollamientos primario y secundario indican que el conductor está enrollado alrededor de un núcleo de hierro.

Si el número de vueltas de alambre en el secundario es mayor que el número de vueltas en el primario el transformador será elevador; si, por el contrario, el número de vueltas de alambre en el primario es mayor que el número de vueltas de alambre en el secundario, el transformador será reductor.

Hay dos relaciones de importancia en el manejo de los transformadores. La primera expresa que la potencia de entrada es igual a la potencia de salida (para transformadores ideales donde no hay pérdidas de ningún tipo) esto es:

$$P_P = P_S$$

Como la potencia es el producto del voltaje y la corriente, tendremos:

$$V_P I_P = V_S I_S$$

Lo que nos lleva a la primera relación de importancia, que es:

$$\frac{V_P}{V_S} = \frac{I_S}{I_P} \qquad (9.3)$$

La segunda relación la obtenemos a partir del hecho de que el producto de amperios por vuelta para ambos enrollamientos permanece constante.

$$I_P N_P = I_S N_S$$

La cual podemos expresar como:

$$\frac{N_P}{N_S} = \frac{I_S}{I_P} \qquad (9.4)$$

Por la transitividad que se observa entre las ecuaciones (3.3) y (3.4) llegamos a que:

$$a = \frac{V_P}{V_S} = \frac{N_P}{N_S} = \frac{I_S}{I_P} \qquad (9.5)$$

Donde *"a"* se llama *"relación de transformación"*.

EJEMPLO 9.1

La tensión que se mide en un toma de red es de $120V_{rms}$. Calcular el valor máximo de la señal.

SOLUCIÓN

Según la ecuación (9.2) el voltaje rms esta dado por la expresión:

$$V_{RMS} = 0.707V_m$$

De donde:

$$V_m = \frac{V_{rms}}{0.707}$$

Reemplazando obtenemos:

$$V_m = \frac{120V}{0.707} = 170V$$

EJEMPLO 9.2

Un transformador reductor tiene una relación de transformación de 4:1 si el voltaje primario es de 120V, determinar el valor del voltaje secundario.

SOLUCIÓN

Por la expresión dada en la ecuación (9.5) tenemos que:

$$a = \frac{V_P}{V_S}$$

De donde:

$$V_S = \frac{V_P}{a}$$

Con $V_P = 120V$ y $a = 4/1 = 4$ tenemos:

$$V_S = \frac{120V}{4} = 40V$$

EJEMPLO 9.3

Suponga que en el transformador del ejercicio anterior la corriente en el primario es de 2A. Determine la corriente del secundario.

SOLUCIÓN

Para el transformador en el ejercicio anterior la relación de transformación es de $a = 4$. Con $Ip = 2A$ y la relación que se obtiene de la ecuación (9.5) tenemos:

$$a = \frac{I_S}{I_P}$$

O también:

$$Is = aI_p = 4(2A) = 8A$$

Rectificador de media onda

Idealmente, un diodo de rectificador es un dispositivo que permite el paso de corriente con polarización directa, y se bloquea, impidiéndola, cuando se le aplica polarización inversa. Por esta razón es un elemento útil para convertir corriente alterna en corriente directa. El circuito más simple para lograr esta conversión de corriente alterna en corriente directa es el rectificador de media onda, el cual puede verse en la figura 9.3. Al primario del transformador se le aplica la tensión de la red mediante un enchufe eléctrico. Algunos enchufes, sobre todo los que se destinan a aplicaciones electrónicas, tienen un tercer terminal destinado para hacer la conversión a masa del equipo.

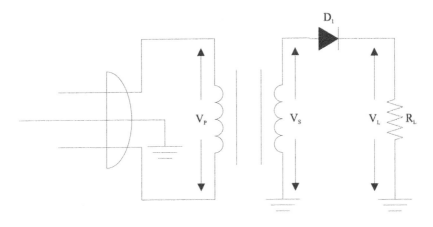

Figura 9-38. Rectificador de media onda.

El funcionamiento del circuito es como sigue:

Mientras se sucede el semiciclo positivo de la tensión en el primario, el secundario tendrá también, por virtud de la forma como han sido enrollados ambos bobinados, un semiciclo positivo. Por esta razón, el diodo estará polarizado positivamente, y sobre la resistencia de carga aparecerá la misma señal dada por el secundario. (Ver figura 9.4). En el semiciclo negativo, por su parte, el diodo estará polarizado inversamente y no permitirá el paso de la corriente. Sobre la resistencia de carga no habrá por lo tanto ninguna tensión, y la señal completa sobre ésta será una señal de media onda.

Obsérvese que la tensión en la carga es de un sólo semiciclo; el positivo; lo que significa que dicha tensión es unidireccional. Para el caso, decimos que la corriente de carga es corriente directa pulsante, con valor cero durante el tiempo que en el secundario se presenta el semiciclo negativo.

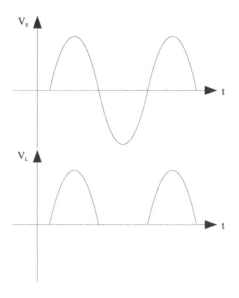

Figura 9-39. Señal senoidal en el secundario (arriba) y señal de media onda sobre la carga (abajo).

Periodo de la señal de media onda

En América, la frecuencia de la tensión de red es de 60Hz. En Europa es de 50Hz. El periodo, según las relaciones físicas, es igual al inverso de la frecuencia, es decir:

$$T = \frac{1}{f} \tag{9.6}$$

Donde: T: Período
              f: Frecuencia

EJEMPLO 9.4

Calcular el período de las señales senoidales que se captan en las redes en América y Europa, y explicar lo que es el período en una onda.

SOLUCIÓN

Hemos visto que en América, $f = 60Hz$, mientras que en Europa, $f = 50Hz$.

Utilizado la ecuación (9.6) llegamos a:

$$T = \frac{1}{f} = \frac{1}{60Hz} = 16.7ms$$

Análogamente:

$$T = \frac{1}{f} = \frac{1}{50Hz} = 20ms$$

Es decir que en América las señales en los tomas de una red tienen un período de 16.7ms, mientras que en Europa tienen un período de 20ms.

Respondiendo al segundo planteamiento, el período es el tiempo que transcurre entre el comienzo de un semiciclo positivo y el comienzo del siguiente semiciclo positivo.

Valor medio de la señal de media onda

El valor medio de la señal de media onda es el valor que se mediría con un voltímetro si se leyera en éste con sus terminales conectados en los extremos de la carga. El valor medio para la señal de media onda viene dado por la expresión:

$$V_{CC} = \frac{V_m}{\pi} \tag{9.7}$$

Donde: V_{CC}: Valor medio de la señal.

                     V_m: Valor pico de la señal.

EJEMPLO 9.5

El primario de un transformador se conecta a una red que tiene un nivel de tensión de 440V. Si la relación de transformación es de 16:1, determinar el voltaje en el secundario del transformador. Si con el secundario se alimenta un circuito rectificador de media onda, determinar el valor medio de la señal que se aplicará a la carga.

SOLUCIÓN

Por la expresión dada en la ecuación (9.5):

$$V_S = \frac{V_P}{a} = \frac{440V}{16} = 27.5V$$

La señal rectificada de media onda tendrá un valor pico $V_m = 27.5V$, luego, por la ecuación (9.7):

$$V_{CC} = \frac{V_m}{\pi} = \frac{27.5V}{\pi} = 8.75V$$

Rectificador de onda completa

En la figura 9.5 se observa el diagrama circuital de un certificador de onda completa. Para este circuito se requiere un tap central en el secundario del transformador, para hacer con él conexión a tierra, y constituir un retorno para la corriente en el circuito. Como puede observarse, este circuito es básicamente la unión de dos circuitos rectificadores de media onda.

El funcionamiento del circuito es como se explica a continuación: en el semiciclo positivo el diodo D_1 está polarizado directamente, mientras el diodo D_2 lo está inversamente. Por lo tanto, la corriente circulará por la carga en dirección a tierra. En el semiciclo negativo el diodo D_2 está polarizado directamente mientras el diodo D_1 lo está inversamente. Luego se tendrá un camino para la corriente, y ésta circulará por la carga en la misma dirección a tierra. La señal sobre la carga será entonces una señal de onda completa, como se muestra en la figura 9.6.

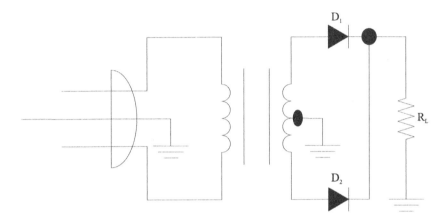

Figura 9-40. Rectificador de onda completa.

Concretando, el diodo D_1 conduce durante el semiciclo positivo, y el diodo D_2 conduce durante el semiciclo negativo. La corriente, por tanto, circula por la carga en los dos semiciclos, y siempre en la misma dirección.

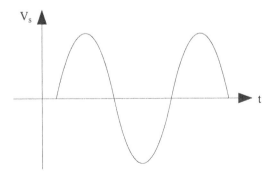

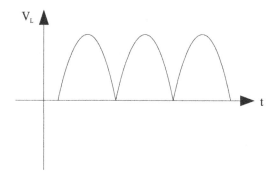

Figura 9-41. Forma de onda en el secundario del transformador (arriba) y en la carga (abajo).

Frecuencia de la señal

La frecuencia de la señal de onda completa es el doble de la frecuencia de la señal de entrada.

Un ciclo completo es cuando la señal comienza a repetirse. Es decir, en la señal rectificada de onda completa, figura 9.6, la onda comienza a repetirse después de medio ciclo de la tensión en el primario.

EJEMPLO 9.6

Determine en qué relación se encuentran las frecuencias de las señales de entrada y de salida de un rectificador de onda completa. (Tener en cuenta la figura 9.6).

SOLUCIÓN

La frecuencia de la tensión de entrada dada por la red es:

$$f_{ent} = 60Hz$$

El período de la tensión de entrada estará dado entonces por:

$$T_{ent} = \frac{1}{f_{ent}} = \frac{1}{60Hz} = 16.7ms$$

El período de la tensión de salida en la carga será:

$$T_{sal} = \frac{16.7ms}{2} = 8.33ms$$

Por tanto, la frecuencia de la tensión en la carga es igual a:

$$f_{sal} = \frac{1}{T_{sal}} = \frac{1}{8.33ms} = 120Hz$$

Es decir que las frecuencias estarán en relación dada por:

$$f_{sal} = 2f_{ent}$$

Valor medio de la señal de onda completa

Como para el caso de la señal de media onda, si se conecta un voltímetro para continua, a la resistencia de carga de la figura 9.5, se leerá una tensión igual a:

$$V_{CC} = \frac{2V_m}{\pi} \qquad (9.8)$$

Esta tensión es el valor medio de la señal de onda completa, porque el voltímetro indica la tensión media de un ciclo completo.

EJEMPLO 9.7

El secundario de un transformador tiene un valor pico de 48V. si éste se conecta a un rectificador de onda completa, determinar el valor medio de la señal que aparecerá en la carga.

SOLUCIÓN

Si la señal del secundario tiene un valor pico de 48V, el valor pico de la señal de onda completa sobre la carga también será de 48V. Utilizando la ecuación (9.8) obtenemos entonces que el valor medio de esta onda será:

$$V_{CC} = \frac{2V_m}{\pi} = \frac{2(48)}{3.1416} = 30.55V$$

El rectificador en puente

El rectificador en puente utiliza cuatro diodos en lugar de dos, pero con este diseño no se requiere transformador con derivación central. Esto trae una ventaja: *la tensión rectificada en la carga es el doble que la que se obtendría con el circuito visto en la sección previa.* En la figura 9.7 se muestra el diagrama circuital del rectificador en puente.

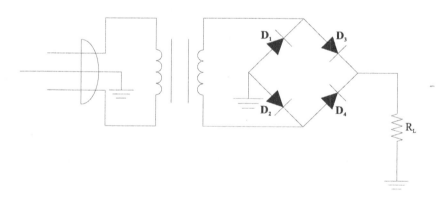

Figura 9-42. Rectificador en puente.

Su funcionamiento es el siguiente: durante el semiciclo positivo de la tensión de red, los diodos D_2 y D_3 están polarizados directamente y conducen, produciendo un semiciclo de tensión sobre la carga. Durante el semiciclo negativo de la tensión de red, conducen los diodos D_1 y D_4, lo que igualmente produce otro semiciclo positivo. El resultado es una señal de onda completa sobre la carga.

EJEMPLO 9.8

En la figura 9.7 suponga que el voltaje secundario tiene un valor pico de $24V$. si la resistencia de carga, R_L, es de 100Ω, determinar la corriente de pico por la carga.

SOLUCIÓN

Como la señal sobre la carga será una forma de onda completa, el valor de la tensión será:

$$V_L = V_{CC} = \frac{2V_m}{\pi} = \frac{2(24)}{\pi} = 15.27V$$

Y por ley de Ohm, como:

$$V_L = I_L R_L$$

Entonces:

$$I_L = \frac{V_L}{R_L} = \frac{15.27V}{100\Omega} = 0.15A$$

Otros circuitos con diodos

Multiplicadores de tensión

Son circuitos que consisten en la conexión adecuada de diodo y condensadores, con el fin de obtener una tensión de entrada multiplicada por un valor constante: ($2V_P$, $3V_P$, $4V_P$, etc.). En última instancia, los multiplicadores de tensión se constituyen en fuentes de alto voltaje y baja corriente, de gran utilidad en aparatos como los tubos de rayos catódicos y los tubos de imagen en los receptores de televisión, osciloscopios, y pantallas de computadores.

Doblador de tensión de media onda

En la figura 9.8 puede verse el circuito de un doblador de tensión de media onda; durante el semiciclo negativo, el diodo D_1 tiene polarización directa y el diodo D_2 tiene polarización inversa. De este modo, el condensador C_1 se carga a la tensión de pico. V_p, con la polaridad mostrada. Durante el semiciclo positivo, D_1 tiene polarización inversa y D_2 tiene polarización directa; como C_1 y la fuente está en serie, C_2 se carga al nivel $2V_P$.

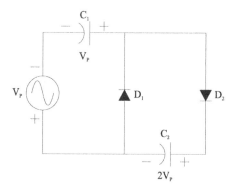

Figura 9-43. Doblador de tensión de media onda.

El circuito es de utilidad cuando en su lugar se requiera un transformador con secundario de niveles de orden de cientos de voltios, ya que en estos casos dichos transformadores tienden a ser voluminosos.

El circuito se llama doblador de tensión de media onda porque el condensador de salida C_2, se carga sólo una vez durante cada ciclo. En consecuencia, el rizado tiene una frecuencia de 60Hz.

Doblador de tensión de onda completa

En la figura 9.9 se muestra el circuito de un doblador de tensión de onda completa. Durante el semiciclo positivo de la fuente el condensador C_1 se carga a la tensión de pico con la polaridad mostrada; durante el semiciclo negativo el condensador C_2 se carga a la tensión de pico con la polaridad mostrada. Así, la tensión de salida final es aproximadamente igual a $2V_P$.

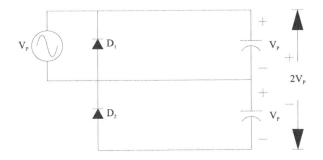

Figura 9-44. Doblador de tensión de onda completa.

El nombre de doblador de tensión de onda completa se debe a que uno de los condensadores de salida se carga durante un semiciclo y el otro durante el semiciclo siguiente. El rizado de la señal de salida, así, es de 120Hz.

Cabe anotar que el doblador de media onda funciona mejor con resistencias de carga elevada, mientras que el doblador de tensión de onda completa lo hace con resistencia de carga de bajo valor.

Se pueden ver libros más avanzados para conocer los circuitos para triplicadores de tensión, cuadriplicadores de tensión, etc.

Limitadores (recortadores)

Los diodos rectificadores pueden manejar potencias superiores a los 0.5W y funcionar óptimamente a 60Hz.

Los circuitos limitadores o recortadores utilizan diodos que denominamos diodos para pequeña señal: sus limitaciones de potencia son inferiores a los 0.5W con corrientes en miliamperios y no en amperios, y se operan en general a frecuencias superiores a los 60Hz.

En la figura 9.10 se muestra un circuito limitador positivo, el cual elimina las partes positivas de la señal. Como se ve, la señal de la tensión de salida tiene recortados todos los semiciclos positivos. El funcionamiento del circuito es como sigue:

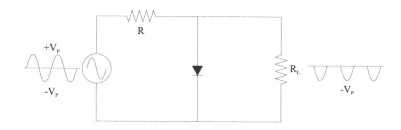

Figura 9-45. Limitador positivo.

Durante el semiciclo positivo de la señal de entrada el diodo conduce, y la tensión sería de unos 0.7V, pudiéndose tomar como cero. Durante el semiciclo negativo, el diodo tiene polarización inversa y está abierto; la tensión del semiciclo negativo aparece entonces sobre la resistencia de carga.

Si se invierte el diodo se consigue un limitador positivo, el cual elimina el semiciclo negativo y aparece el semiciclo positivo sobre la carga.

Limitador polarizado

En la figura 9.11 se muestra el circuito de un limitador positivo polarizado. Cuando la tensión de entrada es mayor que V+0.7, el diodo conduce y la salida se mantiene en V+0.7. Si la tensión de entrada es menor que V+0.7, el diodo se abre y el circuito funciona como un divisor de tensión.

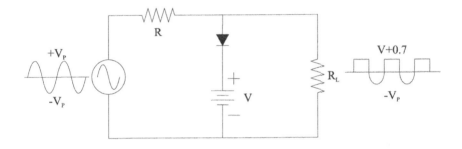

Figura 9-46. Limitador positivo polarizado.

Se puede cambiar limitadores positivos y negativos y obtener ondas recortadas en ambos semiciclos; se consigue entonces una onda aproximadamente cuadrada. Para lograrlo, se conecta en paralelo con la carga un circuito con fuente y diodo, pero con polaridad contraria, como se ve en el circuito de la figura 9.12.

Otros tipos de diodos

El diodo rectificador visto hasta el momento es de gran utilidad y practica aplicación; sin embargo, no es el único tipo de diodo; también existen diodos especiales que se utilizan en aplicaciones particulares, como por ejemplo el diodo Zener, los diodos Schottky, los Varicap, etc.

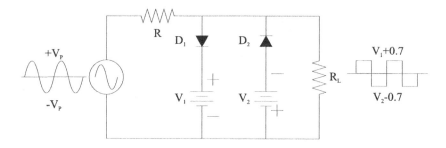

Figura 9-47. Combinación de limitadores.

El diodo Zener

Como se ha visto en las secciones previas, los diodos rectificadores y los diodos de pequeña señal se usan frecuentemente en la zona directa y en la zona inversa, pero no es normal que se utilicen en la zona ruptura, ya que esto puede destruirlos.

Con un diodo Zener no sucede lo mismo: el diodo Zener está diseñado para que funcione en la zona de ruptura, incluso mejor.

El diodo Zener es un práctico y esencial regulador de tensión, el cual puede mantener la tensión casi constante sin importar las variaciones que se presenten en la línea.

En la figura 9.13(a) se muestra el símbolo eléctrico de un diodo Zener, y en la figura 9.13(b) se representa un símbolo alterno para el mismo. En ambos casos, las líneas del cátodo recuerdan la letra Z de Zener.

Los fabricantes producen diodos Zener con voltajes de ruptura que van desde 2 hasta 200V. Estos diodos pueden funcionar en las tres zonas: directa, inversa y de ruptura.

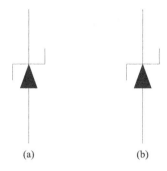

(a)   (b)

Figura 9-48. Símbolo eléctrico del Zener.

En la figura 9.14 se muestra la curva característica de corriente contra voltaje de un diodo Zener. La gráfica, como tal, es la misma que para un diodo rectificador normal, lo único que varía es la zona de operación de uno a otro.

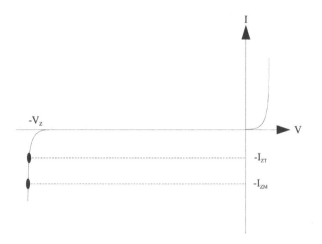

Figura 9-49. Curva I – V para el diodo.

En la zona directa, igual el Zener que un diodo rectificador convencional, el dispositivo empieza a conducir aproximadamente a los 0.7V. En la zona inversa, ubicada entre 0 y el voltaje Zener, $-V_Z$, circula una pequeña corriente inversa, lo mismo para el Zener que para el diodo de Silicio normal. En el punto de voltaje Zener se presenta un codo muy pronunciado y un aumento casi vertical de la corriente.

El signo menos en el punto de voltaje de Zener indica que en tal punto la característica presenta un valor negativo, sin embargo, al referirnos al voltaje de Zener podemos hacerlo en términos de valor absoluto positivo, es decir, por ejemplo, que un diodo tiene un voltaje de Zener de 100V y no de -100V.

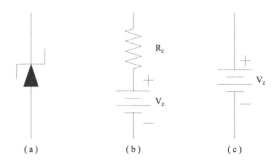

Figura 9-50. Voltaje Zener y resistencia Zener.

Voltaje Zener y resistencia Zener

Al diodo Zener a veces se le llama regulador Zener, porque cumple una función de mantener constante el voltaje entre sus terminales, aunque a través suyo ocurran cambios de corriente. Además, debido a su composición a base de semiconductores dopados p-n, es normal que presente una resistencia entre sus terminales. Dicha resistencia es comúnmente de muy bajo valor. En la figura 9.15(b) se muestra la representación equivalente del diodo Zener, como una fuente y una resistencia. Como por el bajo valor de resistencia de Zener, comparada con la resistencia de carga, aquella puede despreciarse; en la figura 9.15(c) se muestra una representación más simplificada, como una fuente de voltaje solamente. En la figura 9.15(a), se muestran el símbolo y los circuitos equivalentes real y aproximado del Zener.

EJEMPLO 9.9

El diodo Zener en el circuito de la figura 9.16 tiene un voltaje Zener de 15V, determinar las corrientes máxima y mínima circulando por el circuito.

SOLUCIÓN

El voltaje de entrada puede variar desde 20 hasta 40V. Con este voltaje de entrada el voltaje sobre el diodo Zener se mantendrá en 15V, como se muestra en la figura 9.16(b).

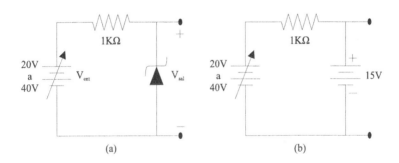

Figura 9-51. Circuito (a) dado y (b) equivalente del ejemplo 9.9.

Haciendo una sumatoria de voltajes de malla, podemos determinar las corrientes máximas y mínimas como sigue:

Para el valor máximo:

$$I_{máx} = \frac{(40 - 15)V}{1K} = 25mA$$

Para el valor mínimo:

$$I_{mín} = \frac{(20 - 15)V}{1K} = 5mA$$

EJEMPLO 9.10

Explique el funcionamiento del circuito en la figura 9.17.

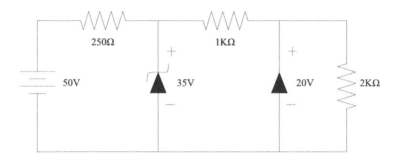

Figura 9-52. Circuito del ejemplo 9.10.

SOLUCIÓN

El voltaje de la fuente de entrada se divide entre la resistencia de 250W y el Zener de 35V. Por lo tanto, el primer Zener se convierte en un prerregulador del sistema. El voltaje del primer Zener, 35V, se divide entre la resistencia de 1K y el Zener de 20V. El primer regulador suministra una entrada bien regulada y así la salida final estará bien ajustada. Como la resistencia de carga está en paralelo con el segundo Zener su voltaje será de 20V.

El diodo Schottky

Los diodos rectificadores normales pueden cambiar de zona directa a la inversa, y conmutar; sin embargo, su funcionamiento se hace deficiente a altas frecuencias.

Para este manejo de altas frecuencias se utilizan los diodos Shottky; un diodo Shottky puede cambiar (activar o conmutar) más rápido que un diodo normal. De hecho, estos diodos pueden rectificar con facilidad frecuencias superiores a los 300 MHz.

Su principal aplicación se encuentra en los computadores digitales, en los cuales la velocidad depende de la rapidez con que se puedan activar los diodos y los transistores. En este momento es que los diodos Shottky entran en escena.

El Varicap

En la figura 9.8 se muestra (a) el símbolo, (b) el circuito equivalente y (c) la curva característica de un varicap.

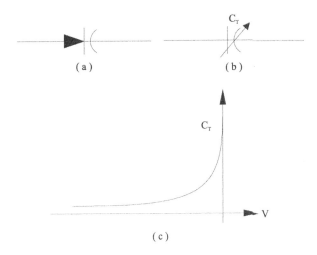

Figura 9-53. (a) Símbolo (b) Circuito equivalente y (c) curva característica de un varicap.

El varicap es un diodo por su composición p-n, pero a frecuencias altas actúa como una capacidad variable. La curva característica de varicap muestra como la capacidad se hace más pequeña cuando la tensión inversa se hace más grande. En síntesis, la tensión inversa controla la capacidad. Este fenómeno es el principio del control remoto. También puede conectarse un varicap en paralelo con una inductancia para obtener un circuito resonante; así, cambiando la tensión inversa se cambia la frecuencia de resonancia. Y éste es el principio de la sintonización de una emisora de radio, un canal de T.V., etc.

El varicap es de gran utilidad en receptores de televisión, receptores de FM y otros circuitos de comunicaciones.

REPASO

Conceptos

Defina o discuta lo siguiente:

- Transformador reductor.
- Relación de transformación.
- Rectificador de media onda.
- Período de la señal de media onda.
- Valor medio de la señal de media onda.
- Rectificador de onda completa.
- Frecuencia de la señal de onda completa.
- Valor medio de la señal de onda completa.
- El rectificador de fuente.
- Multiplicación de tensión.
- Doblador de tensión de media onda.
- Doblador de tensión de media onda completa.
- Limitador o recortador de tensión.
- Limitador polarizado de tensión.
- El diodo Zener.
- Voltaje Zener y resistencia Zener.
- El diodo Shottky.
- El varicap.

EJERCICIOS

9.1.   Un transformador tiene una tensión nominal de 150V en el primario, y un secundario con derivaciones de 9V, 18V, 30V y 50V. Si estos valores son eficaces (RMS) determinar los valores pico de cada uno.

9.2.   Un trasformador reductor tiene una relación de transformación de 8:1. Si la tensión primaria es de

220V, determinar el voltaje en el secundario. Si la corriente del secundario es de 3A, determinar la potencia del primario, la corriente y la potencia del secundario. Si el primario tiene un arrollamiento de 1200 espiras, ¿cuántas espiras tiene el arrollamiento del secundario?

9.3.   De un circuito determinado se puede obtener señales de frecuencia de 100Hz, 1000Hz Y 10000Hz. Calcular los períodos de las respectivas señales.

9.4.   Si los voltajes secundarios del transformador en el ejercicio 9.1 se rectifican en señales (a) de media onda y (b) de onda completa, determinar los valores medio de las señales obtenidas.

9.5.   Si en los circuitos planteados en el ejercicio anterior se colocan cargas de 100Ω, determinar la corriente, IL, para los respectivos circuitos.

9.6.   El diodo Zener en la figura 9.19 tiene un voltaje Zener de 20V. Determinar el voltaje que cae sobre cada una de las resistencias de carga.

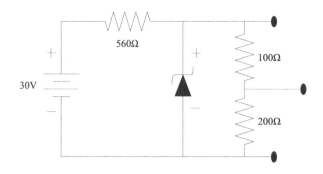

Figura 9-54. Circuito del ejercicio 9.6.

Capítulo 10
TRANSISTORES BIPOLARES (BJT)

Composición y simbología

Un transistor bipolar (bipolar significa que tiene dos polaridades) es un dispositivo semiconductor compuesto de dos capas tipo p separadas por una capa tipo n o también dos capas tipo n separadas por una capa tipo p. En el primer caso se obtiene un transistor pnp y en el segundo caso se consigue un transistor npn. En la figura 10.1 se muestra el esquema de composición de ambos elementos.

Figura 10-13. Composición de un transistor (a) pnp y (b) npn.

En la figura 10.2 se observa el símbolo empleado para los dos tipos de transistores, lo mismo que los nombres asignados a cada terminal.

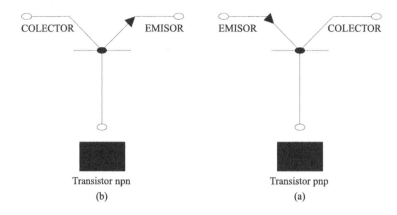

Figura 10-14. Símbolo de un transistor (a) pnp y (b) npn.

Para ambos tipos de transistores el emisor es el terminal con la cabeza de flecha y la base corresponde a la capa de material semiconductor dopado que separa a los dos extremos.

Obsérvese en la figura 10.1, como un transistor puede considerarse como la unión de dos diodos, uno pn y otro np, en la figura 10.1(a); y uno np yuxtapuesto con otro pn en la figura 10.1(b). En la figura 10.3 puede verse esta consideración gráfica.

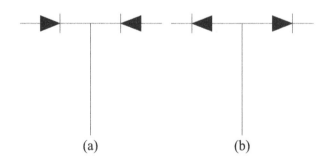

Figura 10-15. Representación de un transistor por medio de diodos (a)transistor npn (b)transistor npn.

Polarización del transistor

Si bien la representación del transistor por medio de dos diodos es práctica, sobre todo en el chequeo y la identificación de terminales, no es una buena aproximación cuando se polariza el transistor, ya que en este caso se obtienen resultados nuevos y diferentes a los esperados con tal asunción. Estos resultados inesperados, sin embargo, son los que hacen del transistor un componente de grandes aplicaciones.

En la figura 10.4 se muestra la polarización de un transistor.

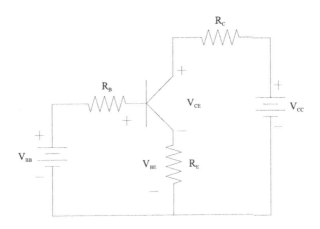

Figura 10-16. Polarización de un transistor.

Lo que sucede en el circuito se puede resumir como sigue: V_{BB} hace que se polarice directamente el diodo del emisor, forzando a los electrones del emisor a entrar en la base. Como la base es una capa muy delgada, transcurre poco tiempo antes de que casi todos los electrones se difundan en el colector, a través de *Rc*, y hacia el terminal positivo de la fuente de tensión *Vcc*. En la mayor parte de los transistores, cerca de un 95% de los electrones fluyen del emisor al colector, el restante 5% lo hace hacia la parte externa de la base. En la figura 10.5 se ve la misma polarización, pero mostrando los electrones que van del emisor al colector, en el diagrama de composición del transistor. La flecha indica el sentido de circulación de los electrones.

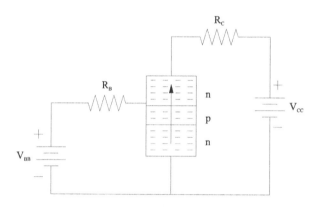

Figura 10-17. Electrones que van del emisor al colector.

Configuraciones de un transistor

La polarización que se aplica a un transistor es la energía que este requiere para su puesta en operación. Es equivalente a conectar el cordón de potencia de un televisor al toma de 110V antes de encenderlo. Si el cordón de potencia del televisor no se conecta a la toma no enciende. Si el transistor no se polariza adecuadamente no trabaja.

Una vez polarizado el transistor se le puede aplicar diferentes señales para que les amplifique, ya sea en corriente, en voltaje o en potencia. Dependiendo de cuales sean los terminales que se tomen como entrada y salida para dichas señales, se tendrá una configuración determinada. Hay tres posibles: configuración de emisor común, configuración de base común y configuración de colector común. En las figuras 4.6(a), (b) y (c) se observan los circuitos correspondientes a dichas configuraciones y sus respectivas formas de polarización.

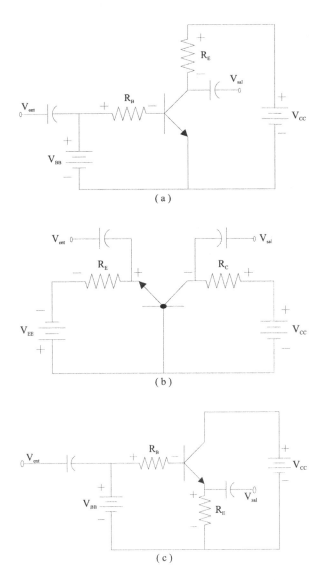

Figura 10-18. Configuración de (a) Emisor común (b) Base común y (c) Colector común.

Para el correcto funcionamiento del transistor lo que se busca es conseguir la transferencia de energía de un circuito de baja resistencia a uno de alta resistencia. Esto es lo que permite la amplificación de señales que realiza el dispositivo y para lograrlo se considera el transistor como un par de diodos contrapuestos, igual que en la figura 10.3(a) y (b). La juntura base emisor se comporta como un diodo normal con polarización directa (baja resistencia), y la juntura base-colector se comporta como un diodo Zener, por lo que se debe polarizar inversamente (alta resistencia). Por esta razón, la juntura base-colector necesita mayor disipación de potencia y por consiguiente se construye con una mayor área de colector.

Como puede observarse en la figura 10.6(a), (b) y (c), las polarizaciones mostradas corresponden a diodos tipo npn. Para transistores pnp basta con cambiar la polaridad de las diferentes baterías y se tendrá su correcta polarización.

Emisor común

En esta configuración se toma la base como entrada y el colector como salida (figura 10.7), como terminal común para entrada y salida se toma el emisor.

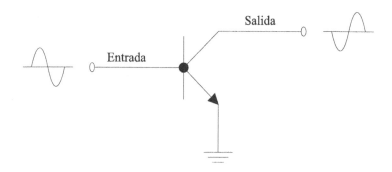

Figura 10-19. Las señales que se aplican y salida para configuración de emisor común.

Las señales que se aplican a los transistores bipolares son de corriente y no de voltaje. Como puede observarse en la figura 10.7, la señal de salida es amplificada e invertida con respecto a la señal de entrada. La amplificación de corriente (A_i) viene dada por la relación entre la salida y la entrada. A la misma se le conoce como el Beta, β, del transistor y se expresa como:

$$A_i = \beta = \frac{I_C}{I_B} \tag{10.1}$$

Pera el transistor, en esta configuración, también amplifica voltaje, debido a que hay amplificación de independencia, y el voltaje se halla como el producto entre la impedancia y la corriente. La ganancia de voltaje (A_V) está dad por:

$$A_V = \frac{V_C}{V_B} \tag{10.2}$$

Donde tanto el voltaje de base como el de colector se toman con respecto a tierra.

Como la señal de salida es invertida en fase con respecto a la señal de entrada, se acostumbra a colocar un signo menos que indique dicha inversión de fase.

El producto de la ganancia de corriente y la ganancia de voltaje permite obtener la ganancia de potencia. Así:

$$A_P = A_i A_V \tag{10.3}$$

Colector común

Como se muestra en la figura 10.8, en esta configuración se toma la base como entrada y el emisor como salida. El colector es terminal común a base y emisor.

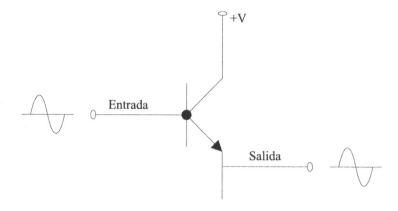

Figura 10-20. Señales de entrada y salida para configuración de colector común.

A este circuito también se le conoce comúnmente como seguidor de emisor. Sus características son: no presenta inversión de fase de la señal de salida con respecto a la señal de entrada, no amplifica voltaje, presenta alta impedancia de entrada y baja impedancia de salida. Esta última característica lo hace ideal para realizar con él acople de impedancia entre circuitos.

La ganancia que se presenta en la corriente de salida (emisor) con respecto a la corriente de entrada (base) se denomina gama (γ) y se expresa como:

$$A_i = \gamma = \frac{I_E}{I_B} \tag{10.4}$$

Base común

En la figura 10.9 se observa el transistor bipolar indicando los terminales de entrada y salida para la configuración de base común.

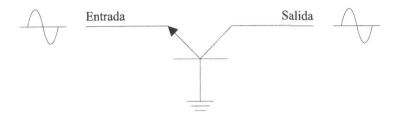

Figura 10-21. Señales de entrada y salida para configuración de base común.

El transistor en esta configuración presenta una baja capacitancia de entrada, lo que permite su uso en altas frecuencias.

Para la configuración de base común la entrada es el emisor y la salida es el colector.

Sus características son: no presenta inversión de fase de la señal de entrada con respecto a la señal de salida, presenta baja impedancia de entrada, alta impedancia de salida y no amplifica corriente, pero si voltaje y potencia. Se denomina alfa (α) a la relación entre la corriente de colector y corriente de emisor. Esto es:

$$A_i = \alpha = \frac{I_C}{I_E} \qquad (10.5)$$

La corriente de entrada es alta debido a su alta impedancia de entrada; la salida de voltaje es alta y la corriente de la salida permanece igual a la de entrada; por esta razón la impedancia de salida es alta. El voltaje de entrada es bajo y el de salida alto, es decir, hay amplificación de voltaje.

EJEMPLO 10.1

A un transistor en configuración de emisor común se le aplica una señal de entrada de 10µA y se obtiene como salida una señal de 2.5mA, determinar el β del transistor.

SOLUCIÓN

En la configuración de emisor común la entrada es la base y la salida el colector. sí al β se le define como la relación entre la corriente de salida y la corriente de entrada podemos calcular el β, según la ecuación (10.1), como:

$$\beta = \frac{I_C}{I_B} = \frac{2.5mA}{10\mu A}$$

Del ejercicio anterior se desprende que con una pequeña corriente de base se está controlando una alta corriente de colector. Al proceso de controlar una alta corriente con una baja corriente se le denomina **AMPLIFICACION**. En este caso se observa que la corriente de base se traduce en una corriente de colector amplificada 250 veces. En general, el β, también llamado h_{FE}, es el factor de amplificación del transistor en emisor común.

EJEMPLO 10.2

Se tiene un transistor conectado en configuración de colector común. Si el γ del transistor es de 300 y se aplica una señal de entrada en la base de $8\mu A$, determinar la corriente de emisor del transistor.

SOLUCIÓN

Según la ecuación (10.4) la ganancia γ se calcula como:

$$\gamma = \frac{I_E}{I_B}$$

De donde tenemos que:

$$I_E = \gamma I_B$$

Reemplazando:

$$I_E = 300(8)(10^{-6}) = 2.4mA$$

Como se puede observar en las discusiones precedentes, hay tres ganancias diferentes, una para cada configuración. De las tres, γ es la menos usual, tal vez porque la misma configuración de colector común no es de muy frecuente aplicación. El β (o h_{FE}), es la que más continuamente se verá, no solo en los textos que tratan sobre transistores, sino también en los manuales técnicos y hojas de especificaciones de dispositivos electrónicos. El α también será de común aparición; incluso, algunos autores lo usan en sus cálculos con igual o mayor frecuencia que el β. Sin embargo, ambos (α y β) serán de gran utilidad en muchos de los cálculos que se realizan en los estudios sobre circuitos que involucran transistores, además porque se puede hallar (luego lo veremos) una expresión que los relacione.

EJEMPLO 10.3
Un transistor en base común maneja una corriente de colector de 2.8mA. Si el α es de 0.95, determinar la corriente del emisor.

SOLUCIÓN
De acuerdo con la ecuación (10.5):

$$\alpha = \frac{I_C}{I_E}$$

De donde:

$$I_E = \frac{I_C}{\alpha}$$

Reemplazando:

$$I_E = \frac{2.8mA}{0.95} = 2.95mA$$

En los ejercicios anteriores se observa la diferencia de valores para los parámetros α, β y γ. Mientras estos dos últimos están expresados como cientos de unidades, el primero es menor que la unidad. En general, los valores para β y γ están comprendidos, típicamente, entre 20 y 300, aunque podrán encontrarse valores fuera de este intervalo. Para el α, por su parte, los valores típicos están comprendidos entre 0.9 y 0.995. Como ya se había anotado en otro aparte; sin embargo, en una gran cantidad de transistores el α está cerca de 0.95.

Corrientes en un transistor

En la figura 10.10 se muestran las direcciones para el flujo de corrientes en transistores pnp y npn. Obsérvese que hay tres corrientes en cada componente: una de emisor (I_E), una de colector (Ic) y otra de base (I_B). Como el emisor es prácticamente la fuente de corriente, en este terminal es donde se presenta el mayor flujo de electrones, los cuales circulan en gran medida hacia el colector. Por esta razón las corrientes de emisor y colector son aproximadamente iguales. La diferencia de corriente entre emisor y colector es la corriente que circula por la base.

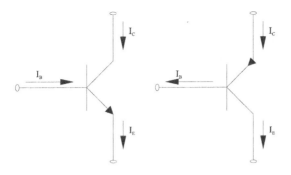

Figura 10-22. Flujo de corrientes en los transistores.

Si a los diagramas en la figura 10.10 les aplicamos la ley de corrientes de Kirchoff obtenemos una importante relación para los transistores. La ley de corrientes de Kirchoff establece, según se puede recordar, que la suma de todas las corrientes que entran a un nodo es igual a la suma de todas las corrientes que salen del nodo. Así:

$$I_E = I_C + I_B \qquad (10.6)$$

La corriente de emisor es igual a la suma de las corrientes de colector y de base. Y como se ha planteado que la corriente de base es muy pequeña en comparación con las corrientes de emisor y colector, en algunos casos será una buena aproximación decir que la corriente de emisor es igual a la corriente de colector. Esto es:

$$I_E \approx I_C \qquad (10.7)$$

EJEMPLO 10.4
Un transistor en emisor común tiene una ganancia $\beta = 250$; por su colector circulan 2.3mA; hallar las demás corrientes.

SOLUCIÓN
De la ecuación (10.1) se desprende que:

$$I_B = \frac{I_C}{\beta}$$

Reemplazando tenemos, con $Ic = 2.3mA$ y $\beta = 250$.

$$I_B = \frac{2.3(10^{-3})}{250} = 9.2(10^{-6}) = 9.2\mu A$$

Con los valores conocidos de corrientes de colector y base vamos a la ecuación (10.6) y calculamos:

$$I_E = I_C + I_B = 2.3mA + 9.2\mu A$$

Es decir:

$$I_E = 2.31mA$$

EJEMPLO 10.5
Un transistor en base común tiene un α de 0.93. Si la corriente que circula por su emisor es de 3mA, determinar las demás corrientes en el dispositivo.

SOLUCIÓN
Según la ecuación (10.5):

$$\alpha = \frac{I_C}{I_E}$$

De donde tenemos, con $I_E = 3mA$ y $\alpha = 0.93$.

$$I_C = \alpha I_E = 0.93(3mA) = 2.79mA$$

Reemplazando en la ecuación (10.6) los valores $I_E = 3mA$ e $Ic = 2.79mA$, obtenemos que:

$$I_B = I_E - I_C = 3mA - 2.79mA = 0.21mA$$

Relación entre α y β

Por medio de manipulaciones matemáticas entre las ecuaciones (10.1), (10.4), (10.5) y (10.6), se puede llegar a expresiones que relacionen las diferentes ganancias de un transistor y calcular α en términos de β o de γ. β en términos de α o γ; o γ en términos de α o β. De las seis ecuaciones que así se pueden conseguir, solo se verán 2 de ellas con sus respectivas deducciones, (α y β); la forma de obtener las restantes es similar a la que se verá para éstas; sin embargo, no son de verdadera ni practica aplicación.

De la ecuación (10.6) sabemos que:

$$I_E = I_C + I_B$$

Dividiendo toda esta expresión por Ic tenemos:

$$\frac{I_E}{I_C} = 1 + \frac{I_B}{I_C}$$

O también:

$$\frac{1}{\frac{I_C}{I_E}} = 1 + \frac{1}{\frac{I_C}{I_B}}$$

Lo que se puede expresar como:

$$\frac{1}{\alpha} = 1 + \frac{1}{\beta}$$

Y despejando α y β de esta expresión llegamos a que:

$$\alpha = \frac{\beta}{\beta + 1} \tag{10.8}$$

Y también:

$$\beta = \frac{\alpha}{1 - \alpha} \tag{10.9}$$

EJEMPLO 10.6

Un transistor en configuración de emisor común tiene un $\beta = 200$. Determinar el α del transistor si este mismo se conecta en base común.

SOLUCIÓN

Dado que conocemos el β y queremos calcular el α utilizamos la expresión en la ecuación (10.8).

$$\alpha = \frac{\beta}{\beta + 1} = \frac{200}{201} = 0.995$$

EJEMPLO 10.7

Se sabe que el α de un transistor es 0.98. Calcular su β.

SOLUCIÓN

Utilizando la ecuación (10.9) tenemos:

$$\beta = \frac{\alpha}{1 - \alpha} = \frac{0.98}{1 - 0.98} = 49$$

Otros circuitos de polarización

Como es apenas lógico, no resulta práctico tener que usar dos fuentes para realizar la polarización de transistores, como se muestra en la figura 10.6(a), (b) y (c). Para poder efectuar dicha polarización de los dispositivos, utilizando solo una fuente, se debe recurrir a circuitos que permitan la correcta polarización de los diferentes terminales. A tales circuitos se les denomina circuitos de polarización.

Polarización fija

En los circuitos que se observan en la figura 10.11(a) y (b), se presenta este tipo de polarización para las configuraciones de emisor común y colector común.

Según se había anotado en secciones precedentes, para que un transistor opere correctamente se debe polarizar la juntura base-emisor directamente, y la juntura base-colector inversamente.

Como se puede observar en la figura 10.11, una vez se energice el circuito circularán las corrientes de colector, base y emisor en sentido positivo. Es así como tanto en la resistencia de colector como de base (figura 10.11(a)), habrá una caída de tensión, quedando el colector positivo respecto al emisor negativo, ambas tensiones medidas con respecto a tierra. Se busca que la caída de tensión sea mayor en la resistencia de base que en la de colector, por lo que la resistencia de base, R_B, debe ser mayor que la resistencia de colector, R_c.

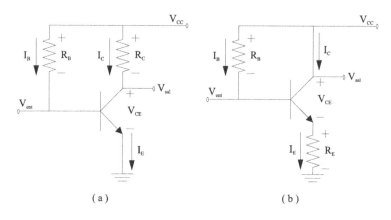

Figura 10-23. Polarización fija de un transistor en (a) emisor común y (b) colector común.

El voltaje V_{BE} (juntura base-emisor) es del orden de 0.2 a 0.3V para un transistor de Germanio, y de 0.4 a 0.8V para uno de Silicio. Así, la base queda con un voltaje positivo pequeño con respecto al emisor, pero a su vez queda negativo con respecto al colector, que tiene un voltaje positivo mayor. De esta forma queda polarizada directamente la juntura base-emisor e inversamente la juntura base-colector, para el caso de un transistor npn. Para un transistor pnp hasta invertir la batería.

Aunque el circuito es muy sencillo presenta los inconvenientes de inestabilidad, aumento de temperatura y variación de la señal.

Para el circuito de la figura 10.11(b) se logra el mismo efecto, solo que la resistencia R_C cambia por R_E; los voltajes entre las junturas no varían.

Polarización automática

El nombre de polarización automática se debe a que la polarización está sujeta a las variaciones del voltaje del colector. El circuito es estable, pero presenta variación con la señal, lo que le quita ganancia.

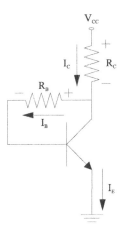

Figura 10-24. Polarización automática del transistor.

En la figura 10.12 se muestra un circuito en configuración de emisor común con polarización automática. Las corrientes por el transistor circulan en la forma convencional; sin embargo, la corriente de colector tiene derivación por la resistencia de base.

Las junturas se polarizan en la misma forma vista para el caso de la polarización fija. R_B presenta menor caída de tensión que en el caso anterior; por lo tanto, también R_B será menor. Obsérvese que, si el voltaje de colector cambia, cambia la corriente de base. En el caso de la polarización fija esto no sucede, ya que la corriente de base depende directamente del voltaje fijo de la fuente.

Polarización por divisor de tensión

En la figura 10.13 puede verse el circuito de configuración básica por división de tensión. Es quizás el más utilizado, puesto que no presenta variaciones de polarización con la señal, mejorando la ganancia; amén de esto, técnicamente es menos estable que el anterior, aunque tal inconveniente se mejora colocando una resistencia de bajo valor en el emisor.

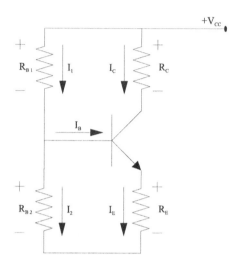

Figura 10-25. Polarización del transistor por división de tensión.

Las corrientes en el transistor no presentan ninguna variación con respecto a los casos anteriores. Solo que por R_{B1} circulan I_B e I_2. Se busca que I_1 sea mayor que I_B de 10 a 20 veces.

Chequeo de un transistor e identificación de terminales

Al principio de este capítulo vimos que un transistor se puede considerar, para ciertos efectos, como dos diodos contrapuestos; si el transistor es npn los diodos están unidos por los ánodos, y si el transistor es pnp los diodos están unidos por los cátodos. Ahora bien, lo práctico de la aproximación del transistor como dos diodos, es que esto permite hacer un chequeo del dispositivo e identificar sus terminales.

En efecto, si se quiere conocer de un transistor información como, por ejemplo, si el dispositivo es npn o pnp, o identificar cuál es la base, se puede proceder como sigue: lo primero es ver si se cuenta con un diagrama esquemático del elemento. En este caso, si la cabeza de flecha apunta hacia la base, el dispositivo es pnp, de lo contrario, es decir, si la cabeza de flecha apunta desde la base, el dispositivo es npn. Así la cosas, el emisor es siempre el terminal indicado con la cabeza de flecha; la base es hacia o desde donde apunta la cabeza de flecha, y el terminal restante será el colector.

En una prueba como ésta, sin embargo, no se da por descontada la posibilidad de que el diagrama esquemático con que se cuenta sea incorrecto. Para verificarlo, el paso siguiente sería comprobar las polaridades del voltaje en el colector y el emisor.

Si el voltaje de colector es positivo con respecto al voltaje de emisor, estamos tratando con un dispositivo npn; si el voltaje del colector es negativo con respecto al voltaje del emisor, el dispositivo es pnp. En otras palabras, si $V_{CE} > 0$ el transistor es npn. Con el dispositivo energizado con corriente continua se puede realizar otra prueba: determinar si el transistor es de Silicio o de Germanio. Para esto se procede a medir el voltaje CC entre el emisor y la base. Si el voltaje base – emisor, V_{BE} es 0.2V o menos, el dispositivo es probablemente de Germanio. Ahora, si el voltaje V_{BE} es de 0.4V o más, el dispositivo seguramente es de Silicio. Cabe anotar aquí que la principal diferencia entre los transistores de Germanio y de Silicio es que los primeros son mucho más inestables con respecto a los cambios de temperatura que los segundos, razón por la cual éstos son más utilizados que aquéllos.

Si la identificación del tipo de transistor se quiere realizar con un óhmetro, como ocasionalmente puede ser inclusive necesario, se procede de la siguiente forma: se colocan las puntas de prueba del óhmetro entre la base y uno de los otros dos terminales. Si se obtiene como lectura una baja resistencia, cuando el terminal negativo es colocado en la base, el transistor es de tipo pnp, figura 10.14 (a). Si por el contrario se lee una baja resistencia cuando la base es positiva, el tipo del transistor es npn, figura 10.14 (b).

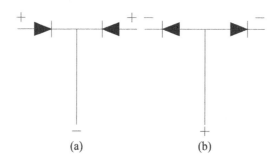

(a)   (b)

Figura 10-26. Determinar del tipo de transistor mediante un óhmetro (a) pnp (b) npn.

Al realizar estas mediciones óhmicas es posible, en un 80% de los casos aproximadamente, determinar cuál es el terminal emisor y cuál es el terminal colector, pues en este porcentaje sucede que la juntura base – emisor tiene una resistencia mayor que la juntura base – colector.

Circuitos chequeadores de transistores

En virtud de la correcta polarización que se debe aplicar a los transistores para su funcionamiento, algunos circuitos han sido diseñados con el fin de observar cómo trabaja un transistor, controlando una gran corriente de colector con una pequeña corriente de base. La figura 10.15(a) muestra el circuito probador de transistores npn y la figura 10.15(b) muestra el circuito probador de transistores pnp.

Para ambos circuitos (figura 10.15(a) y (b)) se observará que al presionar el pulsador S_1, ambos LEDs se encienden y una vez se suelte el pulsador ambos LEDs se apagará de nuevo. Sólo que cuando el interruptor está accionado el LED que se encuentra conectado al colector del transistor es más brillante que el LED conectado a la base de este; esto se debe a que la resistencia de colector es mucho menor que la de base y por lo tanto habrá mayor corriente para excitar al LED de colector que al de base. El funcionamiento en ambos circuitos obedece a una correcta polarización del dispositivo. Un transistor npn está correctamente polarizado cuando el colector es positivo, el emisor negativo y la base levemente positiva. Un transistor pnp está correctamente polarizado cuando su colector es negativo, su emisor positivo y la base ligeramente negativa.

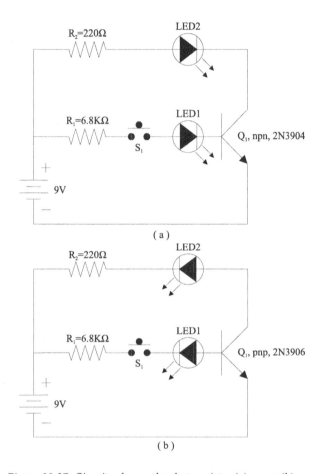

Figura 10-27. Circuito chequeador de transistor (a) npn y (b) pnp.

La corriente de base, que es pequeña, controla la corriente de colector, que es grande. Recuérdese que ya habíamos mencionado que al fenómeno de controlar una alta corriente con una baja corriente se le llama *amplificación*.

Curvas características

En los transistores bipolares hay básicamente cuatro variables que son:

El voltaje colector – emisor $[V_{CE}]$.

La corriente de colector $[I_C]$.

El voltaje base – emisor $[V_{BE}]$.

La corriente de base $[I_B]$.

Gráficamente, figura 10.16, la relación de estos parámetros permite obtener diferentes tipos de curvas. Las más utilizadas, sin embargo, son las que relacionan I_C con V_{CE} para diferentes valores de I_B y V_{BE} con I_B para diferentes valores de V_{CE} denominadas curvas características de salida y curvas características de entrada respectivamente, para la configuración de emisor común. Con menos frecuencia se usan las curvas que se obtienen de la relación de los parámetros I_C con I_B o I_C con V_{BE}, llamadas curvas de transferencia.

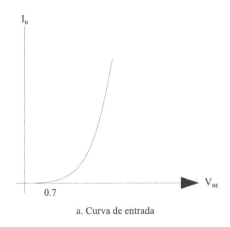

a. Curva de entrada

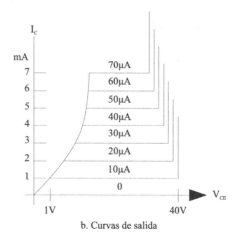

b. Curvas de salida

Figura 10-28. Curvas características del transistor.

Curva característica de entrada

Obsérvese en la figura 10.16(a) cómo la curva de entrada del transistor es como la curva de un diodo rectificador normal.

Recuérdese que el voltaje $V_{BE} = 0.7V$.

Curva característica de salida

En la figura 10.16(b) se puede ver precisamente una familia de curvas de salida. Obsérvese cómo cada curva se obtiene al fijar I_B, que toma como parámetro, y variando el voltaje de polarización aplicado, para medir y graficar finalmente los valores resultantes de I_C y V_{CE}.

Cabe anotar que las curvas características mostradas en la figura 10.16 corresponden a un transistor 2N3904, ampliamente utilizado.

Cálculos de voltaje, corriente y potencia de un transistor

Considere el circuito en configuración emisor común mostrado en la figura 10.17.

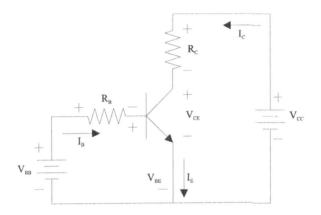

Figura 10-29. Circuito en configuración emisor común.

Como puede verse, el circuito tiene dos mallas; la de la izquierda es el circuito de base y la malla de la derecha es el circuito de colector. El circuito de base es el que controla al de colector (recuerde el concepto de AMPLIFICACIÓN visto en las secciones previas).

Normalmente, el voltaje V_{BB} está entre 5 y 15V en amplificaciones de baja potencia; variando V_{BB} y/o R_B se puede variar la corriente de base, I_B.

La fuente de tensión V_{CC}, que puede tomar valores hasta de 40V dependiendo del transistor, debe polarizar inversamente al diodo de colector para que el transistor funcione adecuadamente; un intervalo típico para V_{CE} es de 1 a 15V en amplificaciones de baja potencia.

Cálculo de la corriente de base

Aplicando las leyes de Ohm y voltajes de Kirchhoff al circuito de base, obtenemos:

$$-V_{BB} + I_B R_B + V_{BE} = 0$$

De donde la corriente de base es:

$$I_B = \frac{V_{BB} - V_{BE}}{R_B} \qquad (10.10)$$

La potencia en la base del transistor de calcula como:

$$P_B = V_{BE} I_B \qquad (10.11)$$

EJEMPLO 10.8

En la figura 10.17, $V_{BB} = 12V$ y $R_B = 100K\Omega$. Determinar el valor de la corriente y la potencia en la base del transistor.

SOLUCIÓN

Salvo que se especifique algo diferente, el lector puede asumir que se trabaja con transistores de Silicio, y por tanto la tensión $V_{BE} = 0.7V$.

Siendo así, reemplazando los valores dados en la ecuación (10.10), tenemos:

$$I_B = \frac{12V - 0.7V}{100K\Omega} = 113\mu A$$

Y la potencia en la base, reemplazando en la ecuación (10.11):

$$P_B = V_{BE}I_B = (0.7)\,(113)\,(10^{-6}) = 79.1\ \mu W$$

Voltaje del transistor

Las tensiones con un solo subíndice (V_C, V_B, V_E) se refieren a las tensiones de uno de los terminales del transistor con respecto a tierra. Los subíndices dobles (V_{BE}, V_{CE}, V_{CB}) se refieren a la tensión entre dos terminales del transistor. Una tensión con subíndice doble se puede calcular restando las correspondientes tensiones con un solo subíndice, así:

$$V_{CE} = V_C - V_E \qquad (10.12)$$

$$V_{CB} = V_C - V_B \qquad (10.13)$$

$$V_{BE} = V_B - V_E \qquad (10.14)$$

EJEMPLO 10.9

Para el circuito de la figura 10.17 se tiene que el voltaje del emisor es de 0V, el voltaje de base es de 0.8V y el voltaje de colector es de 15V. Determinar los voltajes V_{CE}, V_{CB} y V_{BE} del transistor.

SOLUCIÓN

Con los valores dados vamos a las ecuaciones (10.12) a (10.14), y obtenemos:

$$V_{CE} = 15V - 0V = 15V$$

$$V_{CB} = 15V - 0.8V = 14.2V$$

$$V_{BE} = 0.8V - 0V = 0.8V$$

Voltaje y potencia del transistor

Utilizado como referencia el circuito de la figura 10.17 y aplicado las leyes de Ohm y de voltajes de Kirchhoff en la malla del circuito de colector tenemos:

$$-V_{CC} + I_C R_C + V_{CE} = 0$$

De donde:

$$V_{CE} = V_{CC} - I_C R_C \qquad (10.15)$$

La disipación de potencia aproximada del transistor se calcula como:

$$P_D = V_{CE} I_C \qquad (10.16)$$

Esta potencia es la que aumenta la temperatura en la unión de colector. A mayor potencia mayor temperatura. Si la temperatura llega a valores demasiado elevados (150°C o más) el transistor se quemará. Por eso la información de potencia máxima disipada por el transistor es uno de los más importantes parámetros en las hojas de características técnicas.

EJEMPLO 10.10

Determine el valor de la tensión de colector emisor del circuito de la figura 10.17, si la corriente de colector es de 2mA, la resistencia de colector es de 4.7KΩ y la fuente de tensión de colector es de 12V

SOLUCIÓN

Si utilizamos los datos suministrados y reemplazamos en la ecuación (10.15) obtenemos:

$$V_{CE} = 12V - (2mA)(4.7K\Omega)$$

Esto es:

$$V_{CE} = 2.6V$$

EJEMPLO 10.11

Para el circuito planteado en el ejemplo anterior calcular la potencia disipada por el transistor:

SOLUCIÓN

Con los datos ya conocidos de $I_C = 2mA$ y $V_{CE} = 2.6V$, al reemplazar en la ecuación (10.16), tenemos:

$$P_D = (2.6V)(2mA)$$

Es decir:

$$P_D = 5.2mW$$

Esta es la potencia en el colector, que es igual el producto del voltaje colector emisor y la corriente de colector. Esta respuesta es muy exacta. El único error es que no se incluya la potencia de base, que es el producto de V_{BE} e I_B. Esta potencia, sin embargo, se puede despreciar debido a que su valor es muy pequeño comparado con la potencia calculada en la juntura de colector, P_D.

Límites del transistor

Los transistores, al igual que todos los demás componentes electrónicos, tienen unos valores límites que veremos a continuación:

V_{CEO}: Máximo voltaje colector-emisor, sin corriente de base, que soporta el transistor.

I_{Cmax} : Máxima corriente de colector con V_{CE} de saturación (cercano a 0V).

V_{BEO}: Voltaje de polarización inversa que soporta el transistor con I_C igual a cero.

P_{Dmax} : Disipación de potencia máxima de colector, y está dada por el producto de voltaje V_{CE} y la corriente I_C.

F_t: Frecuencia de corte, es decir, aquella para la cual la ganancia del transistor es 1 (no amplificador). Da idea de la frecuencia máxima de trabajo.

Regiones de operación del transistor

Un transistor tiene tres zonas de operación, en cada una de las cuales presenta características diferentes.

La primera es la zona o región central en la curva de salida mostrada en la figura 10.18. En esta zona el voltaje presenta una variación de 1 a 40V aproximadamente; se considera la región más importante, pues es allí donde se presenta la operación normal de amplificación del transistor. Recibe el nombre de zona o región activa, y en la gráfica se puede ubicar concretamente en la parte horizontal de la curva.

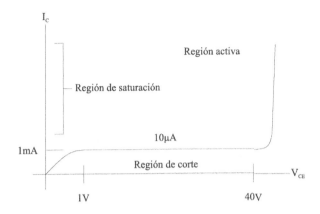

Figura 10-30. Curva de salida indicando regiones de operación del transistor.

La segunda zona o región de operación recibe el nombre de región de saturación. En la curva de la figura 10.18 se ubica en el intervalo de voltaje de colector-emisor de 0 a 1V.

La tercera región es la de corte y se presenta cuando el terminal de colector está abierto; en este caso la corriente de base se hace cero ($I_B = 0$). En la figura 10.18 la región de corte se localiza justo bajo la línea horizontal de la curva.

La recta de carga

Una recta de carga es una recta trazada sobre las curvas de salida para mostrar todos y cada uno de los puntos en que puede operar el transistor. En la figura 10.19(a) puede verse un circuito en configuración de emisor común y la familia de curvas de salida con la respectiva recta de carga en la figura 10.19(b). La ecuación de dicha recta se obtiene al aplicar sumatoria de voltajes (Kirchhoff) en el circuito de colector, y graficar I_C contra V_{CE}, así:

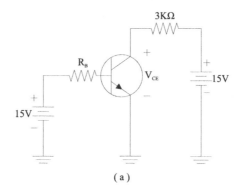

(a)

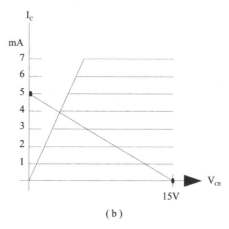

(b)

Figura 10-31. La recta de carga.

$$-15 + 3000 I_C + V_{CE} = 0$$

O sea:

$$I_C = \frac{15 - V_{CE}}{3000}$$

El punto de saturación

El punto de saturación es el punto en el que la recta de carga interseca la zona de saturación de las curvas de salida.

En este caso corresponde a un voltaje muy pequeño de colector-emisor ($V_{CE} \approx 0$) y una corriente de colector de 5mA; este valor de corriente es el máximo que se puede alcanzar en el circuito. Cambiando el valor de la fuente de polarización o la resistencia de colector cambia el punto de saturación. En general, podrá calcularse la corriente de colector de saturación como:

$$I_{Csat} = \frac{V_{CC}}{R_C} \tag{10.17}$$

El punto de corte

El punto de corte es el punto en el que la recta de carga intercepta la zona de corte de las curva de salida. Para el caso corresponde a una corriente de colector cercana a cero ($I_C \approx 0$) y un voltaje colector- emisor de 15V. El punto de corte indica la máxima tensión colector- emisor que se puede aplicar en el circuito. Cambiando la tensión de polarización de colector se puede variar el punto de corte. En general, la tensión de corte podrá obtenerse como:

$$V_{CEcorte} = V_{CC} \tag{10.18}$$

El punto de funcionamiento

Cada circuito de polarización con transistores tiene su propia recta de carga.

Esta, como tal, determina la corriente de saturación y el voltaje de corte. Si se conoce la resistencia de base también puede calcularse la corriente y la tensión para el punto de funcionamiento.

En la figura 10.20(a) se muestra un circuito con polarización de base. La corriente de saturación y el voltaje de corte se calculan por el proceso descrito anteriormente, de tal forma que se obtienen 5mA de corriente de saturación y 15V de voltaje de corte. Estos valores, y la recta de carga, se muestran en las curvas de la figura 10.20(b).

Consideremos ahora el circuito de la base. Si queremos conocer la corriente de base procedemos con una malla Kirchhoff, obteniendo:

$$-15V + 500K\Omega I_B + 0.7 = 0$$

De donde:

$$I_B = \frac{(1.5 - 0.7)V}{500K\Omega} \approx 30\mu A$$

Consideremos ahora el circuito de la base. Si queremos conocer la corriente de base procedemos con una malla Kirchhoff, obteniendo:

$$-15V + 500K\Omega I_B + 0.7 = 0$$

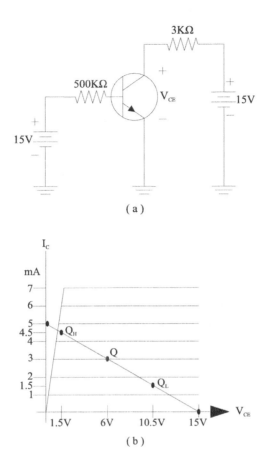

Figura 10-32. (a) Circuito con polarización de base (b) Recta de carga.

De donde:

$$I_B = \frac{(1.5 - 0.7)V}{500K\Omega} \approx 30\mu A$$

Ahora bien, si queremos continuar necesitamos conocer la ganancia del transistor, β, tal y como se vio en el apartado 4.3 del presente texto. Escogemos entonces para este caso una ganancia $\beta = 100$. Luego la corriente de colector será:

$$I_C = \beta I_B = 100(30\mu A) = 3mA$$

Esta corriente produce una caída de tensión en la resistencia de $3K\Omega$ de $9V$.

Ahora podemos calcular el voltaje del transistor, V_{CE}, en el circuito de colector:

$$-15V + 9V + V_{CE} = 0$$

Esto es:

$$V_{CE} = 6V$$

Si trazamos estos puntos (3mA y 6V) se obtiene el punto de funcionamiento mostrado en la recta de carga de la figura 10.20(b). El punto de funcionamiento normalmente se representa por una Q.

En términos generales, las fórmulas utilizadas se resumen en las ecuaciones (10.19), (10.20) y (10.21).

$$I_B = \frac{V_{BB} - V_{BE}}{R_B} \qquad (10.19)$$

$$I_C = \beta I_B \qquad (10.20)$$

$$V_{CE} = V_{CC} - I_C R_C \qquad (10.21)$$

Cabe anotar que no es importante memorizar estas fórmulas; lo verdaderamente importante radica en comprender y aplicar bien las leyes de Ohm y de Kirchhoff; con ellas se obtienen todas estas ecuaciones con facilidad.

EJEMPLO 10.12

Dado el circuito en la figura 10.21, determinar la recta de carga y los puntos de saturación, corte y funcionamiento. La ganancia del transistor es $\beta = 100$.

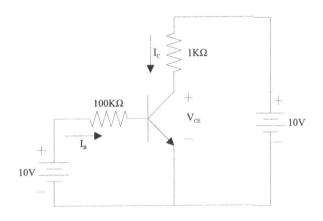

Figura 10-33. Circuito del ejemplo 10.12.

SOLUCIÓN

Primero obtenemos la recta de carga, aplicando la ley de voltajes de Kirchhoff en el circuito de colector.

$$-10 + 1000I_C + V_{CE} = 0$$

Y la recta de carga:

$$I_C = \frac{10 - V_{CE}}{1000}$$

La corriente de colector de saturación se encuentra cuando el $V_{CE} = 0$; así:

$$I_C = 10mA$$

El voltaje colector-emisor de corte se encuentra cuando la corriente de colector $I_C = 0$; esto es:

$$V_{CE} = 10V$$

La línea de carga es la que se muestra en la figura 10.22.

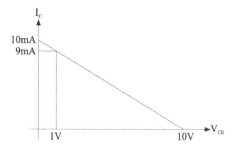

Figura 10-34. Recta de carga para el circuito del ejemplo 10.12.

Una vez obtenida la recta de carga podemos determinar el punto de funcionamiento. Primero calculamos la corriente de base. Según la ecuación (10.19):

$$I_B = \frac{10V - 0.7V}{100000\Omega} \approx 90\mu A$$

Sabiendo que $\beta = 100$, con la ecuación (10.20) tenemos:

$$I_C = 100(90\mu A) = 9mA$$

Y el voltaje del transistor, V_{CE}, lo calculamos según la ecuación (10.21) como:

$$V_{CE} = 10V - (9mA)(1K\Omega)$$

Esto es:

$$V_{CE} = 1V$$

El punto de funcionamiento también se muestra en la figura 10.22.

Polarización de emisor

Obsérvese en los circuitos del apartado anterior, como siempre se coloca una resistencia limitadora de la corriente de base, mientras que el terminal de emisor se conecta directamente a tierra.

En estos circuitos contarse con la particularidad de que, si cambia la ganancia del transistor, β, la corriente de base no cambia ya que la ganancia no tiene efecto sobre la corriente de base. Lo mismo no se puede decir para la corriente de colector (véase ecuación 10.20), ahora bien, si la corriente de colector cambia, también cambia el voltaje colector- emisor y por lo tanto el punto de funcionamiento se mueve sobre la recta de carga, como se ve en la figura 10.20(b).

En la figura 10.23 se muestra un circuito con polarización de emisor. Como puede observarse, la resistencia se ha cambiado del circuito de base al de emisor. Ese es el único cambio; sin embargo, el mismo provoca una gran diferencia, debido a que el punto de funcionamiento permanece ahora inamovible. Cuando la ganancia de corriente cambia, por ejemplo, de 50 a 150, el punto de funcionamiento, Q, casi no se desplaza sobre la recta de carga.

La tensión de base (base-tierra), es de 5V; la tensión entre las terminales base-emisor es de 0.7V; la tensión de emisor (emisor-tierra) será:

$$V_E = V_{BB} - V_{BE} = 5V - 0.7V = 4.3V$$

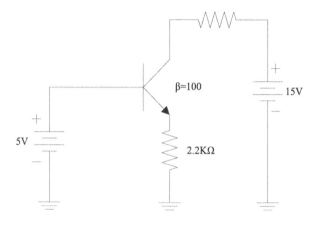

Figura 10-35. Circuito con polarización de emisor.

Debido a que esta tensión está entre los terminales de la resistencia de emisor, mediante la ley de Ohm podemos calcular la corriente de emisor como:

$$I_E = \frac{V_E}{R_E} = \frac{4.3V}{2.2K\Omega} = 1.95mA$$

Para el caso es una buena aproximación que:

$$I_C \approx I_E = 1.95mA$$

Cuando esta corriente de colector circula por la resistencia, produce una caída de tensión de 1.95V. Para determinar el valor del voltaje de colector restamos este valor del valor de la fuente de polarización de colector, así:

$$V_C = 15V - (1.95mA)(1K\Omega)$$

Es decir:

$$V_C = 13.1V$$

Y el voltaje colector- emisor sería:

$$V_{CE} = 13.1V - 4.3V = 8.8V$$

Con estos valores el punto de funcionamiento para el circuito de la figura 10.23 tendrá como coordenadas:

$$I_C = 1.95mA \text{ y } V_{CE} = 8.8V$$

La importancia de la polarización de emisor radica en que, en el proceso seguido para determinar el punto de funcionamiento, a saber:

    a. Obtener la tensión de emisor.

    b. Calcular la corriente de emisor.

    c. Hallar la tensión de colector.

    d. Obtener el voltaje colector-emisor.

No se tuvo en cuenta la ganancia de corriente. Debido a la que la misma no se tiene en cuenta para ningún cálculo, su valor exacto ya no es importante.

Ahora, para determinar la recta de carga es necesario hallar los puntos de saturación y de corte. Es importante anotar que el voltaje de emisor se mantiene en 4.3V, independiente del valor de la corriente de colector.

La corriente de colector de saturación se obtiene como:

$$I_{Csat} = \frac{V_{CC} - V_E}{R_C}$$

Obsérvese que no se tiene en cuenta el voltaje V_{CE} ($V_{CE} = 0$), reemplazando:

$$I_{Csat} = \frac{15V - 4.3V}{1K\Omega} = 10.7mA$$

El voltaje colector-emisor de corte se calcula como:

$$V_{CEcorte} = V_{CC} - V_E$$

Obsérvese que no se tiene en cuenta la corriente de colector. Esto se debe al efecto de corte entre colector-emisor ($I_C = 0$).

Reemplazando:

$$V_{CEcorte} = 15V - 4.3V = 10.7V$$

En la figura 10.24 se muestra la tensión de corte. La corriente de saturación y la línea de carga para el ejercicio trabajado.

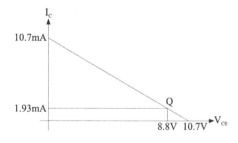

Figura 10-36. Recta de carga para el circuito con polarización de emisor.

En el tratamiento del anterior ejercicio, recuérdese que se consideró la corriente de colector como aproximadamente igual a la corriente del emisor. Esta aproximación es en virtud de la ganancia de corriente α, definida en la ecuación (10.5), la cual tiende a acercarse considerablemente a 1. En el apartado 10.4 se explica también este hecho, el cual concluye con la misma aproximación para estas corrientes, dada en la ecuación (10.7).

EJEMPLO 10.13

Dado el circuito de la figura 10.25, determinar la recta de carga y los puntos de saturación, corte y funcionamiento.

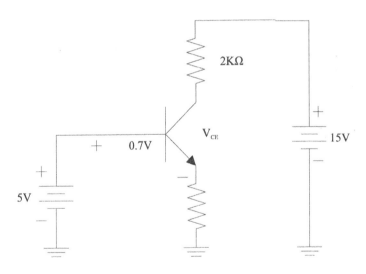

Figura 10-37. Circuito del ejemplo 10.13.

SOLUCIÓN

La tensión de base es de 5V, la tensión base-emisor es de 0.7V y la tensión de emisor viene dada por:

$$V_E = 5V - 0.7V = 4.3V$$

La corriente de emisor se calcula como:

$$I_E = \frac{V_E}{R_E} = \frac{4.3V}{1K\Omega} = 4.3mA$$

La corriente de colector es aproximadamente igual a 4.3mA, así, el voltaje de colector viene dado por:

$$V_C = 15V - (4.3mA)(2k\Omega)$$

Es decir:

$$V_C = 6.4V$$

Es conveniente recordar que esta tensión es la tensión entre colector y masa.

Cabe anotar, además, que no se debe conectar un voltímetro entre colector y emisor porque con ello se podría poner el emisor en cortocircuito con la masa. Si se busca el valor de V_{CE}, se debe medir la tensión colector a tierra, luego medir la tensión emisor a tierra, y finalmente restarlos. En este caso:

$$V_{CE} = 6.4V - 4.3V = 2.1V$$

El punto de funcionamiento se localiza por lo tanto en las coordenadas $I_C = 4.3mA$ y $V_{CE} = 2.1V$.

La corriente de colector de saturación será:

$$I_{Csat} = \frac{15V - 4.3V}{2K\Omega} = 5.35mA$$

Y el voltaje colector-emisor de corte es:

$$V_{CEcorte} = 15V - 4.3V = 10.7V$$

La recta de carga con sus especificaciones se muestra en la figura 10.26.

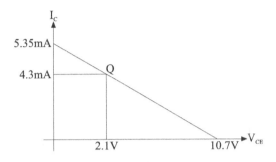

Figura 10-38. Recta de carga para el circuito del ejemplo 10.13.

El transistor como interruptor

Cuando un transistor se polariza de forma que su punto de funcionamiento quede ubicado cerca al punto medio de la recta de carga, entonces puede ser tratado como un dispositivo amplificador. En este caso, si se aplica una pequeña señal alterna a la base del transistor, se consigue una señal grande en el colector. El efecto puede observarse si se cuenta con un osciloscopio.

Cosa distinta cuando el transistor se opera en los puntos cercanos al de saturación o al de corte. En este caso, el dispositivo se convierte en un elemento de gran utilidad para las aplicaciones digitales, debido a que presenta una señal de salida biestado: alto o bajo. En otras palabras, el punto de funcionamiento es el mismo punto de saturación, o, en su defecto, el punto de corte.

En la figura 10.27 puede verse el circuito correspondiente a un transistor como interruptor o conmutador.

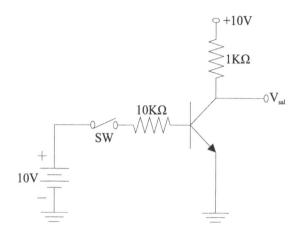

Figura 10-39. Transistor como interruptor.

La operación del circuito es como sigue: si el switch, SW, en el circuito de base está cerrado, tal como se muestra, una alta corriente se aplicará en la base del transistor. Esto hará que el dispositivo caiga en la zona de saturación y por lo tanto una salida de 0V se medirá en el colector-emisor, debido a la saturación, habrá un cortocircuito, y por tanto un voltaje de 0V.

Cosa diferente ocurre si el switch, SW, se abre cortando el camino para la circulación de la corriente hacía la base del transistor. Con una corriente cero en el terminal de base el dispositivo quedará trabajando en la zona de corte, lo que implica que el transistor, literalmente, se abre entre el colector y el emisor. Así las cosas, al medir el voltaje de colector, lo que se medirá será 10V, esto es, el voltaje de la fuente de polarización del circuito de colector.

El circuito sólo puede tener dos tensiones de salía: 0V o + 10V, y como conclusión tenemos que si el transistor está saturado actúa como un interruptor cerrado del colector al emisor; si el transistor está en corte, es como un interruptor abierto.

En la figura 10.28 se muestra un circuito de conmutación con transistor excitado por una tensión de escalón. Cuando la tensión de entrada es cero, el transistor está en corte, no hay corriente en la resistencia de colector y la tensión de salida es igual a + 15V. Cuando la tensión de entrada es + 15V, la corriente de base es:

$$I_B = \frac{5V - 0.7V}{3K\Omega} = 1.43mA$$

Entre colector-emisor hay un cortocircuito: la tensión V_{CE} cae a cero y la corriente de colector será:

$$I_{Csat} = \frac{15V}{1K\Omega} = 15mA$$

Corriente más de 10 veces mayor que la de base, y suficiente para producir saturación en el transistor. De este modo la tensión de salida será aproximadamente cero.

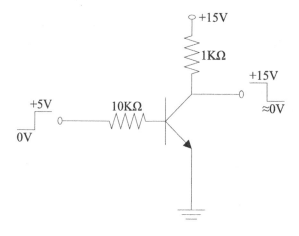

Figura 10-40. Transistor como interruptor.

El transistor como excitador de LEDs

En la figura 10.29 se muestran dos formas de utilizar un transistor operando como conmutador para excitar un LED. Obsérvese que en el primer circuito el LED está en serie con la resistencia de carga R_C; en el segundo circuito el LED toma el voltaje de colector, pero se conecta con respecto a tierra. Esta diferencia con la configuración hace que los LEDs enciendan y apaguen.

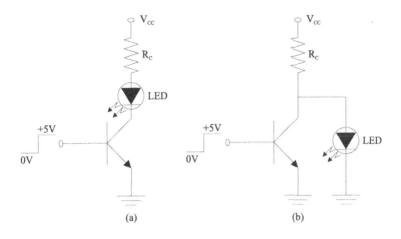

Figura 10-41. Circuitos excitadores de LEDs.

Obedeciendo a impulsos de corriente de entrada, el funcionamiento es como sigue: para el circuito de la figura 10.29(a), cuando el voltaje de entrada es cero el transistor está en corte, como no hay corriente el LED no enciende; cuando el voltaje de entrada es +15V el transistor se satura, circula corriente por la resistencia de colector y el LED enciende. Para el circuito en la figura 10.29(b) el comportamiento del circuito es contrario; esto es, cuando el voltaje de entrada es 0V el transistor se corta y la corriente se deriva por el LED, luego, el LED enciende; cuando el voltaje de entrada es +15V el transistor se satura, toda la corriente circula por él y por lo tanto el LED permanece apagado.

Cálculo de la resistencia limitadora, Rc

El voltaje de polarización, V_{CC}, debe tomar un valor que puede variar dependiendo de las especificaciones técnicas para cada referencia. Valores típicos, sin embargo, son de 10V o 15V. Un voltaje como estos es suficiente y necesario para polarizar el transistor, pero también lo es para deteriorar completamente el diodo LED. Para limitar el voltaje y por tanto la corriente por el LED se debe colocar un valor adecuado de resistencia de colector. Para determinar el valor de la resistencia se tiene la fórmula dada en la ecuación (10.22), la cual se obtiene aplicando la ley de voltajes de Kirchhoff al circuito de colector. Ver figura 10.30.

$$R_C = \frac{V_{CC} - V_{LED}}{I_{LED}} \qquad (10.22)$$

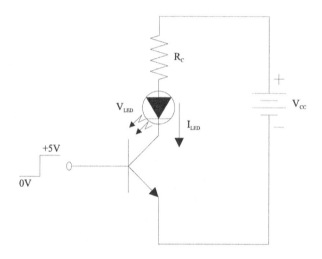

Figura 10-42. Circuito excitador de LED.

La potencia para esta resistencia se calcula según la ley de Joule como:

$$P_C = (I_{LED}^2)R_C \qquad (10.23)$$

EJEMPLO 10.14

Para el circuito de la figura 10.30 se tiene que $V_{CC} = 15V$, si el $V_{LED} = 3.0V$ y $I_{LED} = 25mA$, determinar el valor de R_C para proteger el LED.

SOLUCIÓN

Si reemplazamos los datos dados por el problema en la ecuación (10.23), obtenemos:

$$R_C = \frac{15V - 3.0V}{25mA} = 480\Omega$$

480Ω no es un valor comercial, por lo tanto, aproximadamente a un valor comercial mayor de 480Ω, por ejemplo, 560Ω.

Con este valor y la corriente del circuito (corriente del LED) calculamos la potencia para la resistencia. Reemplazando en la ecuación (10.23), tenemos:

$$P_C = (25mA)^2(560\Omega) = 0.35W$$

El valor comercial mayor de esta potencia es de 0.5W.

Escogemos por lo tanto una resistencia de 560Ω y $^{1}/_{2}W$.

Como observamos de todo lo visto anteriormente podemos decir que los circuitos de polarización de base establecen un valor fijo para la corriente de base y que los circuitos con polarización de emisor establecen un valor fijo para la corriente de emisor. Debido al problema de la ganancia de corriente, los circuitos de polarización de base por lo común se diseñan para trabajar en las zonas de saturación y corte, mientras que los circuitos con polarización de emisor normalmente se trabajan en la zona activa.

El concepto de seguidor de emisor

Considere el circuito dado en la figura 10.13. La tensión en la resistencia de emisor es:

$$V_E = V_{BB} - V_{BE} \qquad (10.24)$$

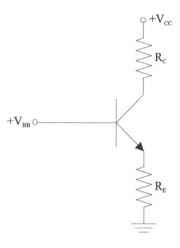

Figura 10-43. El seguidor de emisor.

Como V_{BE} está fijo aproximadamente con 0.7V, V_E seguirá los cambios de V_{BB}. Por ejemplo, si V_{BB} aumenta de 2 a 10V, V_E aumenta de 1.3 a 9.3V. Esta clase de acción de "*obedecer al maestro*" recibe el nombre de **seguidor de emisor.**

Las clases de funcionamiento

Por funcionamiento en clase A se entiende que el transistor trabaja en la zona activa en todo momento; dicho de otra forma, por el dispositivo circula corriente durante los 360° que dura la señal. Esta es la forma común de funcionamiento de los transistores en circuitos lineales, porque da lugar a los circuitos de polarización más simples y estables. Sin embargo, la clase A no es la más eficiente de funcionar un transistor. En algunas aplicaciones, tales como los sistemas alimentados por pilas, el consumo de corriente es un factor importante para el diseño.

El funcionamiento en clase B de un transistor implica que la corriente de colector circula solamente 180° del ciclo de señal, luego el punto Q se localiza en las cercanías del punto de corte, tanto en las rectas de carga de continua como de la señal. Esto tiene como ventaja una menor disipación de potencia en el transistor y un menor consumo de corriente.

Conexión Darlington

Una conexión Darlington basa su circuito en dos seguidores de emisor en cascada, como se muestra en la figura 10.32.

La corriente de base del segundo transistor la proporciona la base del primer transistor, y la ganancia de corriente total es el producto de las ganancias de corriente individuales, esto es:

$$\beta_T = \beta_1 \beta_2 \qquad (4.25)$$

La ventaja principal de esta conexión está en la alta impedancia de entrada que se ve en la base del primer transistor y en el aumento de ganancia del circuito.

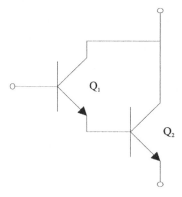

Figura 10-44. Conexión Darlington.

REPASO

Conceptos

Defina o discuta lo siguiente:

- Composición y simbología de un transistor.
- Transistor pnp y transistor npn.
- Terminal de un transistor.
- Polarización de un transistor.
    - Configuración de emisor común.
    - Configuración de colector común.
    - Configuración de base común.
- Voltaje de polarización y voltajes de entrada y salida.
- Corriente en un transistor.
- Ganancia de corriente (α y β) para un transistor.
- Relación entre α y β.
- Polarización fija.
- Polarización automática.
- Polarización por divisor de tensión.
- Chequeo de un transistor e identificación de terminales.
- Circuitos chequeadores de un transistor.
- Curvas de entrada y curvas de salida de un transistor.
- Regiones de operación del transistor.
    - La recta de carga.
    - Región activa.
    - Región de saturación.
    - Región de corte.
    - El punto de funcionamiento.
- El transistor como interruptor.
- El transistor como excitador de LEDs.

■ Clases de funcionamiento de un transistor.

■ Conexión Darlington.

EJERCICIOS

10.1. Se tiene un transistor en configuración de emisor común. En la base se aplica una corriente de 5.2mA y en el colector aparece una de 15mA. Determinar el β del transistor.

10.2. El β de un transistor es de 80. Si la corriente de salida es de 42mA. Determinar la corriente de entrada.

10.3. El γ de un transistor es de 250; si se aplica en la base una corriente de 2.9mA, determinar la corriente de emisor.

10.4. La corriente de colector en un transistor en base común es de 3maA. Si el α del transistor es 0.998, determinar la corriente de emisor.

10.5. La corriente de colector para un transistor es de 4.7mA. Si el α es de 0.95, determinar las corriente de base y emisor y el β del transistor.

10.6. Un transistor en emisor común tiene una ganancia de $\beta = 300$ y por su colector circulan 3.4mA, determinar las demás corrientes en el dispositivo.

10.7. Un transistor en base común tiene un α de 0.95; si la corriente que circula por su emisor es de 5mA, determinar las demás corrientes en el dispositivo.

10.8. El α de un transistor es de 0.93, determinar el β.

10.9. El β de un transistor es 200, determinar el α.

10.10. Determinar expresiones que relacionen a γ con β y a γ con α.

10.11. Utilice el manual ECG para determinar las características (terminales) de las siguientes referencias de transistor.

2N6553	BC307C	MPSA06	MPS-A13
PN3640	2N2222A	2N3906	PN3638A

10.12. Considere el circuito de la figura 10.33.

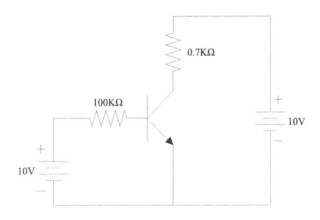

Figura 10-45. Circuito del ejercicio 10.12.

Determinar la recta de carga y los puntos de corte y saturación. Determinar además el punto de trabajo (funcionamiento). ($\beta = 100$).

10.13. Si en el circuito de la figura 10.33 se cambia la resistencia de base por una de 200KΩ. ¿Cuál sería el nuevo punto de funcionamiento?

10.14. Si en el circuito de la figura 10.33 se aumenta el voltaje V_{CC} a 15V, ¿cómo cambia el punto de funcionamiento?

10.15. Repita el ejercicio 10.12, pero si el β del transistor es de 50.

10.16. ¿Qué pasa en el circuito 4,33 si β es de 300?

10.17. ¿Qué conclusiones puede sacar respecto de los ejercicios realizados de los numerales 10.12 a 10.16?

10.18. Considere el circuito de la figura 10.34.

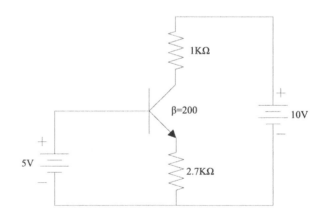

Figura 10-46. Circuito del ejercicio 10.18.

Determinar los puntos de corte y saturación y la línea de carga con el respectivo punto de funcionamiento.

10.19. Para el circuito de la figura 10.35 determinar la resistencia limitadora de corriente en el colector, (valor óhmico y potencia).

10.20. Se quiere que el LED en el circuito de la figura 10.35 permanezca encendido ¿dónde debe conectarse el punto B?

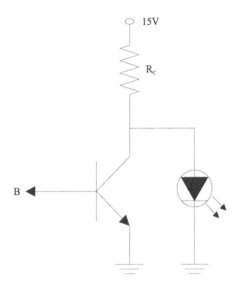

Figura 10-47. Circuito del ejercicio 10.19.

Capítulo 11
OTROS COMPONENTES ELECTRÓNICOS

En la actualidad son muchos los componentes electrónicos que se encuentran a disposición del usuario en el mercado técnico: unos son supremamente versátiles en cuanto a aplicaciones se refiere, otros llegan a cumplir acaso un único, pero siempre importantísimo papel. A continuación veremos, aunque no en detalle, algunos de estos componentes; cómo se simbolizan, que función desempeñan dentro de un circuito y con qué letra se representan normalmente en los planos electrónicos.

Pilas

Una pila es un elemento que almacena energía eléctrica. Las hay que una vez agotan su potencial se desechan y también que pueden ser recargables. En los planos normalmente se representa por una B.

Figura 11-30. La pila (B).

Baterías

Esencialmente, una batería, figura 11.2, resulta de la conexión en serie de varias pilas, con el fin de aumentar la diferencia de potencial y así cumplir un propósito definitivo. Al igual que la pila se representa por una B.

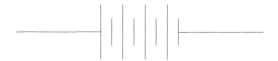

Figura 11-31. La batería (B).

Interruptores

Un interruptor o switch, figura 11.3, es un dispositivo que abre o cierra un circuito eléctrico. Los hay de varios terminales, aunque los más comunes son los de dos. En un circuito se representa por una S.

Figura 11-32. Interruptor o Switch (S).

Pulsadores normalmente abierto y normalmente cerrado

Un pulsador normalmente abierto es un dispositivo que impide la circulación de corriente, figura 11.4, y solamente cuando permanece pulsado se cierra el circuito. Igual que el switch se representa en los planos mediante una S.

Figura 11-33. Pulsador normalmente abierto (S).

Existe otro tipo de pulsador que excepción del anterior está normalmente en una posición cerrada, permitiendo el paso corriente. Cuando se pulsa (y sólo mientras está pulsado) el circuito se abre. Igual se representa por una S.

Figura 11-34. Pulsador normalmente cerrado (S).

Fusibles

Un fusible, figura 11.6, es un componente que, al conectarse en serie en un circuito, permite el paso de un flujo determinado de corriente. Si este límite se sobrepasa el fusible se rompe y el flujo se interrumpe. Por esta razón es un dispositivo de protección contra aumentos excesivos de corriente; se presenta por una F en los planos eléctricos.

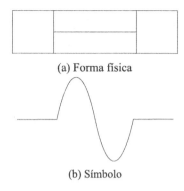

(a) Forma física

(b) Símbolo

Figura 11-35. Fusible (F).

Varistores

Un varistor es un dispositivo que, al conectarse en paralelo con una línea de voltaje, absorbe los transistores o picos de voltaje, figura 11.7. Como tal, es un componente que sirve una sola vez cuando los picos o aumentos de voltaje son excesivos. Por esta razón se dice que "es un elemento suicida, que se lanza sobre la granada". En un circuito eléctrico se representa por una V.

Figura 11-36. Varistor (V).

Resistencias o resistores

Una resistencia es un dispositivo electrónico que presenta entre sus terminales un voltaje directamente proporcional a la corriente que le fluye, figura 11.8. Su función es oponerse al paso de dicha corriente. En los planos eléctricos se representa por una R.

Figura 11-37. Resistencia (R).

Potenciómetros

Un potenciómetro es esencialmente una resistencia variable. A excepción de la resistencia fija que tiene dos terminales el potenciómetro tiene tres, uno de los cuales es un contacto deslizante. Este contacto es el que permite variar la resistencia. En los planos se representa por una R.

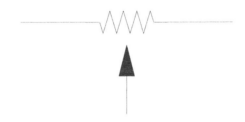

Figura 11-38. Potenciómetro.

Condensadores o capacitores cerámicos

Un condensador cerámico, figura 11.10, es un dispositivo que almacena pequeñas cantidades de electricidad. No tiene una polaridad definida, por lo que no importa la forma como se conecte en un circuito. En los planos eléctricos se representa por C.

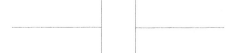

Figura 11-39. Condensador cerámico (C).

Condensadores o capacitadores electrolíticos

Un condensador electrolítico almacena cantidades relativamente grandes de energía eléctrica. Tienen una polaridad definida; esto es, uno de los terminales es positivo y el otro negativo; por esta razón se debe tener cuidado con su conexión en un circuito, pues conectarlo con polaridad contraria provoca, las más de las veces, su explosión. La explosión de un condensador de muy alta capacidad ocasiona quemadoras de segundo grado. En los planos eléctricos, igual que los cerámicos, se representa por una C.

Figura 11-40. Condensadores electrolítico (C).

Bobinas o inductancias

Una bobina, figura 11.12, es básicamente un enrollamiento de alambre sobre un núcleo ya sea de aire o de hierro, igual que los condensadores tienen la propiedad de almacenar pequeñas cantidades de energía. No tienen polaridad definida, pero si un sentido en el enrollamiento, el cual, en algunas aplicaciones, es importante. No se les debe aplicar directamente corriente continua, pues su baja resistencia los convierte en un cortocircuito. En los planos se representan por una L.

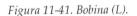

Figura 11-41. Bobina (L).

Diodos emisores de luz (LEDs)

En la figura 11.13 se muestra el símbolo para un LED. Un LED es un tipo especial de diodo que emite luz cuando una corriente fluye a través de él. Tiene dos terminales llamados ánodo y cátodo, igual que los diodos convencionales. El cátodo es indicado por un lado plano en la cubierta de plásticos del LED o por un terminal más corto que el ánodo. Se representa por la palabra LED en los planos eléctricos.

Figura 11-42. LED.

Fotoceldas

Una fotocelda es un tipo especial de resistencia que varía de acuerdo con la intensidad de luz que incida sobre su superficie. Se representa por una P en los planos eléctricos.

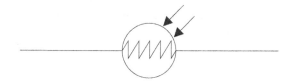

Figura 11-43. Fotocelda.

Circuitos integrados (CI)

Los circuitos integrados (CI), figura 11.15, contienen muchos componentes (transistores, diodos, resistencias, condensadores, etc.) colocados dentro de un paquete muy pequeño llamado chip. Cada tipo de circuito integrado realiza una función distinta de acuerdo con los componentes que posee y a la forma como están reconectados entre sí.

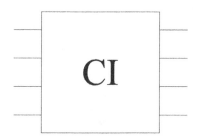

Figura 11-44. Circuito integrado (CI).

Parlantes

Un parlante, figura 11.16, es un dispositivo cuya función es la de convertir la corriente que fluye a través de él en ondas sonoras. Se representa como SP en los planos electrónicos.

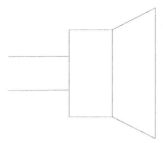

Figura 11-45. Parlante (SP).

Capítulo 12
LA FUENTE DE PODER

La fuente de poder es una de las herramientas que no puede faltar en el laboratorio del técnico. Su función es la de suministrar el voltaje que requiere un componente o circuito para su correcto funcionamiento. En electrónica, la gran mayoría de dispositivos requieren de una polarización a base de corriente continua. De esta naturaleza la entrega la fuente luego de convertir la corriente alterna. Es decir, la fuente de poder es un elemento que toma la corriente alterna y la transforma, por medio de sucesivas etapas, en corriente continua. El proceso que realiza se indica en el diagrama en bloque que aparece en la figura 12.1.

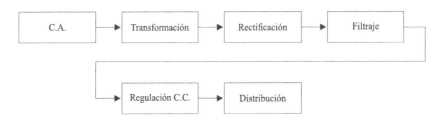

Figura 12-8. Diagramas en bloques de una fuente de poder convencional.

311

La etapa de entrada

La corriente alterna se capta de cualquier toma domiciliario, con nivel de 110V o 220V. Esta señal debe entrarse a un transformador, el cual bajará el nivel alto a uno que sea menos nocivo para los equipos electrónicos. Recuerde que el transformador cambia el nivel de la señal, pero no la frecuencia de esta. En la sección 9.1 del presente texto se trató el tema de los transformadores.

La rectificación de la señal

Una vez se ha reducido el nivel de la señal, debe cambiarse su naturaleza alterna por directa. Esto se logra mediante los rectificadores a base de diodos, tema que fue tratado en la sección 9.2 del presente texto.

Filtrado de la señal

A continuación, la señal rectificada debe filtrarse con el fin de retirar de ella el ruido que contiene; esto es, toda señal superpuesta que no deba existir naturalmente. Para este propósito se colocan condensadores en paralelo con la línea que se quiere filtrar. Se puedan colocar varios condensadores de capacidad media, o uno de alta capacidad.

De esta forma, por el descargue lento de la energía que han almacenado, la señal directa será aplanada y convertida en una señal continua con algo de rizado. En la figura 12.2(a) y (b) se muestra el efecto del condensador sobre una señal rectificada de media onda y onda completa respectivamente, y en la figura 12.3 puede verse el rizado, que es una pequeña señal senoidal que se superpone a la señal continua, generando efectos indeseados. El rizado puede ser considerado como ruido.

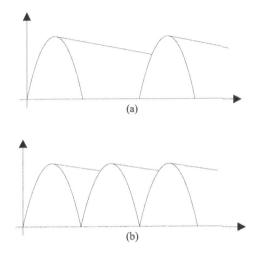

Figura 12-9. Efecto del condensador sobre una señal rectificada (a) de media onda (b) de onda completa.

Mientras mayor sea la capacidad del condensador, más aplanada estará la señal y por tanto menor será el factor de rizado. Se recomienda, por lo tanto, colocar capacitores de valores mayores de $1000\mu f$, con voltaje, obviamente, superior al de la línea en que quedará conectado.

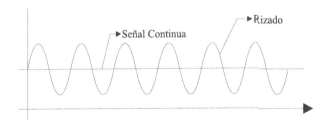

Figura 12-10. Rizado sobre una señal continua.

Regulación de tensión

De acuerdo con lo que hemos visto, el rizado equivale a un cambio periódico en la tensión de entrada. Puesto que los reguladores son dispositivos que estabilizan la tensión de salida contra variaciones en la tensión de entrada, una fuente de alimentación regulada será una fuente de tensión continua con una salida fija, con una atenuación máxima del rizado superpuesto a la tensión de entrada sin regular.

La última generación de reguladores de tensión integrados tiene solo tres terminales: uno para la entrada, otro para la salida y un tercero para la masa o tierra. El suministro de corriente de estos elementos varía de 100mA a más de 5A. Se encuentran disponibles en encapsulados metálicos o en componentes externos, salvo un par de condensadores de desacople. El condensador de desacople de entrada evita oscilaciones y el condensador de desacople de salida mejora la respuesta transitoria. En la figura 12.4(a) se muestra la conexión para un regulador fijo, con sus respectivos condensadores de desacople, y en la figura 12.4(b) puede verse la correspondiente conexión para un regulador variable.

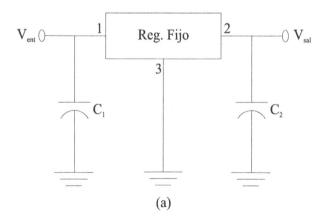

(a)

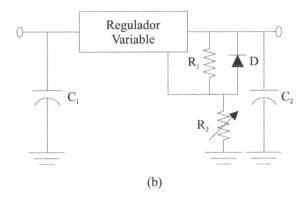

(b)

Figura 12-11. Conexión para un regulador (a) fijo y (b) variable.

Serie LM340

La serie de reguladores LM340 se encuentra disponible con tensiones de salida de 5,12 y 15V. Son la serie de voltajes fijos positivos y se conocen mejor con la referencia LM78XX. Así, un LM7805 (LM340-05), produce una salida de 5V, el LM7812 (LM340-12), produce una salida de 12V y el LM7824 (LM340-24) produce una salida de 24V. Para obtener estas salidas, las respectivas entradas deben tener unos voltios más que la salida esperada, 3 o 4, con el fin de que el dispositivo pueda hacer una buena regulación.

Serie LM320

Es un grupo de reguladores de tensión negativos, con valores prefijados de -5, -12 y -24V. Comercialmente se conocen mejor con la referencia LM79XX. Así, un LM7905 (LM320-05) produce una salida de 5V, un LM7912 (LM320-12) produce una salida de 12V y un LM7924 (LM320-24) produce una salida de 24V.

Tanto la serie LM340 como la serie LM320 incluye un transistor de salida que puede manejar más de 1.5A de corriente de carga si se utiliza con el disipador adecuado.

Además, cuenta con protección térmica y limitación de corriente. La protección térmica desconecta el chip automáticamente si la temperatura interna es demasiado alta (de unos 175°C). Debido a la protección térmica y a la limitación de corriente estos integrados son de gran duración.

Reguladores variables

Algunos reguladores integrados, como el LM317, el LM338 y el LM350 son ajustables. Sus corrientes máximas van de los 1.5 a los 5A. El LM317, por ejemplo, es un regulador con salida de corriente de 1.5A y voltaje ajustable de 1.25 a 37V. la hoja de características de un LM317 proporciona la fórmula dada en la ecuación (12.1) para determinar la tensión de salida. El montaje correspondiente es el que se muestra en la figura 12.4(b).

$$V_{sat} = \left(1 + \frac{R_2}{R_1}\right) \tag{12.1}$$

Reguladores con salida simétrica

A veces es necesario tener una salida de voltaje simétrico (dual) para lo que resulta conveniente un regulador como el RC4194 y el RC4195. Estos reguladores producen en la salida voltaje positivo y negativo.

El RC4194 se ajusta desde ±0.05 hasta ±32V, mientras que el RC4195 produce salidas fijas de ±15V. En la figura 12.5 se ve el diagrama en bloque de este último. La entrada debe ser de ±18 a ±30V y la salida de corriente de 150mA para cada fuente.

Figura 12-12. Regulador con salida simétrica.

EJEMPLO 12.1

Para el circuito de la figura 12.6, determine el valor de cada componente, y explique la función de las diferentes etapas. Donde sea necesario escoger un valor sin calcularlo, explique el porqué del valor.

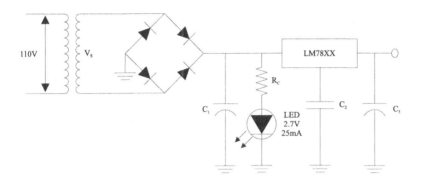

Figura 12-13. Circuito del ejemplo 12.1.

SOLUCIÓN

Como ya hemos mencionado, captamos los 110V de un toma domiciliario. Con este voltaje alimentamos el transformador, el cual baja el nivel de tensión en una relación de 4:1. Por tanto el voltaje en el secundario será (ecuación (9.5)).

$$V_S = \frac{110V}{4} = 27.5V$$

El voltaje secundario entra a un rectificador de onda completa, y el efecto en las ondas será idéntico al que se muestra en la figura 9.6.

El condensador C, que es el filtro principal, debe escogerse de un valor alto, preferiblemente mayor de $1000\mu f$ y de un voltaje superior al que suministra el puente rectificador. Este voltaje, según ecuación (9.8) es:

$$V_{CC} = \frac{2V_m}{\pi} = \frac{2(27.5V)}{\pi} = 17.5$$

Y las formas de onda como las que muestran en la figura 12.2(b). Recuérdese que el voltaje V_m, es el mismo voltaje secundario para un rectificador de onda completa. El voltaje para el condensador debe ser mayor que V_{CC}. En este caso podemos escoger 35V.

El diodo LED es un indicador piloto para el secundario, y la resistencia R_C tiene como función limitar la corriente que le circula y evitar que se queme.

Para el cálculo de la resistencia limitadora procedemos de forma análoga a como se hizo para el caso de los transistores en la sección 10.15, y para el efecto podemos utilizar la expresión dada en la ecuación 10.22, así:

$$R_C = \frac{V_{CC} - V_{LED}}{I_{LED}} = \frac{17.5V - 2.7V}{25(10^{-3})A}$$

Esto es:

$$R_C = 592\Omega$$

Escogemos un valor comercial superior a este. Por ejemplo 680Ω.

Y la potencia:

$$P_{RC} = I_{LED}^2 R_C = \left(25(10^{-3})\right)^2 (380)$$

Es decir:

$$P_{RC} = 0.425W$$

Podemos colocar entonces una resistencia de 680Ω y ½W.

Para tener una salida fija y aprovechando al máximo el voltaje de entrada, como se debe dejar un voltaje de más en la entrada de 3 o 4V para asegurar regulación, escogemos un regulador LM7812, con lo que aseguramos una salida de 12V.

El condensador de desacople de entrada, C_2, evita oscilaciones en la señal que entra al regulador, debe ser tipo tote de baja capacidad: 0.01 a 0.1μf con voltaje superior al de la línea. Por ejemplo, 35V; también puede ser de 25V. El condensador de desacople de salida, C_3, mejora la respuesta transitoria, es decir, actúa con buena regulación y rapidez ante cambios bruscos en la demanda de carga. Se recomienda que sea tipo tantalio, con iguales valores que para el condensador de desacople de entrada. 0.01μf a 0.1μf y 25V a 35V.

Para asegurar la protección de la fuente y en cierta forma mejorar su operación, se pueden colocar otros dispositivos en su circuito: por ejemplo, un switch de encendido y apagado y un fusible en serie con la entrada, además, se puede agregar un piloto y un supresor de picos, en la entrada.

REPASO

Conceptos

Defina o discuta lo siguiente:

- Fuente de poder.
- Etapa de entrada de una fuente de poder.
- Importancia de la rectificación en una fuente de poder.
- Capacitores como filtros de señal.
- Reguladores de tensión.
  - Fijos.
  - Variables.
  - Positivos.
  - Negativos.
  - Duales.

EJERCICIOS

12.3. Para el circuito de la figura 12.7 determinar el valor de cada componente, y escoger el regulador que permita el máximo aprovechamiento de voltaje.

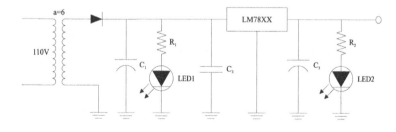

Figura 12-14. Circuito del ejercicio 12.1.

¿Trabaja el LED1 con 3.1V y 30mA?
¿Trabaja el LED2 con 2.7V y 24mA?

¿Asegura el circuito una buena regulación?

12.4. Repita el procedimiento anterior, pero para el circuito de la figura 12.8.

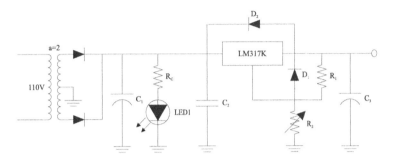

Figura 12-15. Circuito del ejercicio 12.2.

¿Funciona el LED1 con 2.5V y 22mA?
¿Cuál es el propósito de colocar los diodos D_1 y D_2?

12.5. ¿Cómo podría convertirse el circuito de la figura 6,7 en un circuito con salida variable?

12.6. Si el potenciómetro R_2 es de 5kΩ, ¿Cuál es la máxima salida de voltaje que se puede alcanzar en el circuito de la figura 6,8?

12.7. En el circuito de la figura 12.8, ¿Cuál es el valor más recomendado para la resistencia R_1 en la salida del regulador?

12.8. ¿Cuál sería el valor del potenciómetro R_2 en el circuito de la figura 6,8 para obtener un voltaje de salida mínimo (1,25V)?

Capítulo 13
GUÍA DE APOYO ACADÉMICO

Todo saber teórico debe pretender alguna aplicación práctica, conducente a la solución de problemas de tipo real. De lo contrario, éste correría el riesgo de quedarse en meros planteamientos conceptuales, muchos de los cuales se verían como en abstracto, sin oficio ni aplicabilidad. De ahí que sea importante el trabajar en concreto, prácticamente, si no con todos, sí con la gran mayoría de dispositivos que se ven durante el curso. Cuando se han manipulado los diversos dispositivos en forma individual, se encuentran más fácilmente aplicaciones y proyectos que reúnan varios de los elementos, cumpliendo en conjunto una función especial.

El presente capitulo pretende esto; aportar una fundamentación práctica al estudiante y al mismo tiempo, enfrentarlo con la ejecución de un proyecto, la fuente, de gran valor en el trabajo venidero.

PRÁCTICA N°1

CIRCUITOS RECTIFICADORES

OBJETIVOS

1.   Verificar el fenómeno de la rectificación, tanto de media onda como de onda completa.

2.   Comparar los resultados que se obtienen teóricamente con los resultados arrojados por la práctica.

PROCEDIMIENTO

1.   Monte el circuito que aparece en la figura 13.1.1

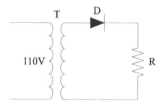

Figura 13-1-1. Circuito rectificador de media onda.

2.   Con el osciloscopio, observe las señales en el secundario del transformador, el diodo y la resistencia.

3.   Mida los valores de las señales observadas.
   i. Con el osciloscopio.

   ii. Con un voltímetro.

4. Monte los circuitos que aparecen en la figura 13.1.2 y figura 13.1.3 y repita el procedimiento planteado en 2 y 3.

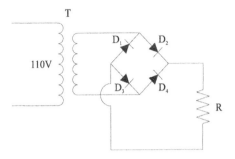

Figura 13-1-2. Circuito (puente) rectificador de onda completa.

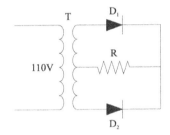

Figura 13-1-3. Circuito rectificador de onda completa utilizando transformador con tap central.

INFORME

1. Dibuje las ondas observadas en cada uno de los circuitos montados.

2. Realice una tabla con los resultados obtenidos en las diferentes mediciones.

3. Analice los resultados.

4.   Presente sus conclusiones.

PREGUNTAS

1.   ¿Coinciden los valores medidos con los diferentes instrumentos?

2.   ¿Cuál considera que sea el montaje de rectificación más conveniente? ¿Por qué?

PRÁCTICA N°2

MULTIPLICADORES DE VOLTAJE

OBJETIVO

Verificar el efecto multiplicador de voltaje a partir de diodos y condensadores.

PROCEDIMIENTO

1. Monte el circuito de la figura 13.2.1 con $C_1 = C_2$ y observe el voltaje que aparece en terminales de los diodos y los condensadores.

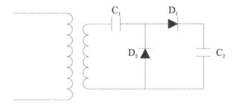

Figura 13-2-1. Circuito doblador de voltaje.

2. Conecte una resistencia de carga en paralelo con C_2 y observe su voltaje.

3. Monte el circuito mostrado en la figura 13.2.2(a) y repita el procedimiento planteado para el circuito anterior.

4. Monte el circuito mostrado en la figura 13.2.2(b) y mida los voltajes en los condensadores y el voltaje entre los puntos A y B.

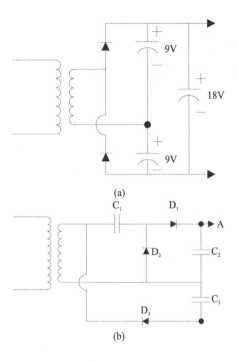

Figura 13-2-2. Circuitos multiplicadores de voltaje.

5.   Conecte una carga entre los puntos A y B y mida de nuevo el voltaje.

INFORME

1.   Realice una tabla de resultados.

2.   Analice los resultados obtenidos.

3.   Presente sus conclusiones.

PREGUNTAS

1.   ¿Qué efecto tiene sobre el circuito conectar condensadores diferentes entre sí?

PRÁCTICA N°3

EL DIODO ZENER

OBJETIVOS

1.   Caracterizar el diodo Zener.

2.   Observar las aplicaciones del diodo Zener.

PROCEDIMIENTO

1.   Monte el circuito que se muestra en la figura 13.3.1

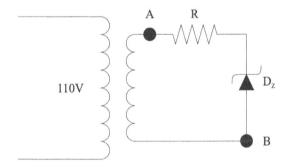

Figura 13-3-1. Circuito de amplificación del diodo Zener.

2.   Con el osciloscopio observe las características (formas de onda) en la resistencia, el diodo Zener y en los puntos A y B mostrados en la figura 13.3.1.

3.   Monte el circuito mostrado en la figura 13.3.2

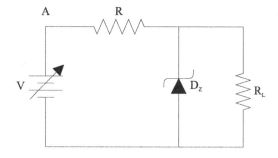

Figura 13-3-2. Circuito con diodo Zener y carga.

4.   Varíe la fuente V en diferentes valores y establez-
ca el modo de operación del Zener.

5.   Monte los circuitos mostrados en las figuras
7.3.3(a) y 7.3.3(b) y observe las formas de onda de
salida.

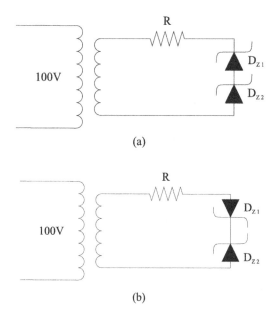

Figura 13-3-3. Circuitos de aplicación del diodo Zener.

INFORME

1.   Dibuje las formas de onda visualizadas con los respectivos valores medidos indicados.

2.   Analice los resultados obtenidos y discuta las señales observadas en la figura 13.3.3(a) y 7.3.3(b).

PREGUNTAS

1.   ¿En qué casos particulares aplicaría los resultados obtenidos en la presente practica?

2.   ¿Qué otra aplicación le encuentra al diodo Zener?

PRÁCTICA N°4

POLARIZACIÓN DE TRANSISTORES BIPOLARES Y ESTABILIDAD TÉRMICA

OBJETIVOS

1.   Determinar el punto de trabajo del transistor bipolar.

2.   Determinar cambios del punto de operación por cambios de temperatura.

PROCEDIMIENTO

1.   Calcule el valor óhmico y la potencia de las resistencias en el circuito de la figura 13.4.1.

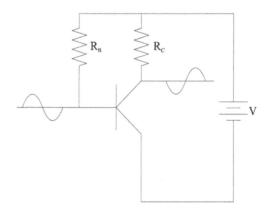

Figura 13-4-1. Circuitos para determinar punto de operación del transistor.

2.   Mida las corrientes y los voltajes en el transistor.

3.   Con el cautín aumente la temperatura sobre la carcasa del transistor y mida nuevamente los vol-

tajes y las corrientes. Compare con los resultados anteriores.

4.   Inserte una resistencia de 100Ω en el emisor y repita todos los pasos anteriores.

INFORME

1.   Realice una tabla con todos los resultados obtenidos.

2.   Analice los resultados.

3.   Presente sus conclusiones.

PREGUNTAS

1.   ¿Cuál fue el efecto de la temperatura en el circuito?

2.   ¿Cuál fue el efecto de la resistencia de emisor en el circuito?

PRÁCTICA N°5

CARACTERÍSTICA DE TRANSISTOR BIPOLAR

OBJETIVOS

1. Determinar las características del transistor bipolar en sus diferentes configuraciones.

2. Graficar las señales de entrada – salida del transistor bipolar en sus configuraciones de emisor común y base común.

PROCEDIMIENTO

1. Utilice el manual de la ECG para determinar los valores máximos permitidos para los transistores a utilizar.

2. Monte el circuito de la figura 13.5.1.

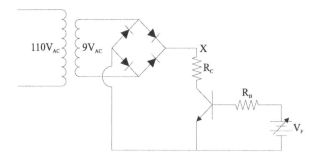

Figura 13-5-1. Configuración emisor común del BJT.

3. Coloque el selector time/div del osciloscopio en la posición X – Y y conecte sus terminales en los

puntos A y B del circuito mostrado en la figura 13.5.1 y observe.

4.   Variando la fuente V_f obtenga la máxima corriente de colector posible y dibuje la gráfica.

5.   Monte el circuito de la figura 13.5.2.

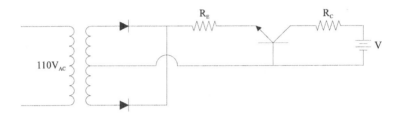

Figura 13-5-2. Configuración base común del BJT.

6.   Variando el voltaje de la fuente V obtenga tres curvas I_E contra V_{BE} para tres valores diferentes de V_{CB}.

INFORME

1.   Consigne los valores máximos del transistor que obtuvo en el manual.

2.   Dibuje las gráficas que observó con el osciloscopio.

3.   Dibuje los gráficos que observó en el numeral 6.

4.   Analice los resultados.

5.   Presente sus conclusiones.

PRÁCTICA N°6

EL TRANSISTOR COMO INTERRUPTOR Y COMO CONMUTADOR

OBJETIVOS

1.   Verificar la operación del transistor como un dispositivo de conmutación.

2.   Verificar la operación del transistor como un dispositivo interruptor.

PROCEDIMIENTO

1.   Monte el circuito mostrado en las figuras 7.6.1(a) y 7.6.1(b).

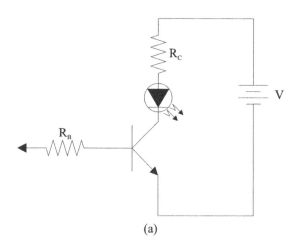

(a)

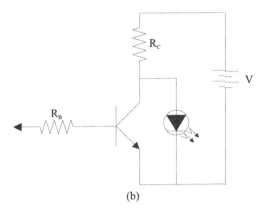

(b)

Figura 13-6-1. Circuitos para verificar funcionamiento de transistor como interruptor.

2. Varíe la posición del punto B, colocándolo prime-
    ro en +V, y luego en tierra. Observe la operación
    del diodo.

3. Monte el circuito mostrado en la figura 13.6.2.

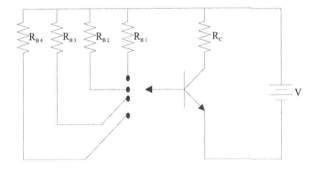

Figura 13-6-2. Circuito para verificar funcionamiento del transistor como conmutador.

4. Determine la operación, midiendo voltajes y co-
    rrientes del transistor para cada posición del
    conmutador conectado a la base del elemento.

5.   Monte el circuito mostrado en la figura 13.6.3 y aplique una señal cuadrada a la entrada del transformador.

6.   Observe la señal de salida del circuito de la figura 13.6.3.

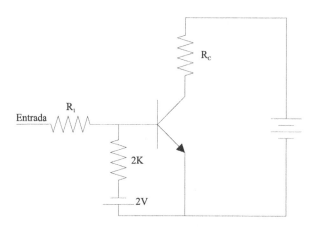

Figura 13-6-3. Conmutación del transistor bipolar.

INFORME

1.   Analice los resultados obtenidos en cada montaje.

2.   Presente sus conclusiones.

PREGUNTAS

1.   ¿Qué aplicación le ve al transistor trabajando como conmutador?

2.   ¿Qué aplicación le ve al transistor trabajando como interruptor?

PRÁCTICA N°7

AMPLIFICADORES A TRANSISTOR

OBJETIVOS

Verificar el efecto amplificador del transistor, tanto en corriente como en voltaje.

PROCEDIMIENTO

1.   Monte el circuito mostrado en la figura 13.7.1 con $R = 5K\Omega$.

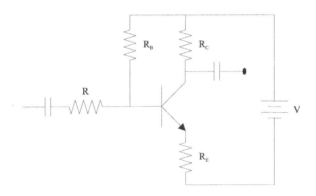

Figura 13-7-1. Circuito amplificador a transistor.

2.   Aplique a la entrada una señal de 10KHz, con amplitud que no produzca distorsión a la salida.

3.   Observe los voltajes de entrada y de salida y mida sus valores.

4.   Mida las potenciales en corriente alterna sobre R_C y sobre R_B para determinar I_C e I_B y la ganancia en corriente.

INFORME

1.   Dibuje las señales tanto de entrada como de sali-
          da con sus respectivos valores medios.

2.   Realice los cambios necesarios para determinar
          las ganancias y muéstrelos.

PREGUNTAS

1.   ¿En qué caso práctico concreto aplicaría los resul-
          tados obtenidos en la presente practica?

PRÁCTICA N°8

REGULADOR DISCRETO DE VOLTAJE

OBJETIVOS

Verificar la regulación de voltaje utilizando componentes en circuitos discretos.

PROCEDIMIENTO

1. Efectúe el montaje mostrando en la figura 13.8.1 y mida el voltaje de salida sin carga.

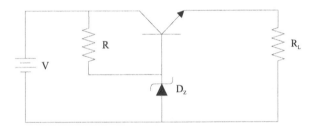

Figura 13-8-1. Regulador discreto.

2. Conecte una carga que requiera la corriente nominal del regulador y mida nuevamente el voltaje de salida.

3. Monte el circuito de la figura 13.8.2 y mida el potencial de salida sin carga.

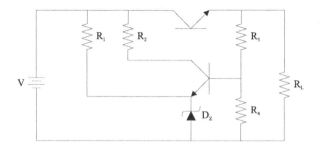

Figura 13-8-2. Regulador discreto con dos transistores.

4.   Repita el numeral 2

5.   Varíe el voltaje de la fuente y observe el voltaje de salida.

INFORME

1.   Realice una tabla con los resultados obtenidos en los diversos montajes.

2.   Analice los resultados.

3.   Presente sus conclusiones.

PREGUNTAS

1.   ¿Cuál de los dos circuitos ofrece una mejor regulación?

2.   La variación en el voltaje de salida respecto a la variación en el voltaje de la entrada en el circuito de la figura 13.8.2, ¿es grande o pequeña?

PRÁCTICA N°9

REGULADOR INTEGRADO DE VOLTAJE

OBJETIVOS

Verificar el funcionamiento de los reguladores integrados de voltaje, tanto fijos como variables.

PROCEDIMIENTO

1. Monte los circuitos mostrados en las figuras 7.9.1(a) y (b) y mida los voltajes de salida sin carga.

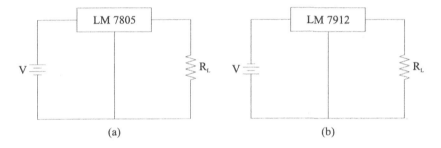

(a)   (b)

Figura 13-9-1. Regulador integrado (a) positivo (b) negativo.

2. Coloque una carga que demande la máxima capacidad ampérica de los reguladores y mida el voltaje de carga.

3. Monte el circuito mostrado en la figura 13.9.2, use para R_1 una resistencia de 220Ω y para R_2 un potenciómetro de 5KΩ y mida el voltaje sin carga.

343

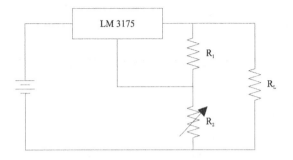

Figura 13-9-2. Regulador integrado variable.

4.   Para diferentes cargas en el circuito, verifique la relación:

$$V_L = 1.25 \left(1 + \frac{R_2}{R_1}\right)$$

INFORME

1.   Realice una tabla donde consigue todos los valores obtenidos durante la práctica.

2.   Si la regulación de un circuito se define como:

$$Reg = \frac{V_{SC} - V_{CC}}{V_{CC}} x100\%$$

Donde: V_{SC} = Voltaje sin carga.
          V_{CC} = Voltaje con carga.

3.   Calcule la regulación en los diferentes circuitos planteados anteriormente.

4.   Determine el rango de voltaje para la salida del circuito de la figura 13.9.2.

PROYECTO

FUENTE DE PODER REGULADA VARIABLE

OBJETIVOS

Aplicar los conceptos anteriores en un proceso acumulativo, tendiente a la realización práctica de un instrumento útil y didáctico.

PROCEDIMIENTO

1.　　　Disponga la siguiente lista de elementos:

- 1 Enchufe común de 110V (1 metro de cable dúplex N°14).
- 1 Fusible de 1A y 250V.
- 1 Portafusibles de chasis.
- 1 Interruptor.
- 1 Piloto de 120V_{AC}.
- 1 Transformador 509.
- 6 Diodos 1N4004.
- 1 Condensador electrolítico de 3300µF a 35V.
- 1 Condensador tipo tote de 0.1µF a 35V.
- 1 Resistencia de 1KΩ a 0.5 vatios.
- 1 Diodo LED.
- 1 Regulador LM317KΩ.
- 1 Potenciómetro de 5KΩ.
- 1 Condensador de tantalio de 0.1µF a 35V.
- 2 Bornes: 1 rojo y 1 negro.
- 1 Caja #3.
- 1 Galleta virgen de 10x7.
- ½ Libra de cloruro férrico.
- 1 Resistencia de 220Ω a 0.5 vatios.

2.   Con indicación de su instructor diseñe y queme su galleta de circuito impreso, correspondiente al diagrama circuital mostrado en la figura 7.

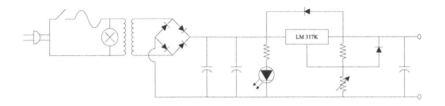

Figura 13-10-1. Fuente de poder regulada variable.

3.   Una vez haya realizado el montaje en la galleta, disponga los componentes que irán en la parte frontal del chasis y ensamble completamente la fuente.

4.   Antes de energizar la fuente, verifique con un tester que en los bornes se mida la variación del potenciómetro. Una falla muy común es que entre terminales aparezca una resistencia cero, lo que implica que la fuente tiene un cortocircuito en· la etapa de salida. Corrija esto y energice. Al hacerlo deben encender el piloto, indicando que hay energía en el primario y el diodo indicando que hay energía en el primario y el diodo indicando que hay energía en el secundario. Con el tester en voltios DC, verifique en que bornes se presenta una variación de voltaje de 1.2 a 24 voltios aproximadamente. Si es así, puede colocar carga y empezar a trabajar con su fuente. De lo contrario, identifique y corrija la falla.

GLOSARIO

Abierto: Se refiere a un componente o conexión entre cuyos terminales se mide una resistencia que tiende a infinito.

Base: Parte media de un transistor. Es delgada y está ligeramente dopada. A través de ella pasan los electrones de emisor a colector.

Circuito en emisor común: Circuito con transistor en que el emisor está en la masa del circuito.

Colector: Parte mayor del transistor. Se llama colector porque colecta o junta las cargas que hay en la base, enviadas por el emisor.

Condensador de acople: Condensador empleado para transmitir una señal de un nodo a otro.

Condensador de desacople: Condensador empleado para conectar un nodo a masa.

Corriente de corte de colector: Pequeña corriente de colector que existe cuando la corriente de la base es cero en una conexión en emisor común. Teóricamente, no debe existir corriente de corte de colector. Pero existe debido a los portadores minoritarios y a las corrientes de fuga del diodo de colector.

Corrientes de fuga: Corriente inversa total en un nodo.

Cortocircuito: Ocurre cuando una resistencia es extremadamente pequeña, casi cero. Debido a esto la tensión en un cortocircuito tiende a cero, aunque la corriente es elevada.

Diodo: Es una unión pn. Dispositivo que conduce con polarización directa, y no conduce con polarización inversa.

Diodo de colector: Diodo formado por la base y el colector de un transistor.

Diodo de emisor: Diodo formado por el emisor y la base y la base de un transistor.

Diodo emisor de luz, LED. *Del inglés (Light Emitting Diode):* Diodo que emite luz de colores –rojo, verde, amarillo – o bien luz invisible como la infrarroja.

Diodo rectificador: Diodo que convierte corriente alterna en corriente directa.

Diodo Shottky: Diodo de uso especial con capacidad para rectificar señales de alta frecuencia.

Disipación de potencia: Producto de la tensión y la corriente en una resistencia o en otro dispositivo.

Disipador de calor: Masa metálica adherida a la capsula de un transistor, con el fin de permitir que el calor escape más fácilmente.

Dopado: Adición de un elemento de impureza a un semiconductor intrínseco para cambiar su conductividad. Las impurezas donadoras o pentavalentes aumentan el número de electrones libres, y las impurezas aceptadoras o trivalentes aumentan el número de huecos.

Efecto de avalancha: Fenómeno que ocurre con tensiones elevadas en una unión pn. Los electrones libres se aceleran a velocidades tan altas que son capaces de desalojar a los electrones de valencia.

Efecto Zener: Efecto que se produce cuando la intensidad del campo eléctrico es muy elevada y extrae electrones de valencia en un diodo polarizado inversamente.

Emisor: Parte de un transistor que constituye la fuente de cargas. En los transistores npn, el emisor envía electrones libres hacia la base. En un pnp, el emisor envía huecos hacia la base.

Excitador de LED: Circuito que puede producir la corriente suficiente para que un LED encienda.

Extrínseco: Semiconductor con impurezas.

Funcionamiento en clase A: Significa que el transistor conduce durante todo el ciclo de la señal sin entrar en saturación o en corte.

Funcionamiento en clase B: Polarización de un transistor de forma que conduzca solamente durante la mitad de un ciclo de la señal.

Ganancia: Relación entre la señal de salida y la señal de entrada en un dispositivo amplificador como el transistor.

Germanio: Uno de los primeros materiales semiconductores que se emplearon. Al igual que el Silicio, tiene cuatro electrones de valencia.

Hueco: Ausencia de un electrón en la órbita de valencia.

Intrínseco: Semiconductor en estado puro.

Polarización de base: La más inconveniente de las formas de polarizar un transistor para operarlo en la zona activa. Esta polarización coloca un valor fijo a la corriente de base.

Polarización del emisor: Mejor forma de polarizar un transistor para operarlo en la zona activa. La idea clave es mantener la corriente de emisor en un valor fijo.

Polarización directa: Aplicación de una tensión extrema para superar la barrera de potencial.

Polarización inversa: Aplicación de una tensión externa para aumentar la barrera de potencial. El resultado es una corriente casi cero.

Punto de corte: Equivale aproximadamente al extremo inferior de la recta de carga. El punto de corte exacto ocurre donde la corriente de base es casi cero.

Punto de saturación: Equivale aproximadamente al extremo superior de la recta de carga. En este punto la tensión colector – emisor es aproximadamente cero.

Recta de carga: Lugar geométrico de los puntos de funcionamiento instantáneo cuando una señal excita el transistor.

Resistencia Zener: Resistencia interna de un diodo Zener.

Rizado: En un filtro con condensador a la entrada, esto se refiere a la saturación de la tensión en la carga, causada por la carga y descarga eléctrica del condensador.

Seguidor de emisor: Circuito en el que la señal de emisor sigue a la señal de base.

Semiconductor tipo n: Semiconductor en el que hay más electrones libres que huecos.

Semiconductor tipo p: Semiconductor en el que hay más huecos que electrones libres.

Silicio: Semiconductor más utilizado. Tiene número atómico 14 y 4 electrones de valencia.

Tensión de Zener: Tensión de ruptura en un diodo Zener.

Transformador reductor: Transformador que tiene más vueltas en el primario que en el secundario. Esto da como resultado una tensión menor en el secundario que en el primario.

Transistor bipolar: Aquel en que se requiere tanto los electrones como los huecos para su funcionamiento.

Transistor Darlington: Dos transistores conectados para obtener un β mayor. El emisor del primer transistor excita la base del segundo transistor.

Varicap: Diodo adaptado para presentar una capacidad con polarización inversa. A mayor tensión inversa menor es la capacidad.

Varistor: Dispositivo que actúa como dos diodos Zener enfrentados. Se emplea o conecta entre los terminales de una línea de potencia para evitar que al equipo entren picos de la red.

AMPLIFICADORES OPERACIONALES

Y OTROS DISPOSITIVOS ESPECIALES

Capítulo 14
EL AMPLIFICADOR DIFERENCIAL

Introducción

En electrónica, el término *discreto* se emplea para denotar elementos distintos y circuitos a base de componentes individuales como transistores, diodos, resistencias, etc. En general, un circuito discreto es aquel cuyos componentes han sido soldados o conectados entre sí de alguna u otra forma. Por mucho tiempo estos circuitos fueron de gran utilidad. Sin embargo, en la década de los sesenta fueron reemplazados en gran medida por los circuitos integrados (CI), los cuales superaron la necesidad de la conexión mecánica de los elementos discretos. Un circuito integrado es un dispositivo que cuenta con sus propios transistores y resistencias. Estos componentes no son discretos, sino que están integrados; es decir, se producen y conectan durante el proceso de fabricación, lo que ha posibilitado el cada vez más sorprendente proceso de miniaturización.

Tipos de circuitos integrados

Actualmente, una gran cantidad de circuitos se producen como circuitos integrados, los cuales son de varios tipos:

monolíticos, de película delgada y de película gruesa e híbridos.

El CI monolítico es el tipo más común de circuito integrado. Los modelos comerciales disponibles se pueden utilizar como amplificadores, reguladores de tensión, conmutadores, receptores de AM, circuitos de televisión y circuitos para ordenadores. La desventaja que presentan es que son de limitada potencia, normalmente menor de 1W.

Para potencias más altas se encuentran disponibles los CI de película delgada y película gruesa. Son más grandes que los monolíticos, y los componentes pasivos como resistencias y condensadores están integrados, pero los transistores y diodos se conectan como componentes discretos para formar un circuito completo. Por eso estos componentes de película delgada y película gruesa son una combinación de componentes integrados y discretos.

En aplicaciones de alta potencia se utilizan los CI híbridos. Estos combinan dos o más CI monolíticos en un sólo circuito, o combinan CI monolíticos con circuitos de película delgada y película gruesa. Son ampliamente utilizados en aplicaciones que van de los 5W a más de 50W.

Escalas de integración

Dependiendo del número de elementos en un mismo CI, se tienen diferentes escalas de integración. En la escala de integración baja (Small Scale Integration, SSI), se tienen menos de 12 componentes integrados en un mismo circuito. La mayoría de los chips SSI utilizan resistencias, diodos y transistores bipolares integrados.

La escala de integración media (Middle Scale Integration, MSI) se refiere a los CI que tienen de 12 a 100 componentes integrados por chip. La mayoría de estos CI de MSI utilizan componentes bipolares o transistores MOSFET. La integración de gran escala (Large Scale Integration, LSI), hace referencia a los CI con más de 100 componentes. La mayoría de los chips LSI son de tipo MOS.

El Amplificador Diferencial

En un chip, los transistores, diodos y resistencias son los componentes prácticos que se pueden producir. Los condensadores que se fabrican en un chip son de muy baja capacidad, generalmente menor de 50pF. Es decir, los CI no utilizan condensadores de acople y desacople. En cambio, las etapas de CI monolíticos se acoplan directamente, es decir, sin condensador. Una de las mejores etapas de acoplamiento directo es el amplificador diferencial. Este es ampliamente utilizado como etapa de entrada de un amplificador operacional. Por tal motivo, al estudiar el amplificador diferencial y sus propiedades, se estarán estudiando las características de entrada del amplificador operacional común.

En términos generales, un amplificador es un circuito electrónico que contiene dispositivos BJT y FET, normalmente empaquetados en CI, que proporciona ganancia de voltaje o corriente. También puede proporcionar ganancia de potencia, o permitir transformación de impedancias.

Los amplificadores pueden clasificarse de muchas maneras. Hay amplificadores de bajas frecuencias, amplificadores de audio, amplificadores ultrasónicos, amplificadores de radiofrecuencia (RF), amplificadores de banda ancha, amplificadores de video, cada tipo operando en un rango de frecuencias prescrito.

Forma general

La figura 14.1 muestra el diagrama a base de componentes discretos de un amplificador diferencial. Tiene dos entradas, V_{i1} y V_{i2}. Como no hay condensadores de acople se pueden utilizar señales de cualquier frecuencia, incluyendo la señal de CC o de frecuencia cero. La señal de salida es la tensión que se mide entre los colectores de los transistores. El circuito es simétrico con transistores y resistencias de colector idénticos, razón por la cual, si se aplican señales iguales de entrada, la salida será cero. Cuando V_{i1} es mayor que V_{i2} aparece una tensión de salida con la polaridad mostrada. Cuando V_{i1} es menor que V_{i2} la tensión de salida tiene polaridad contraría.

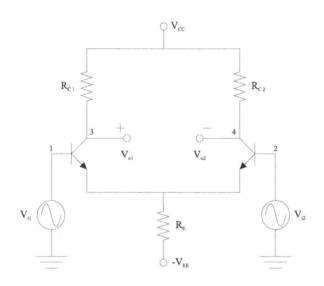

Figura 14-8. Amplificador diferencial.

En la figura 14.2 se muestra el símbolo comúnmente utilizado representar el amplificador diferencial.

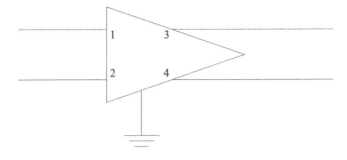

Figura 14-9. Diagrama de bloques de un amplificador diferencial.

Se observan las dos entradas separadas (1 y 2) y dos salidas separadas (3 y 4). Note que en la figura 14.2 se muestra separadamente una conexión a tierra, puesto que tanto las terminales de entrada como de salida pueden ser diferentes de tierra. Los voltajes pueden aplicarse a ambos terminales de entrada y los voltajes de salida aparecen en ambos terminales. Sin embargo, hay polaridades especificas tanto para terminales de entrada como de salida.

Amplificador diferencial con entrada en un sólo terminal

Considere la operación del amplificador diferencial con una sola señal de entrada aplicada al terminal 1, con el terminal 2 conectado a tierra (0V).

En la figura 14.3 (a) y (b), puede verse el diagrama circuital y de bloques para el caso de tener una señal de entrada V_{i1} en el terminal 1 y la salida V_{o1} en el terminal 3.

Se observa una entrada senoidal y una salida amplificada invertida. El diagrama circuital muestra la entrada senoidal aplicada a la base de un transistor y la salida amplificada e invertida en el terminal de colector.

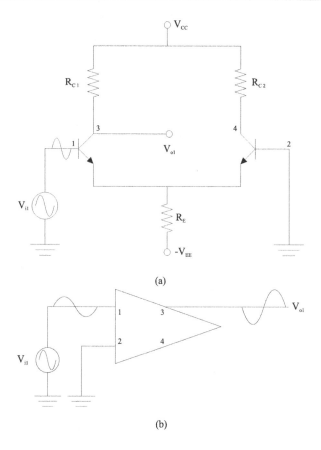

Figura 14-10. Diagrama (a) Circuital y (b) de bloques con una sola entrada del amplificador diferencial.

El hecho de no considerar la salida 4 no quiere decir que en dicha salida no haya señal. Por el contrario, en el circuito de la figura 14.4 puede verse la operación del amplificador diferencial con la salida V_{o2} habilitada en el terminal 4. Esta señal sigue siendo debida a la entrada V_{i1} en el terminal 1, y la señal de salida V_{o2}, en el terminal 4, es una señal en fase con la señal V_{i1} y amplificada con respecto a ésta.

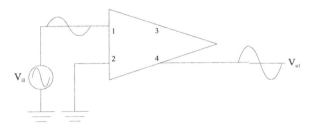

Figura 14-11. Señal de salida V_{o1} debida a la señal de entrada V_{i1} en un amplificador diferencial.

Debido a que la resistencia del emisor está conectada en común con ambos emisores, un voltaje debido a V_{i1} aparece en el punto del emisor común (figura 14.5). Este voltaje senoidal medido con respecto a tierra es aproximadamente la mitad en magnitud y está en fase con V_{i1}, debido a que resulta de la acción de un seguidor de emisor de este circuito.

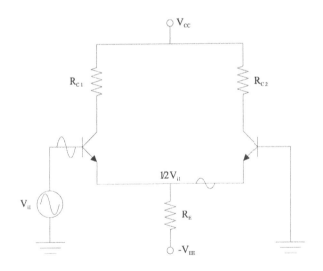

Figura 14-12. Voltaje en la resistencia de emisor.

En conclusión, la entrada en el terminal 1 produce señales de salida en ambos terminales 3 y 4. Además, estas salidas tienen polaridades contrarias y son de aproximadamente la misma magnitud. Finalmente, la salida en el terminal 4 tiene la misma polaridad que la entrada del terminal 1, mientras que la salida en el terminal 3 tiene polaridad opuesta a la entrada del terminal 1 (figura 14.6 (a)).

Como consecuencia de todo lo detallado anteriormente, una señal aplicada en el terminal 2 (con el terminal 1 a tierra), se traducirá en voltajes de salida como los que se muestran en la figura 14.6 (b).

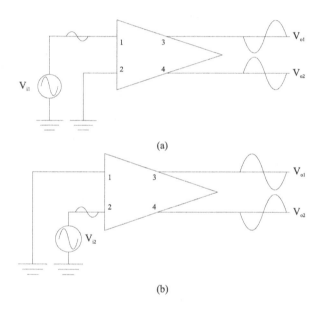

(a)

(b)

Figura 14-13. Entrada simple, salidas de polaridad opuesta.

Operación con entrada diferencial (doble entrada)

La operación del amplificador diferencial no se limita a tener conectado un canal a una señal y el otro a tierra. Más bien, es posible aplicar señales a cada uno de los terminales de entrada, con salidas de polaridad opuesta que aparecen en los terminales de salida. El uso normal de modo diferencial con doble entrada es cuando las dos señales tienen polaridades opuestas y poseen la misma magnitud. (Figura 14.7).

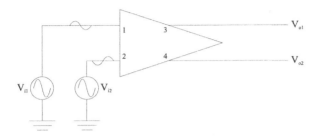

Figura 14-14. Operación con señal de entrada diferencial.

Para realizar el estudio de este circuito aplicamos el principio superposición y vemos las señales de salida debidas a cada señal de entrada por separado. Las figuras 1.8 (a) y (b) muestran este hecho y la figura 14.8 (c) presenta la señal de salida en cada terminal, con las dos señales de entrada habilitadas. Obsérvese como la señal de salida en cada terminal de la figura 14.8 (c), es el doble de la señal de salida en cada terminal de la figura 14.8 (a) y (b).

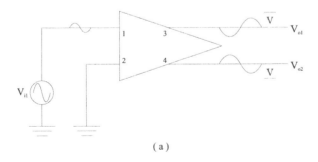

(a)

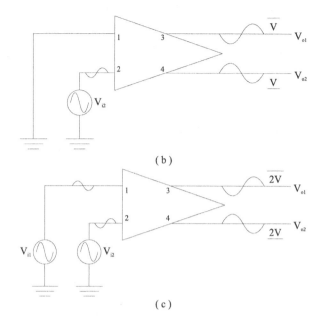

Figura 14-15. Operación diferencial del amplificador a) $V_{i2}=0$, b) $V_{i1}=0$, c) Ambas entradas están presentes.

La entrada aplicada en el terminal 1 resulta en una salida amplificada de polaridad opuesta en el terminal 3 y una salida amplificada de la misma polaridad en el terminal 4. Suponiendo que las entradas son de la misma magnitud y que las magnitudes de la salida son aproximadamente iguales, cada salida tendrá un valor pico de V.

La entrada aplicada al terminal 2 resulta en una salida amplificada de polaridad opuesta en el terminal 4 y una salida amplificada con igual polaridad en el terminal 3. Las magnitudes de las salidas serán V, puesto que las magnitudes de entrada se supuso que eran aproximadamente iguales. Se nota que las salidas correspondientes en los circuitos de las figuras 1.8 (a) y (b) tienen la misma polaridad. Por superposición, estas señales se pueden sumar, obteniendo la operación total del circuito que se muestra en la figura

14.8 (c). La salida de cada uno de los terminales es el doble que la que resulta de la operación de una sola entrada, debido a que las señales de entrada tienen polaridad opuesta.

Si las entradas aplicadas tuvieran la misma polaridad (o si la misma entrada se aplicara a ambos terminales), las señales resultantes debidas a cada entrada, actuando sola, estarían con polaridad opuesta en cada una de las salidas, y la salida resultante seria idealmente cero voltios (0V), como se muestra en la figura 14.9.

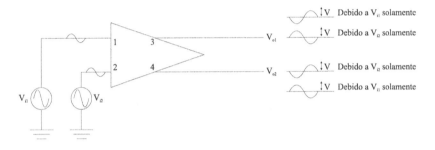

Figura 14-16. Operación con señales de entrada en fase.

Consideremos la conexión de dos amplificadores diferenciales como se muestra en la figura 14.10. De lo dicho anteriormente, si los amplificadores tuvieran las mismas ganancias, con una sola entrada, las salidas de la etapa 1 serían mayores que la entrada en una cantidad igual a la ganancia del amplificador, mientras que las salidas de la etapa 2 serían más grandes que las entradas a la etapa 2, en un factor igual a la ganancia. La señal inicial de una antena de radio, de una cabeza grabadora de un tocadiscos, etc. Es de un sólo terminal y se utilizará así en este caso. La segunda etapa amplificadora diferencial, sin embargo, podría operarse con dos entradas para obtener el doble de la ganancia de la etapa.

Cualquier salida de la etapa 2 (o ambas) podría entonces utilizarse como señal amplificada para la sección siguiente del sistema. Aunque la operación diferencial requiere señales aproximadamente iguales y de polaridad contraria, éstas normalmente se encuentran disponibles, especialmente después de la ganancia de una etapa de una sola entrada.

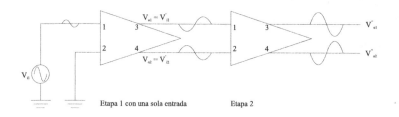

Figura 14-17. Operación simple y doble de las etapas del amplificador diferencial.

REPASO

Conceptos

Defina o discuta lo siguiente:

- Componente discreto.
- Componente integrado.
  - o Circuito integrado monolítico.
  - o CI de película delgada y película gruesa.
  - o CI híbridos.
- Escalas de integración alta, media, baja.
- Amplificador diferencial.
- Amplificador diferencial operando con una sola entrada.
- Amplificador diferencial operando con doble entrada.

EJERCICIOS

14.1. Analice el circuito de la figura 14.11 y determine las formas de onda en las salidas del amplificador diferencial.

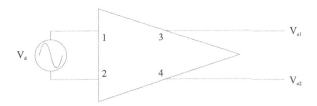

Figura 14-18. Circuito del ejercicio 14.1.

14.2. Analice el circuito de la Figura 14.12 y determine las formas de onda en las salidas del amplificador diferencial.

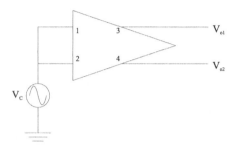

Figura 14-19. Circuitos del ejercicio 14.2.

14.3. Analice el circuito de la figura 14.13 dada la señal de entrada indicada, y determine las señales en los colectores y en el emisor común.

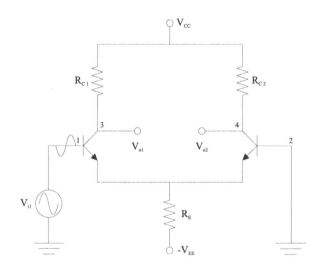

Figura 14-20. Circuito del ejercicio 14.3.

368

14.4. Determine las formas de onda que aparecen en los terminales 3 y 4 del amplificador diferencial mostrado en la figura 14.14.

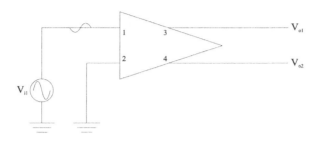

Figura 14-21. Circuito del ejercicio 14.4.

14.5. Dado el circuito que se muestra en la figura 14.16, determine las formas de onda en las salidas de los amplificadores diferenciales en las diferentes etapas.

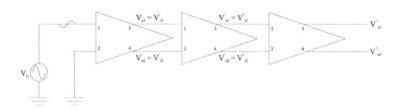

Figura 14-22. Circuito del ejercicio 14.5.

Capítulo 15
EL AMPLIFICADOR OPERACIONAL

Constitución del Amplificador operacional

Un amplificador operacional es un circuito en paquete CI que se obtiene al utilizar múltiples amplificadores diferenciales.

El amplificador diferencial visto en el capítulo anterior es, entonces, un circuito básico utilizado en la construcción práctica de unidades amplificador operacional. Entre las características básicas de este circuito, se cuentan la alta ganancia de voltaje, alta resistencia de entrada y baja resistencia de salida. En la figura 15.1 puede verse un circuito integrado 347 que contiene cuatro unidades amplificador operacional.

En la actualidad, el Amp. Op. 741 se ha convertido en un estándar industrial. En 1965, la compañía Fairchild Semiconductor introdujo en el mercado el μA709, el primer amplificador operacional ampliamente usado.

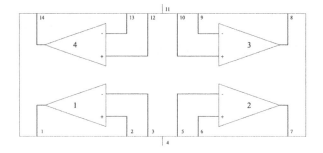

Figura 15-17. Circuito integrado 347.

En sus inicios contó con gran éxito, pero tenía muchas desventajas, lo que motivó la aparición del µA741, el cual, por su fácil uso y bajo costo ha contado con gran aceptación. Varias versiones se encuentran ahora en el mercado: El MC1741 de Motorola, el LM741 de National Semiconductor y el SN72741 de Texas Instruments, todos equivalentes al µA741, ya que muestran las mismas especificaciones. Genéricamente, todos estos amplificadores se conocen como el 741.

Conviene decir que el 741 tiene diferentes versiones numeradas: 741, 741A, 741C, 741E, 741N, y otros. La diferencia entre ellos radica en su tensión, intervalo de temperatura, nivel de ruido y otras características. El 741C, (la C indica Comercial) es el más barato y el más utilizado. Tiene una impedancia de entrada de 2MΩ, una ganancia de tensión de 100000 y una impedancia de salida de 75Ω.

Algunos usos en esta época para los Amp. Op. lineal están en los campos de control de procesos, comunicaciones, generadores de señales y potencia, exhibidores y sistemas de prueba y medición.

La experiencia con un Amp. Op. lineal debe concentrase en sus propiedades fundamentales más importantes. De acuerdo con esto, los objetivos de este capítulo serán identificar cada terminal del Amp. Op. y aprender su propósito, algunas de sus limitaciones eléctricas y cómo aplicarlo con utilidad.

Los amplificadores operacionales tienen cinco terminales básicas: dos para el suministro de potencia, dos para las señales de entrada, y una para la salida. Internamente son complejos, sin embargo, no es necesario conocer nada sobre la operación interna del Amp. Op. para utilizarlo.

En la figura 15.2 se muestran cuatro paquetes comunes. Como se ven desde arriba, las terminales se cuentan en una dirección contraria a la de las manecillas del reloj La terminal 1 se identifica por una muesca en el DIP de la figura 15.2 (c) y (d) y por un punto en el paquete plano de la figura 15.2 (b), la terminal 8 se identifica con una lengüeta de metal en el paquete de hoja de lata de la figura 15.2 (a).

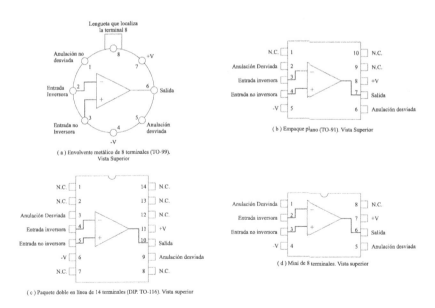

Figura 15-18. Diagrama de conexiones para paquetes Amp. Op. típicos. La abreviatura N.C. significa "No conexión", es decir, no hay conexión interna en el Amp. Op.

Terminales del Amplificador Operacional

El circuito esquemático para el Amp. Op. es una cabeza de flecha, como se muestra en la figura 15.3. La cabeza de flecha simboliza amplificación y apunta de la entrada a la salida.

Terminales del suministro de potencia

Los terminales del Amp. Op. etiquetados como +V y -V identifican los pines a los que debe conectarse el suministro de potencia.

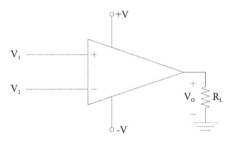

Figura 15-19. Terminales del suministro de potencia de un Amp. Op.

El suministro de potencia en la figura 15.3 se llama bipolar, dividido o dual y tiene valores típicos de ±15V, ±12V y ±6V. Algunos Amp. Op. de propósito especial pueden requerir suministros no simétricos, tales como +12V y -6V, o incluso un suministro de polaridad única tal como +30V y tierra. El máximo voltaje de suministro que puede aplicarse entre +V y -V, típicamente, es de 36V o ±18V.

Terminal de salida

El voltaje de salida, V_o, se mide con respecto a tierra. Este terminal de salida se llama "salida de extremo único", ya que es el único presente. El límite para la corriente que puede tomarse de la salida de un Amp. Op. es de 5 a 10mA. El límite para el voltaje de salida lo fija el voltaje de suministro y los transistores de salida del circuito interno del amplificador operacional. Estos transistores necesitan un voltaje de 1 a 2V de colector a emisor para asegurar que trabajan como amplificadores y no como interruptores. Por tanto, la salida en la terminal caerá 2V de +V y 2V de -V. El límite superior de V_0 se denomina "voltaje positivo de saturación", $+V_{sat}$, y el límite inferior se llama "voltaje negativo de saturación", $-V_{sat}$. Por ejemplo, con un suministro de ±15V, $+V_{sat} = +13V$ y $-V_{sat} = -13V$. Por tanto, V_0 está restringido a una variación de pico a pico de ±13V. Ambos límites de corriente y voltaje colocan un límite a la resistencia de carga, R_L, de 2KΩ.

Algunos amplificadores operacionales, tales como el LM741, tienen circuitería interna que de manera automática limita la corriente en la terminal de salida. Aún en el caso de un cortocircuito para R_L, la corriente de salida está limitada a cerca de 25mA. Esta característica evita la destrucción del amplificador operacional en caso de un cortocircuito.

EJEMPLO 15.1.

Dado el circuito de la figura 15.4, analice las condiciones a la salida del amplificador.

SOLUCIÓN

La corriente de salida máxima, incluyendo el cortocircuito, es 25mA. Polarizamos con ±13V, por tanto, la salida máxima sin recortar la onda será de ±11V. Como a la salida tendremos resistencia de carga y LED, asumimos una corriente de excitación de salida de 15mA. Con este valor y el de voltaje, calculamos la resistencia de carga R_L.

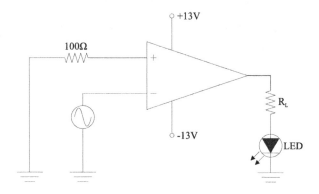

Figura 15-20. Circuito del ejemplo 15.1.

$$R_L = \frac{11V}{15mA} = \frac{11V}{15(10^{-3})A} = 750\Omega$$

La potencia que debe disipar esta resistencia viene dada por:

$$P = I^2 R_L = (15mA)^2(750\Omega)$$

Es decir:

$$P = 0.1125W$$

Es decir que podemos escoger una resistencia de 750Ω y ¼W.

Terminales de entrada

En la figura 15.3 hay dos terminales de entrada, mareados con – y +. Se llaman terminales de entrada diferencial, ya que el voltaje de salida, V_o, depende de la diferencia de voltaje entre ellos, V_d, y de la ganancia del Amplificador, G.

La polaridad de la señal de salida es la misma que la polaridad de la señal de entrada, si ésta se aplica en el terminal marcado con (+). La polaridad de la señal de salida es opuesta o invertida respecto a la polaridad de la señal de entrada, si ésta se aplica en el terminal marcado con (-). Por estas razones, la entrada (-) se denomina entrada inversora, y la entrada (+) se denomina entrada no inversora.

Se hace énfasis en que la polaridad de V_0 depende sólo de la diferencia en voltaje entre las entradas inversora y no inversora. Esta diferencia de voltaje puede encontrarse como:

$$V_d = V_1 - V_2 \qquad (15.1)$$

Ambos voltajes de entrada se miden con respecto a tierra.

Una característica importante de los terminales de entrada es la alta impedancia entre ellos y, también entre cada terminal de entrada y tierra.

Ganancia de voltaje en circuito abierto

Si el voltaje diferencial de entrada, V_d, es bastante pequeño, el voltaje de salida V_o quedará determinado por el mismo V_d, y por la ganancia de voltaje en circuito abierto, G. G se denomina "ganancia de voltaje en circuito abierto" porque las posibles conexiones de retroalimentación de la terminal de salida a los terminales de entrada se han dejado abiertas. (Figura 15.5).

En consecuencia, V_0 puede expresarse en forma ideal por la relación:

$$V_o = GV_d \tag{15.2}$$

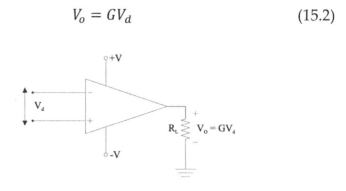

Figura 15-21. Diagrama esquemático para ganancia de voltaje en circuito abierto.

Voltaje diferencial de entrada, *Vd*

Como se insinuó al principio de este capítulo, el valor de G es en extremo grande, con frecuencia 100000, 200000 o más, dependiendo de la referencia del dispositivo. Recuérdese que V_o nunca puede exceder los voltajes de saturación positivo o negativo, $+V_{sat}$ y $-V_{sat}$. Para un suministro de potencia de ±15V, los voltajes de saturación serían de alrededor de ±13V.

EJEMPLO 15.2
Un amplificador operacional tiene un suministro de potencia de ±15V. Determine el máximo voltaje que se puede obtener a la salida sin recortar la señal y el voltaje de entrada en cada terminal para conseguirlo. La ganancia diferencial es de 200000.

SOLUCIÓN
De la ecuación (15.2) tenemos que el voltaje de entrada está dado:

$$V_d = \frac{V_o}{G}$$

Como el voltaje de polarización es de ±15V el voltaje de saturación será ±13V. La ganancia vemos que es de 200000, por lo que reemplazando en la ecuación anterior tenemos:

$$V_{dmáx} = \frac{+V_{sat}}{G} = \frac{13V}{200000} = 65\mu V$$

Y análogamente:

$$-V_{dmáx} = \frac{-V_{sat}}{G} = \frac{-13V}{200000} = -65\mu V$$

Es decir que con un voltaje de ±65μV se obtiene la salida de ±13V.

En el laboratorio es difícil medir este voltaje (65μV), debido a que el ruido en las señales puede llegar a 1000μV. Además, es difícil medir ganancias muy altas. También el desbalanceo del voltaje V_d introduce errores.

Definición de términos para los Amplificadores Operacionales

- GANANCIA DE VOLTAJE DIFERENCIAL – GANANCIA DE VOLTAJE PARA GRANDES SEÑALES.

Es la razón de cambio en el voltaje de salida en cualquier terminal de salida con respecto a tierra, a la diferencia en los voltajes de entrada. Un valor de 106dB con alguna frecuencia es especificado por los fabricantes como la ganancia de un terminal de entrada a cualquier terminal de salida. El fabricante especifica la ganancia en unidades de decibelios (dB). La relación entre los decibelios y la ganancia como una razón numérica del voltaje de salida (V_o) al voltaje de entrada (V_i) es:

$$G_{dB} = 20 \, log|G| = 20 \, log \left|\frac{V_o}{V_i}\right| \tag{15.3}$$

EJEMPLO 15.3

Un amplificador operacional presenta una salida de 1V cuando se aplica en uno de sus terminales de entrada una señal de 1mV. Calcular la ganancia en dB.

SOLUCIÓN

La ganancia está dada por:

$$G = \frac{V_o}{V_i}$$

Con $V_o = 1V$ y $V_i = 1mV$, reemplazamos y obtenemos:

$$G = \frac{1V}{10^{-3}V} = 1000$$

Y reemplazando este valor en la ecuación (15.1)

$$G_{dB} = 20 \, log|1000| = 20(3) = 60dB$$

EJEMPLO 15.4

Calcular el valor de la ganancia adimensional de voltaje correspondiente a una ganancia de 106dB.

SOLUCIÓN

Si utilizamos la fórmula dada en la ecuación (15.3), con $G_{dB} = 106dB$:

$$106 = 20\log|G|$$

$$5.3 = \log|G|$$

$$|G| = \text{antilog}(5.3) = (2)(10^5) = 200000$$

- **RESISTENCIA DE ENTRADA DE UN SOLO TERMINAL (R_{in})**

Es la razón de cambio en el voltaje de entrada al cambio de la corriente de entrada medido en cualquier terminal de entrada respecto a tierra. Un valor especificado de $10^{12}\Omega$ indica un valor alto, lo que es importante a la hora de conectar una fuente; ya que, si la resistencia de entrada no es más grande que la resistencia de la fuente, la carga causará que el voltaje de entrada sea menor que el de la señal sin carga, obteniéndose un menor voltaje de salida.

Los amplificadores operacionales bipolares típicamente proporcionan resistencias de entrada de alrededor de $1M\Omega$, mientras que los amplificadores operacionales biFET están especificados a $10^{12}\Omega$ y los biMOS típicamente tienen $10^{15}\Omega$.

- **RESISTENCIA DE SALIDA (R_o)**

Es la razón de cambio en el voltaje de salida al cambio en la corriente de salida medido en el terminal de salida con respecto a tierra. La resistencia de salida, típicamente de 100Ω, depende de la etapa de salida utilizada para excitar la señal a la carga.

- VOLTAJE BALANCEADO (V_{os})

Es la diferencia en los voltajes CC que se deben aplicar a los terminales de entrada, para obtener voltajes de operación en reposo iguales (voltaje de salida cero), en el terminal de salida. También puede definirse como el voltaje CC diferencial requerido entre las entradas de un amplificador operacional para forzar la salida a 0V. Idealmente, el valor de V_{os} (voltaje de offset) debería ser 0V y en la práctica el valor de V_{os} es apenas de unos pocos milivoltios. Cuando el Amp. Op. es utilizado principalmente para operación en grandes señales, un pequeño voltaje balanceado es aceptable. Cuando se utiliza en aplicaciones en donde una pequeña salida de voltaje representa alguna cantidad medida como en un convertidor, medidor o un dispositivo de medida, cualquier voltaje no cero puede resultar en un error sustancial. En tal aplicación circuital, se debe utilizar un Amp. Op. con un voltaje balanceado muy pequeño; o uno que tenga terminales de entrada que permitan ajustar el voltaje balanceado. Más adelante se verá en detalle cómo balancear el voltaje de entrada.

- CORRIENTE DE POLARIZACION DE ENTRADA

Para que el circuito dentro del CI opere adecuadamente, se debe proporcionar suficiente corriente de polarización CC, como se especifica por la información del fabricante. Para entradas BJT, la corriente requerida es típicamente microamperios; para etapas de entrada JFET, la corriente requerida es de unos pocos picoamperios.

- CORRIENTE DE ENTRADA BALANCEADA (I_{os})

Es la diferencia en las corrientes en los dos terminales de entrada. La pequeña diferencia en las corrientes de polarización en las entradas es amplificada por la ganancia del amplificador para proporcionar un voltaje balanceado de salida. La corriente balanceada para los circuitos de entrada BJT es del orden de nanoamperios, mientras que para etapas con entrada JFET el valor es típicamente de picoamperios.

- VOLTAJE DE OPERACION EN REPOSO

Es el voltaje CC en el terminal de salida con respecto a tierra.

- DÍSIPACION CC DEL DISPOSITIVO

Es la potencia total drenada del dispositivo sin señal aplicada y sin corriente extrema de carga.

- GANANCIA DE VOLTAJE DE MODO COMÚN

Es la razón de voltaje de señal desarrollado en el terminal de salida al voltaje de señal aplicado a los terminales de entrada conectados en paralelo.

- VOLTAJE MAXIMO DE SALIDA, $V_{o\,(p-p)}$

Es el máximo voltaje de salida pico a pico medido con respecto a tierra que puede lograrse sin recortar la forma de una señal.

- TASA DE CAMBIO DE VOLTAJE (SR-Slew Rate)

Es un parámetro del dispositivo que indica que tan rápido cambia el voltaje de salida con respecto al tiempo. Un valor típico es de 13V/µs.

Otras características de los Amplificadores Operacionales

Como ya se había planteado en el apartado 2.2, el símbolo eléctrico de un amplificador es una cabeza de flecha. (Figura 15.6)

En la figura 15.6, G representa la ganancia. La entrada no inversora es V_1 y la entrada inversora es V_2.

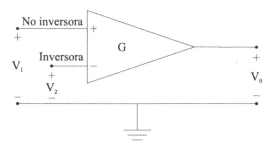

Figura 15-22. Símbolo eléctrico del amplificador operacional.

Las tensiones V_1, V_2 y V_o se miden siempre con respecto a tierra, como se muestra en la figura 15.6; y el voltaje de entrada es el voltaje diferencial, dado por la ecuación (15.1), es decir, $V_{in} = V_d$.

La mayoría de las veces no es necesario dibujar el símbolo de masa como se hizo en la figura 15.6, sino que se trabaja con el símbolo que se ve en la figura 15.7.

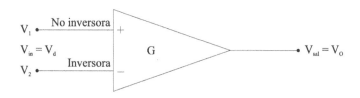

Figura 15-23. Símbolo simplificado del amplificador operacional.

La entrada no inversora tiene un signo positivo, pues la inversión de fase no sucede en esta entrada. Así mismo, la entrada inversora tiene un signo negativo, debido a la inversión de fase que se da en este terminal.

La tensión de salida está dada por la fórmula en la ecuación (15.2), y de esta misma se obtiene:

$$V_d = \frac{V_o}{G}$$
(15.4)

Esta ecuación es muy útil debido a que algunas veces es sumamente fácil medir la tensión de salida, lo que no sucede con la tensión de entrada. En este caso, se mide V_o para calcular V_d.

En general, los datos más importantes que debe recordar el usuario de un amplificador son la impedancia de entrada, la ganancia de tensión y la impedancia de salida. La figura 15.8 muestra el circuito equivalente de un amplificador operacional.

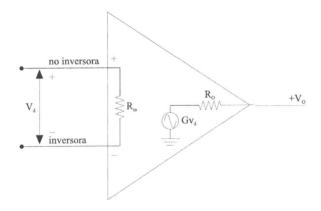

Figura 15 24. Circuito equivalente de un amplificador operacional.

EJEMPLO 15.5

Un 741 C tiene una tensión de entrada de $1\mu V$. Determinar la tensión de salida.

SOLUCIÓN

Multiplicamos la tensión de entrada por la ganancia de tensión. Habíamos dicho (Ver sección 15.1) que un 741C tiene una ganancia de 100000. La tensión de salida es:

$$V_o = 100000(1\mu V) = 0.1V$$

Esta respuesta supone que no hay resistencia de carga conectada al amplificador operacional.

Si la hubiera; parte de la tensión caería sobre la impedancia de salida del amplificador.

EJEMPLO 15.6

Un 741C tiene una tensión de salida de 5V. Determinar la tensión de entrada si la ganancia de tensión es de 100000.

SOLUCIÓN

Dividimos la tensión de salida entre la ganancia de tensión.

$$V_d = \frac{5V}{100000} = 50\mu V$$

Tensión Offset

Cuando las dos terminales de entrada de un amplificador operacional se conectan a tierra, aparece en la salida un pequeño voltaje (puede llegar a 2V en algunas referencias), el cual puede traducirse en errores apreciables cuando las aplicaciones requieren un manejo de señales de pequeño valor. (Figura 15.9)

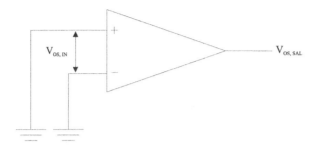

Figura 15-25. Tensión de offset de salida.

Esta tensión de salida, llamada tensión de offset de salida se debe a que los transistores de entrada tienen diferentes valores de V_{BE}. Por ejemplo, en las hojas de características del 741C, típico, se indica una tensión de offset de entrada de ±2mV. Esta diferencia de 2mV es una señal indeseable, porque se amplifica y produce una tensión de offset en la salida.

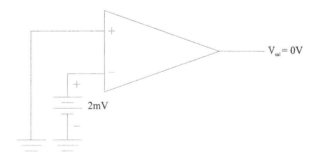

Figura 15-26. Compensación de la tensión de offset de salida.

Una forma de eliminar esta tensión es aplicando una tensión de 2mV en la entrada inversora, como se muestra en la figura 15.10. Así, la tensión de offset de salida se verá reducida a cero. Ahora bien, como la tensión de offset puede tener cualquier polaridad, en ocasiones podrá ser necesario cambiar la polaridad de los 2mV.

EJEMPLO 15.7

Un amplificador operacional 741C tiene una tensión de offset de entrada de 2mV. Determinar la tensión de offset de salida, sin retroalimentación.

SOLUCIÓN

La tensión de offset de entrada es:

$$V_{os, \ in} = 2mV$$

La tensión de offset de salida se puede calcular como:

$$V_{os, \ sal} = GV_{os, \ in}$$

Para un 741C se había dicho que la ganancia G es de 100000. Luego:

$$V_{os, \ sal} = 100000(2)(10^{-3}) = 200V$$

Este es un valor elevado y se presenta cuando la señal se mide sin resistencia de retroalimentación, es decir, en lazo abierto. Cuando hay resistencia de retroalimentación el valor de la tensión de offset de salida es mucho menor, como veremos.

Ventajas de la retroalimentación en la compensación del offset

La retroalimentación consiste en aplicar (retroalimentar), parte de la tensión de salida a la entrada del amplificador operacional.

Se llama retroalimentación negativa cuando la señal retroalimentada se aplica a la entrada inversora del Amp. Op., y retroalimentación positiva cuando la señal retroalimentada se aplica a la entrada no inversora del Amp. Op.. Esta retroalimentación tiene un efecto de mejora en casi todo: estabiliza la ganancia de tensión, incrementa la impedancia de entrada, disminuye la impedancia de salida, reduce la distorsión y la tensión de offset de salida.

La figura 15.11 muestra un amplificador retroalimentado, con una tensión de offset de salida en serie con la fuente original V_{in}. La tensión de offset de salida real es mucho menor para este circuito, debido a la retroalimentación negativa.

El motivo es que una parte de la tensión de offset de salida retroalimenta a la entrada inversora, lo que genera un efecto equivalente al de colocar una fuente de tensión de compensación en el mismo terminal.

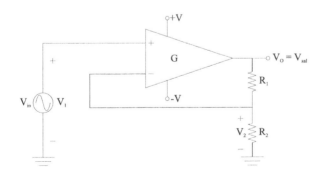

Figura 15-27. Amplificador Operacional con retroalimentación negativa.

De ser necesario se puede disminuir la tensión de offset de salida en lazo cerrado mediante tres procedimientos:

El primero consiste en reducir la ganancia de tensión en lazo cerrado a 100, lo que se logra variando las resistencias de retroalimentación.

La segunda opción es cambiar el amplificador operacional por otro mejor. Algunos, como el LM11C, tienen una tensión de offset de entrada de 0.1mV, por lo que la tensión de offset de salida también será menor.

La tercera alternativa se describe en las hojas de características de un Amp. Op. 741C. Consiste en conectar un potenciómetro de 10KΩ entre sus terminales 1 y 5, con el cursor conectado a la fuente de alimentación negativa, como puede verse en la figura 15.12. Ajustando el potenciómetro, se puede anular la tensión de offset.

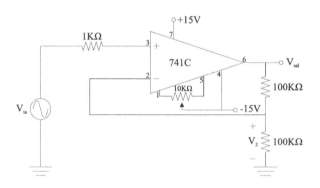

Figura 15-28. Circuito para compensación de la tensión de offset de salida.

Retroalimentación negativa

La figura 15.12 muestra un Amp. Op. con conexiones de resistencias externas. Se observa que la tensión de salida se muestra mediante un divisor de tensión. En consecuencia, una tensión se retroalimenta a la entrada inversora del amplificador operacional. El valor de esta tensión puede calcularse como:

$$V_2 = \frac{V_o}{R_1 + R_2} R_2 \qquad (15.5)$$

Los valores de R_1 y R_2 determinan el voltaje en la entrada inversora, el cual puede variar entre 0 y V_o. En este tipo de amplificador con retroalimentación negativa, la tensión de entrada se aplica al terminal no inversor del amplificador operacional, Así:

$$V_i = V_{in}$$

Recuérdese, además, que habíamos definido el voltaje diferencial como:

$$V_d = V_1 - V_2$$

El amplificador operacional amplifica esta tensión, como se señaló anteriormente, obteniéndose así que:

$$V_o = G V_d$$

EJEMPLO 15.8

En el circuito de la figura 15.13 el voltaje V_1 es de 2mV y el voltaje V_2 es de 1mV. Calcular el voltaje diferencial y el voltaje de salida.

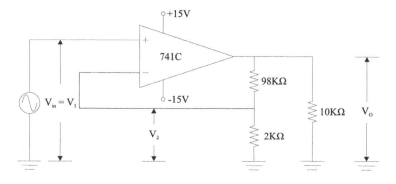

Figura 15-29. Circuito del ejemplo 15.8.

SOLUCIÓN

El voltaje diferencial está dado por:

$$V_d = V_1 - V_2 = 2mV - 1mV = 1mV$$

De la ecuación (15.5) se desprende que:

$$V_o = \frac{R_1 + R_2}{R_2} V_2$$

Reemplazando con $R_1 = 98K\Omega$ y $R_2 = 2K\Omega$.

La ganancia será:

$$G = \frac{V_o}{V_d} = \frac{50mV}{1mV} = 50$$

Ganancia ideal de tensión

En la expresión (2.5), a veces se llama B a la fracción dada por $\frac{V_2}{V_o}$, quedando la expresión reducida a:

$$V_2 = BV_o \qquad (15.6)$$

Donde:

$$B = \frac{R_2}{R_1 + R_2} \qquad (15.7)$$

Como ya se ha visto:

$$V_d = V_1 - V_2$$

Esta tensión diferencial se amplifica obteniéndose a la salida una tensión de aproximadamente.

$$\frac{V_o}{V_{in}} = \frac{G}{1 + GB} \qquad (15.8)$$

Esta fórmula muestra el efecto que la retroalimentación negativa tiene sobre el amplificador. Se puede ver que la ganancia de tensión con retroalimentación negativa es menor que la ganancia diferencial de tensión del amplificador operacional. El cociente B es fundamental en el efecto que tiene la retroalimentación negativa. Cuando B es muy pequeño, la retroalimentación negativa es pequeña y la ganancia de tensión se aproxima a G. Pero cuando es grande, la retroalimentación negativa es grande y la ganancia de tensión es mucho menor que G. El producto GB se llama "ganancia de lazo" porque representa la ganancia de tensión que se tiene al recorrer todo el circuito, desde la entrada a la salida y de regreso a la entrada.

Cuando la ganancia en lazo GB es mucho mayor que 1, la ecuación (15.8) se reduce a:

$$\frac{V_o}{V_{in}} = \frac{1}{B} \tag{15.9}$$

Esta ecuación nos dice que la ganancia de tensión es igual al inverso de B, la fracción de retroalimentación.

Recuerde que para que se cumpla la ecuación (15.9), GB debe ser mucho mayor que 1.

EJEMPLO 15.9

Si el 741C de la figura 15.13 tiene una ganancia diferencial de tensión de 100000 ¿Cuál es la ganancia de tensión del amplificador operacional?

SOLUCIÓN

La fracción B, dada por el divisor de tensión, tiene una retroalimentación de:

$$B = \frac{2K\Omega}{98K\Omega + 2K\Omega} = 0.02$$

La ganancia de lazo es:

$$GB = 100000(0.02) = 2000$$

Como ésta es mucho mayor que 1, se puede emplear 1/B como una aproximación de la ganancia de tensión:

$$\frac{V_o}{V_{in}} = \frac{1}{B} = \frac{1}{0.02} = 50$$

La respuesta exacta se puede calcular como:

$$\frac{V_o}{V_{in}} = \frac{G}{1 + GB} = \frac{100000}{1 + 100000(0.2)}$$

O sea:

$$\frac{V_o}{V_{in}} = 49.975$$

Que es un valor bastante cercano a 50.

Ganancia de tensión en lazo abierto y en lazo cerrado

La ganancia de tensión en lazo abierto, G_{LA}, se define como la razón V_o/V_{in}, con la trayectoria de retroalimentación abierta, como se ve en la figura 15.14. Para evitar que las impedancias de cada terminal se alteren, el terminal de la entrada inversora se lleva a masa a través de una resistencia equivalente de:

$$R_3 = \frac{R_1 R_2}{R_1 + R_2} \tag{15.10}$$

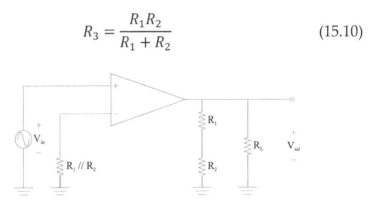

Figura 15-30. Conexión en lazo abierto.

En un 741C, la ganancia de tensión en lazo abierto es generalmente 100000.

La ganancia de tensión en lazo cerrado corresponde al circuito cuando la retroalimentación se cierra, y se denota G_{LC}. Se calcula como:

$$G_{LC} = \frac{G_{LA}}{1 + G_{LA}B} = \frac{V_o}{V_{in}}$$

En la mayoría de los circuitos amplificadores retroalimentados, la ganancia de lazo $G_{LA}B$ es mucho mayor que 1, con lo que la ecuación anterior se reduce a:

$$G_{LC} = \frac{1}{B}$$

Como $B = R_2/(R_1 + R_2)$ una forma alternativa de la expresión es:

$$G_{LC} = \frac{R_1 + R_2}{R_2}$$

Que se puede escribir como:

$$G_{LC} = 1 + \frac{R_1}{R_2}$$

La ganancia de tensión en lazo cerrado es idéntica a V_{sal}/V_{in} estudiada en la sección anterior. Así mismo, la ganancia de tensión en lazo abierto es idéntica a la ganancia diferencial de tensión de G. Es conveniente la comprensión de ambos conceptos, ya que éstos aparecen en las hojas de características y especificaciones técnicas dadas por los fabricantes.

Es importante recordar y tener en cuenta que, sin retro-alimentación negativa, el amplificador operacional se satura inmediatamente, ya que la tensión de offset de entrada multiplicada por la ganancia en lazo abierto lleva la etapa de salida a la saturación. Los amplificadores operacionales monolíticos están constituidos para ser utilizados con alguna clase de retroalimentación. Sin ella, tiene una ganancia de tensión demasiado grande, como para usarlos en cualquier aplicación.

REPASO

Conceptos

Defina o discuta lo siguiente:

- Amplificador operacional.
- Terminales de un Amp. Op. en CI.
- Voltaje de saturación.
- Ganancia de voltaje en lazo abierto.
- Ganancia de voltaje en lazo cerrado.
- Tensión de offset de entrada.
- Tensión de offset de salida.
- Retroalimentación positiva.
- Retroalimentación negativa.
- Compensación de la tensión de offset.

EJERCICIOS

Nota: Donde lo considere necesario, asuma los valores que crea convenientes.

15.1.   A un amplificador operacional se le aplica una señal de entrada de 0.2mV. Si presenta una ganancia diferencial de 100000, calcular la magnitud de la señal de salida.

15.2.   Para el ejercicio anterior, calcular la ganancia en decibelios.

15.3.   En el terminal de salida de un 741C se miden 10V. Calcular la magnitud de la señal de entrada aplicada.

15.4. Un amplificador operacional presenta una ganancia de 100dB. Si se aplica en su terminal inversor un voltaje de 1mV y en su terminal no inversor un voltaje de 2mV, determinar el valor de voltaje a la salida.

15.5. Las dos terminales de entrada de un amplificador operacional se conectan a tierra; y en la salida se mide una tensión de offset de 0.5mV. Determinar la tensión de offset de entrada si la ganancia es de 90dB.

15.6. Un amplificador operacional 741C se alimenta con una fuente dual de ±12V. Determinar el voltaje de saturación y el máximo voltaje que se debe aplicar a los terminales de entrada para conseguir dichos voltajes de saturación.

15.7. A la entrada inversora de un Amp. Op. se le aplica un voltaje de 1mV y a la entrada no inversora se le aplica un voltaje de -1mV. Calcular el voltaje de salida que se obtiene si la ganancia del Amp. Op. es de 100000.

15.8. Las dos entradas (inversora y no inversora) de un Amp. Op. se conectan a tierra a través de dos resistencias de 220KΩ. Si a la salida se mide un voltaje de 0.8V, determinar el voltaje diferencial entre los dos transistores de entrada del Amp. Op.

15.9. Calcular, en decibelios, la ganancia de un amplificador operacional que presenta un voltaje de salida de 5V, cuando se le aplica una entrada de 10mV.

15.10. Dado el circuito que se muestra en la figura 15.14, calcular B. Si la ganancia respecto al voltaje diferencial es de 100000, calcular la ganancia respecto al voltaje de entrada, V_{in}. La salida es de 2V.

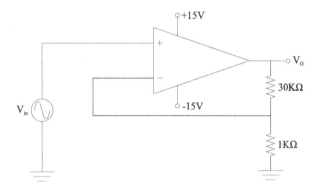

Figura 15-31. Circuito del ejercicio 15.10.

Capítulo 16
APLICACIONES DEL AMPLIFICADOR OPERACIONAL

En este capítulo se verán diferentes circuitos de aplicación utilizando amplificadores operacionales. Estos circuitos deben operarse bajo condiciones normales del Amp. Op., es decir, evitando la saturación de este.

Amplificador no inversor de tensión

Un amplificador no inversor de tensión se muestra en la figura 16.1. Una señal aplicada en su terminal de entrada no inversora aparecerá en la salida amplificada con la misma fase.

El voltaje de salida estará dado por la expresión:

$$V_o = \left(1 + \frac{R_f}{R_1}\right) V_i \qquad (16.1)$$

Donde la expresión $\left(1 + R_f/R_1\right)$ es la ganancia de tensión debida a la retroalimentación negativa.

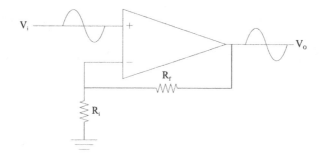

Figura 16-55. Amplificador no inversor.

EJEMPLO 16.1

Calcular el voltaje de salida de un amplificador no inversor (como el de la figura 16.1), si $V_i = 2V$, $R_f = 500K\Omega$ y $R_1 = 100K\Omega$.

SOLUCIÓN

Utilizando la ecuación (16.1) obtenemos:

$$V_o = \left(1 + \frac{R_f}{R_1}\right)V_i = \left(1 + \frac{500K\Omega}{100K\Omega}\right)2V = 6(2V)$$

Es decir:

$$V_o = 12V$$

Amplificador inversor de tensión

La figura 16.2 muestra un circuito amplificador inversor de tensión. La señal de entrada se aplica al terminal marcado con ($-$) y en la salida se puede observar una señal amplificada y de fase invertida con respecto a la señal de entrada.

El terminal marcado con (+) se conecta directamente a tierra. El voltaje de salida viene dado por la expresión:

$$V_o = \frac{R_f}{R_1} V_i \qquad (16.2)$$

Donde la expresión $(- R_f / R_i)$ corresponde a la ganancia de tensión. El signo menos en la expresión indica el cambio de fase de la señal de salida respecto a la señal de entrada.

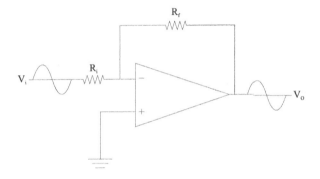

Figura 16-56. Amplificador inversor de tensión.

EJEMPLO 16.2

El circuito de la figura 16.2 tiene una $R_1 = 100K\Omega$ y una $R_f = 500K\Omega$, Determinar el voltaje de salida si la entrada $V_i = -2V$.

SOLUCIÓN

Si utilizamos la ecuación (16.2) obtenemos:

$$V_o = \frac{R_f}{R_1} V_i = -\frac{500K\Omega}{100K\Omega}(-2V) = -5(-2V)$$

Es decir:

$$V_o = 10V$$

Obsérvese que el signo de la señal de salida es positivo, mientras que el signo de la señal de entrada es negativo. Esta diferencia es justamente la que da cuenta de la inversión de fase que se presenta en este circuito.

Tierra física y tierra virtual

La entrada inversora de un amplificador operacional de una tierra virtual. A diferencia de una tierra física, en la cual hay una tensión de 0V y una corriente muy elevada (teóricamente infinita), la tierra virtual tiene una tensión de 0A y una corriente de 0A. Así, el circuito de la figura 16.2 puede redibujarse como se muestra en la figura 16.3.

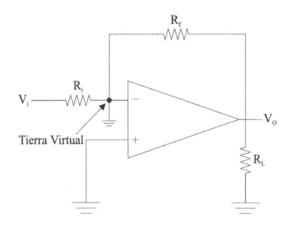

Figura 16-57. Tierra virtual en un amplificador operacional.

Obsérvese en el circuito, como el voltaje de entrada V_i y la resistencia de entrada R_1 hacen una malla cerrada en virtud de la tierra virtual en el terminal inversor. De la misma forma, la resistencia R_f queda en paralelo con la resistencia de salida R_L. Con estas consideraciones, quien esté interesado en la demostración de las ecuaciones (16.1) y (16.2), habrá avanzado un importante terreno.

EJEMPLO 16.3

Utilice el circuito de la figura 16.3 para determinar la fórmula de la ganancia de tensión (considere el concepto de tierra virtual).

SOLUCIÓN

El circuito de entrada del amplificador operacional, con la tierra virtual que aparece en el terminal inversor, es el que aparece en la figura 16.3 (a).

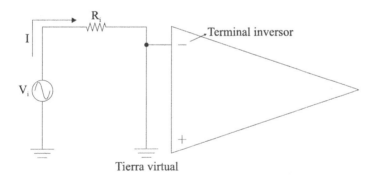

Figura 16-3 (a) Circuito de entrada del amplificador operacional inversor de la figura 16.3.

La corriente I puede calcularse cono:

$$I = \frac{V_i}{R_1}$$

Análogamente, un circuito para la salida del amplificador operacional se muestra en la figura 16.3 (b).

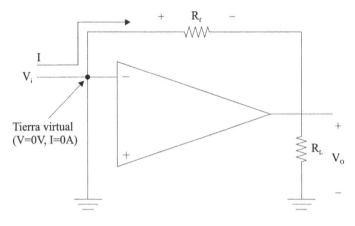

Figura 16-3 (b) Circuido do salida del amplificador operacional inversor de la figura 16.3.

Como la resistencia R_f y la resistencia R_L están en paralelo, sus voltajes son iguales, y por tanto:

$$IR_f = -V_o$$

O También:

$$I = -\frac{V_o}{R_f}$$

Combinando las dos ecuaciones que relacionan a la misma corriente I, obtenemos:

$$\frac{V_o}{V_i} = -\frac{R_f}{R_1}$$

Que es idéntica a la ecuación (16.2).

Seguidor unitario

En la figura 16.4 puede verse el circuito de un seguidor unitario. Este circuito proporciona una ganancia de 1 sin inversión de fase. En este circuito, y considerando la tierra virtual en el terminal inversor, es claro que el voltaje de salida es igual al voltaje de entrada. Es decir:

$$V_o = V_i \qquad (16.3)$$

Esto implica entonces, además de que la polaridad de la señal de entrada es igual a la polaridad de la señal de salida, que las magnitudes de las señales son idénticas.

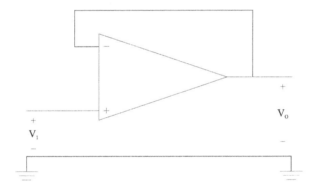

Figura 16-58. Seguidor unitario.

Comparadores

En ocasiones es necesario comparar dos señales y determinar cuál de las dos es mayor y cuál es menor. Para este propósito se emplean los comparadores con amplificador operacional, colocando en uno de los terminales una señal de referencia y en el otro terminal la señal que va a ser comparada con ésta. Estos circuitos también reciben el nombre de detectores de nivel de voltaje, y pueden ser inversores o no inversores, como se verá a continuación.

Detectores de nivel positivo

En la figura 16.5 se aplica un voltaje positivo de referencia, V_{ref}, a una de las terminales del Amp. Op.. Esto significa que el Amp. Op. está habilitado como un comparador para registrar un voltaje positivo. Si el voltaje que va a detectarse, V_i, se aplica a la terminal positiva del amplificador operacional, el resultado es un detector no inversor de nivel positivo. Su operación se muestra por las formas de onda en la figura 16.5(a). Cuando V_i está arriba de V_{ref}, entonces V_o es igual a $+V_{sat}$. Cuando V_i está abajo de V_{ref}, V_o es igual a $-V_{sat}$.

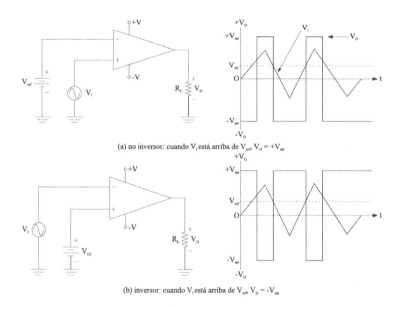

(a) no inversor: cuando V_i está arriba de V_{ref}, $V_o = +V_{sat}$

(b) inversor: cuando V_i está arriba de V_{ref}, $V_o = -V_{sat}$

Figura 16-59. Detector de nivel de voltaje positivo (a) no inversor (b) inversor.

Si V_i se aplica a la entrada inversora, como en la figura 16.5 (b), el circuito es un detector inversor de nivel positivo. Su operación es como sigue: cuando V_i está arriba de V_{ref}, V_o es igual a $-V_{sat}$; y cuando V_i está debajo de V_{ref}, V_o es igual a $+V_{sat}$. Esta acción del circuito puede verse con más claridad en la figura 16.5 (b), donde V_i y V_{ref} son comparados con respecto al tiempo.

EJEMPLO 16.4

En el circuito de la figura 16.5(a) el voltaje de alimentación +V y -V es de ±15V. Si el voltaje de referencia, $V_{ref} = 5V$ y el voltaje de entrada $V_i = 10V$.

Explique el funcionamiento del circuito y sobre las señales coloque los diferentes valores.

SOLUCIÓN

De la explicación previa sabemos que el circuito corresponde a un detector de nivel positivo. Igualmente, en la sección 15.2 se explicó el concepto de voltaje de saturación, por lo que sabemos ahora que si el voltaje de polarización es de ±15V, el voltaje de saturación será de ±13V. La señal $V_i = 10V$ será comparada con el voltaje de referencia, $V_{ref} = 5V$. Cuando el voltaje V_i sea mayor que el voltaje de referencia, la señal de salida será $+V_{sat}$, y cuando el voltaje V_i sea menor que el voltaje de referencia, el voltaje de salida será $-V_{sat}$. Para el caso, el diagrama con las señales de entrada, referencia y salida será el que se muestra en la figura 16.6.

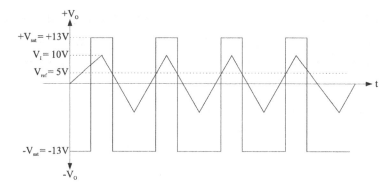

Figura 16-60. Formas de onda del circuito del ejemplo 16.4.

Detectores de nivel negativo

La figura 16.7 (a) es un detector no inversor de nivel negativo. Este circuito detecta cuando la señal de entrada V_i cruza el voltaje negativo $-V_{ref}$. Cuando V_i está arriba de $-V_{ref}$, V_o es igual a $+V_{sat}$. Cuando V_i está debajo de $-V_{ref}$, $V_o = -V_{sat}$.

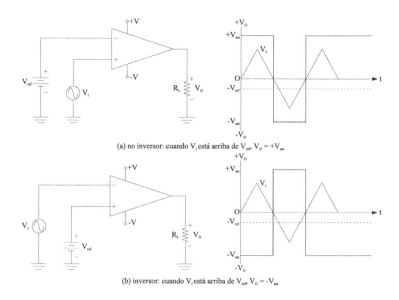

Figura 16-61. Detector de nivel de voltaje negativo, (a) no inversor (b) inversor.

410

El circuito de la figura 16.7 (b) es un detector inversor de nivel negativo. Cuando V_i está arriba de $-V_{ref}$, V_o es igual a $-V_{sat}$, y cuando V_i está debajo de $-V_{ref}$, V_o es igual a $+V_{sat}$.

Convertidor de onda senoidal a cuadrada

El caso particular en que V_{ref} es igual a cero en los dos tipos de detector de nivel vistos en el apartado anterior, nos conduce a un convertidor de onda senoidal a cuadrada.

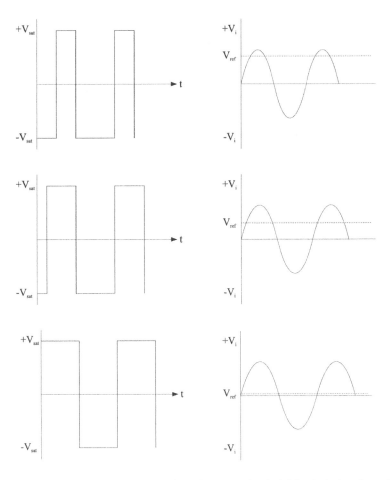

Figura 16-62. Modulación del ancho del pulso variando nivel del voltaje de referencia.

Obsérvese en los casos anteriores, que dependiendo de la magnitud del V_{ref} será el ancho de las pulsaciones positivas y negativas que se presenten en la señal de salida. Así, si el voltaje de referencia tiene una magnitud muy cercana al valor máximo del voltaje de entrada, la salida tendrá una señal formada por semiciclos positivos (o negativos) anchos y semiciclos negativos (o positivos) angostos. A medida que el V_{ref} se acerca a cero, los anchos de los semiciclos se van igualando. Si el V_{ref} se hace cero (coincide su señal con el eje horizontal del plano cartesiano), la señal de salida será completamente simétrica, consiguiéndose así una onda cuadrada a partir de una onda senoidal o triangular (figura 16.8).

EJEMPLO 16.5

Dado el circuito en la figura 16.9, explique su comportamiento y dibuje las formas de onda a que da lugar, con sus respectivos valores.

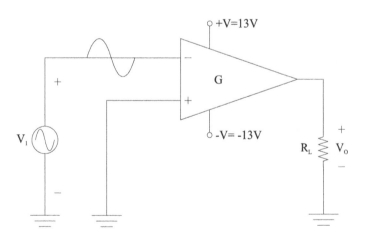

Figura 16-63. Circuito del ejemplo 16.5.

SOLUCIÓN

Con la disposición del circuito mostrada, sin resistencia de retroalimentación, tenemos que el Amp. Op. está operando como comparador. Como al terminal inversor se aplica una señal senoidal, y el terminal inversor se conecta a tierra, el circuito trabaja como detector de nivel positivo inversor. El voltaje de referencia coincide con el eje cero del plano cartesiano, por lo que la señal de salida será la mostrada en la figura 16.10, con $\pm V_{sat} = \pm 11V$; es decir, el voltaje de salida será de $V_o = \pm 11V$.

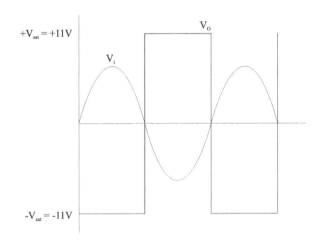

Figura 16-64. Señales de entrada y salida del circuito del ejemplo 16.5.

El Amplificador sumador

Uno de los circuitos más útiles de Amp. Op. utilizado en computadores análogos es el circuito amplificador sumador. La figura 16.11 muestra un circuito sumador de tres entradas, el cual proporciona un medio de sumar algebraicamente tres voltajes de entrada, cada uno multiplicado por un factor de ganancia constante.

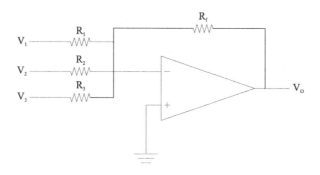

Figura 16-65. Amplificador sumador.

El voltaje de salida puede determinarse en términos de las entradas como:

$$V_o = -\left(\frac{R_f}{R_1}V_1 + \frac{R_f}{R_2}V_2 + \frac{R_f}{R_3}V_3\right)$$ (16.4)

En palabras, cada entrada agrega un voltaje a la salida, cono se obtiene de un circuito inversor de ganancia constante. Si se utilizan más entradas, ellas añaden componentes adicionales a la salida.

EJEMPLO 16.6

Determinar el voltaje de salida del amplificador sumador de la figura 16.11, para el siguiente conjunto de voltajes de entrada y resistencias ($R_f = 1M\Omega$ en todos los casos)

(a) $V_1 = +1V$ $R_1 = 500K\Omega$
     $V_2 = +2V$ $R_2 = 1M\Omega$
     $V_3 = +3V$ $R_3 = 1M\Omega$

(b) $V_1 = -2V$ $R_1 = 200K\Omega$
        $V_2 = +3V$ $R_2 = 500K\Omega$
        $V_3 = +1V$ $R_3 = 1M\Omega$

SOLUCIÓN

Utilizando la ecuación (16.4):

$$V_o = -\left[\frac{1000K\Omega}{500K\Omega}(+1) + \frac{1000K\Omega}{1000K\Omega}(+2) + \frac{1000K\Omega}{1000K\Omega}(+3)\right]$$

$$V_o = -[2(+1) + 1(+2) + 1(+3)]$$

$$V_o = -7V$$

$$V_o = -\left[\frac{1000K\Omega}{200K\Omega}(-2) + \frac{1000K\Omega}{500K\Omega}(+3) + \frac{1M\Omega}{1M\Omega}(+1)\right]$$

$$V_o = -[5(-2) + 2(+3) + 1(+1)]$$

$$V_o = -[-10 + 6 + 1]$$

$$V_o = +3V$$

EJEMPLO 16.7

Para el circuito de la figura 16,12 determinar la tensión de salida.

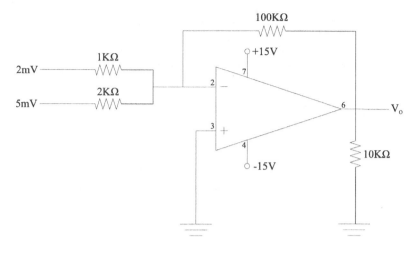

Figura 16-66. Circuito del ejemplo 16.7.

SOLUCIÓN

Utilizando la ecuación (16.4).

$$V_o = -\left[\frac{100K\Omega}{1K\Omega}(2mV) + \frac{100K\Omega}{2K\Omega(5mV)}\right]$$

$$V_o = -[100(2mV) + 50(5mV)]$$

$$V_o = -450mV$$

En cualquier caso, el signo menos lo que hace es dar cuenta de la inversión de salida con respecto al voltaje de entrada; en este ejemplo, la fase de la señal que resulta de la suma algebraica de las diferentes señales de entrada.

El integrador

Como su nombre lo indica, un integrador es un circuito que ejecuta la operación matemática de la integración. La aplicación más popular de un integrador es la de producir una señal triangular o rampa de tensión, la cual incrementa o decrementa la tensión linealmente. El circuito básico es el que se muestra en la figura 16.13 (a).

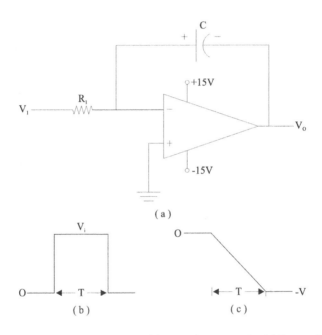

Figura 16-67. (a) Circuito integrador (b) Entrada rectangular (c) Rampa de salida característica.

Para que la señal sea una rampa es necesario que el voltaje de entrada sea un pulso rectangular, como el que se muestra en la figura 16.13 (b), En la figura 16.13 (c) se muestra la forma de la señal de rampa que se obtiene en la salida.

La forma de probar que la tensión de salida es una rampa es la siguiente: la ley básica del condensador indica que:

$$C = \frac{Q}{V}$$

O también:

$$V = \frac{Q}{C} \tag{16.5}$$

Debido a la alta resistencia de entrada en el amplificador, la corriente dada por $I = V_i/R_1$, que es un valor constante, circulará por el condensador, y por tanto su carga Q se incrementará linealmente con respecto al tiempo. Ello equivale a que el condensador tendrá una tensión en forma de rampa negativa, como se ve en la figura 16.13 (c) Dividiendo la ecuación (16.5) por T, tenemos:

$$\frac{V}{T} = \frac{Q/T}{C}$$

Y como la corriente por la carga es constante, podemos escribir:

$$\frac{V}{T} = \frac{I}{C}$$

O también:

$$V = \frac{IT}{C} \tag{16.6}$$

Esta es la tensión del condensador al finalizar el pulso.

EJEMPLO 16.8

En la figura 16.14, calcular la tensión en el condensador al finalizar el pulso.

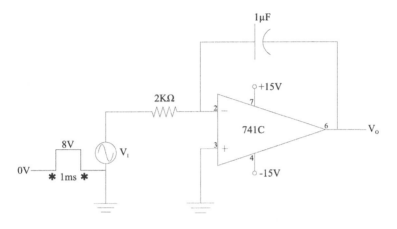

Figura 16-68. Circuito del ejemplo 16.8.

SOLUCIÓN

Debido a la masa virtual en la entrada inversora, la corriente por la entrada es:

$$I = \frac{8V}{2K\Omega} = 4mA$$

Con la ecuación (16.6), la tensión de salida al finalizar el pulso será:

$$V = \frac{(4mA)(1ms)}{1\mu F} = 4V$$

Lo que surge del integrador, entonces, es una tensión que empieza en 0V y disminuye linealmente hasta -4V. La forma de onda es como la de la figura 16.13 (c).

Más de una entrada puede ser aplicada a un integrador, como se muestra en la figura 16.15. El circuito así dispuesto es un sumador integrador, tal como se usa en computadores análogos. El comportamiento es el mismo que para el caso de una sola entrada, salvo que la carga del condensador dependerá de la corriente resultante de la suma algebraica de las diferentes entradas.

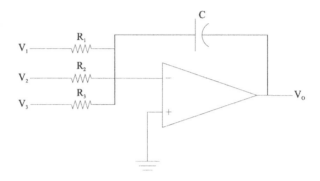

Figura 16-69. Amplificador como sumador integrador.

El diferenciador

Un diferenciador es un circuito que ejecuta una operación matemática llamada derivada. La derivada es la operación opuesta a la integral, operación que realiza el integrador, visto en la sección anterior. El diferenciador produce una tensión de salida proporcional a la variación de la tensión de entrada respecto al tiempo. Aplicaciones comunes de un diferenciador son la detección de los flancos de subida y bajada de un pulso rectangular o producir una salida rectangular a partir de una rampa de entrada.

En la figura 16.16 se observa un diferenciador diseñado con un amplificador operacional. Se puede notar la similitud con el integrador previamente visto. La diferencia entre ambos radica en que el condensador y la resistencia están intercambiados.

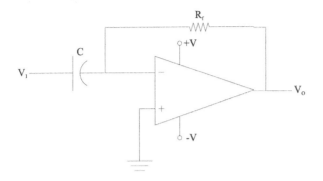

Figura 16-70. Circuito Diferenciador.

Una entrada frecuentemente utilizada con un diferenciador es una rampa, como la que se ve en la parte superior de la figura 16.17. Debido a la masa virtual, toda la tensión de entrada aparece en extremos del condensador. La rampa de tensión implica que la corriente es constante, según la ecuación mostrada en (16.7), y que se deduce de la ecuación (16.6).

$$I = \frac{CV}{T} \tag{16.7}$$

Conocida esta corriente, la tensión de salida viene dada por:

$$V_o = IR_f \tag{16.8}$$

En un osciloscopio pueden observarse las formas de onda que proporcionan todos estos circuitos. Por ejemplo, el flanco de subida de un pulso rectangular se verá perfectamente vertical. Pero si se acorta el tiempo de barrido lo suficiente, se verá que el flanco de subida es generalmente una onda exponencial creciente, la cual puede aproximarse a una rampa positiva.

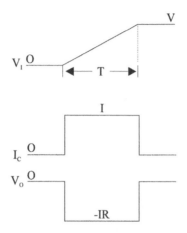

Figura 16-71. La rampa de entrada produce una salida rectangular.

Así, una aplicación común del diferenciador es la producción de picos de tensión como los que se muestran en la figura 16.18.

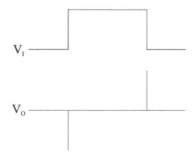

Figura 16-72. La entrada rectangular produce picos de tensión estrechos en la salida.

El flanco de subida del pulso es aproximadamente una rampa positiva, así que la salida será un pico de tensión negativo de muy corta duración. De manera similar, el flanco de bajada del pulso de entrada es aproximadamente una rampa negativa, por lo que la salida es un pico de tensión estrecho positivo.

A veces se acostumbra a colocar una resistencia en serie con el condensador, para evitar las oscilaciones que son frecuentes en este circuito diferenciador. Un valor típico de esta resistencia está entre $0.01R_f$ y $0.1R_f$. Con esta resistencia añadida, la ganancia de tensión en lazo cerrado está comprendida entre 10 y 100. Su efecto es limitar la ganancia de tensión en lazo cerrado a altas frecuencias, donde surge el problema de oscilación (figura 16.19).

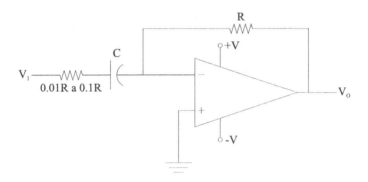

Figura 16-73. La resistencia en serie con el condensador evita oscilaciones en alta frecuencia.

Amplificador logarítmico

Los logaritmos son un instrumento que facilita las operaciones matemáticas de multiplicación, división, exponenciación y extracción de raíces. Con ellos, una multiplicación se reduce a una suma y una división a una resta; una exponenciación se convierte en una multiplicación y una extracción de raíces en una división. El resultado final se obtiene sacando antilogaritmo de estas operaciones. La figura 16.20 muestra el circuito de un amplificador logarítmico básico.

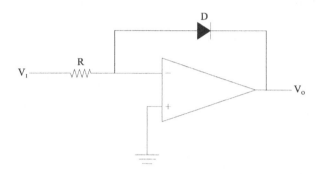

Figura 16-74. Amplificador logarítmico.

El elemento principal del amplificador logarítmico de la figura 16.20 es el diodo D en el lazo de retroalimentación. Un diodo tiene un exponencial inherente, y por tanto una característica logarítmica. La corriente del diodo, I_D, es:[1]

$$I_D = I_S\left(e^{qV_D/KT} - 1\right) \tag{16.9}$$

Donde:

I_S: Corriente inversa de saturación

e: Base de los logaritmos naturales

    $(e = 2.718)$

V_D: Voltaje del diodo

q: Carga del electrón, $1.6(10^{-9})C$

---

[1] Para una mejor comprensión de la obtención de estas fórmulas se deben ver libros avanzados de electrónica.

K: Constante de Boltzmann

$$\left(K = \frac{1.38\left(10^3\right)J}{K}\right)$$

T: Temperatura, K (en grados Kelvin)

A la temperatura ambiente, la ecuación (16.9) se reduce a:

$$I_D = I_S e^{39V_D} \tag{16.10}$$

La relación de salida – entrada para el amplificador logarítmico de la figura 16.20 sería entonces:

$$V_o = (-26mV)\left(L_n\left(\frac{V_i}{R}\right) - L_n(I_s)\right) \tag{16.11}$$

EJEMPLO 16.9

Calcular el voltaje de salida, V_o, del amplificador logaritmico básico de la figura 16.20, para un voltaje de entrada de 3V. El resistor $R = 10K\Omega$ e I_s para el diodo es 10nA.

SOLUCIÓN

Reemplazando estos valores en la ecuación (16.11) obtenemos:

$$V_o = (-26mV)\left[L_n\left(\frac{3}{10^4}\right) - L_n\left(10(10^{-9})\right)\right]$$

$$V_o = -749.6mV$$

Amplificador antilogarítmico

Para poder culminar las operaciones matemáticas que implican logaritmos, es necesario disponer del circuito que haga la operación contraria, es decir, antilogaritmo. El antilogaritmo se utiliza para expresar el logaritmo en el número que representa.

Para obtener el antilogaritmo del logaritmo de un número se toma el exponencial del logaritmo.

$$e^{Ln(Z)} = Z$$

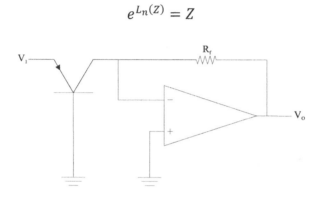

Figura 16-75. Amplificador antilogarítmico.

Por lo tanto, la función antilogaritmo es básicamente la exponencial. Un transistor colocado en la entrada del amplificador genera la función antilogaritmo. La configuración del transistor debe ser base común. Un circuito amplificador como generador de función antilogaritmo se muestra en la figura 16.21.

Convertidores de forma de onda

Los amplificadores operacionales también son de gran utilidad para convertir ondas senoidales en ondas rectangulares, ondas rectangulares en ondas triangulares y así sucesivamente: a continuación, veremos algunos circuitos que convierten una forma de onda aplicada a la entrada en otra forma de onda a la salida.

Convertidor de onda senoidal a rectangular

En la figura 16.22 se muestra una báscula de Schmitt, la cual produce una salida rectangular cuando se le entra una señal cualquiera. Para que se produzca esta salida se requiere que la señal de entrada sea lo suficientemente grande, como para superar la tensión de polarización. En este caso la salida tendrá una señal oscilante, conmutando entre $+V_{sat}$ y $-V_{sat}$. En la figura 16.22 (a) puede verse la forma de la señal de entrada en la parte superior, y la señal de salida en la parte inferior.

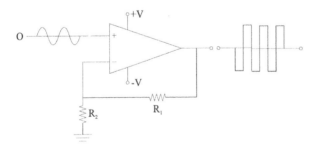

Figura 16-76. Báscula de Schmitt.

427

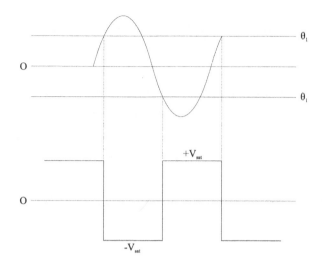

Figura 16-22 (a) Señales de entrada – salida.

La onda de entrada no tiene que ser senoidal, como se muestra en las figuras 3.22 y 3.22 (a). La señal puede tener cualquier forma, siempre que cumpla con ser periódica y lo suficientemente grande para superar los puntos de conmutación, θ_1 y θ_2, dados por el voltaje de polarización del amplificador. La frecuencia de la señal de salida siempre será la misma que la de la señal de entrada.

Convertidor de onda rectangular a triangular

En la figura 16.23 (a) se muestra un integrador al cual se le aplica una señal de entrada rectangular. Como puede verse en la figura 16.23 (b), la rampa tiene pendiente negativa durante el semiciclo positivo de la tensión de entrada y pendiente positiva durante el semiciclo negativo. En consecuencia, la señal de salida será una onda triangular con la misma frecuencia de la señal de entrada. La magnitud de la señal de salida está dada por la expresión:

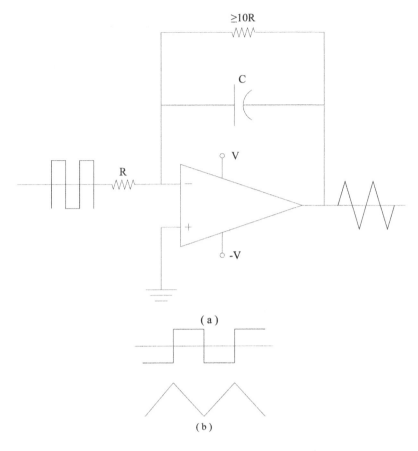

Figura 16-77 (a) Señal cuadrada aplicada a un integrador (b) Señales de entrada –
salida.

$$V_o = \frac{V_i}{4fRC} \tag{16.12}$$

Donde V_o y V_i están dados en valores pico a pico.

Convertidor de onda triangular a pulso

En la figura 16.24 (a) se tiene una entrada triangular aplicada a un circuito comparador que la convierte en una señal rectangular. Variando la resistencia R_2 se puede variar

el ancho de los pulsos de salida, lo que equivale a variar el ciclo de trabajo. En la figura 16.24 (b), W representa el ancho del pulso y T es el período. El ciclo de trabajo, D, se define como el ancho del pulso dividido por el período.

$$D = \frac{W}{T}(100\%) \qquad (16.13)$$

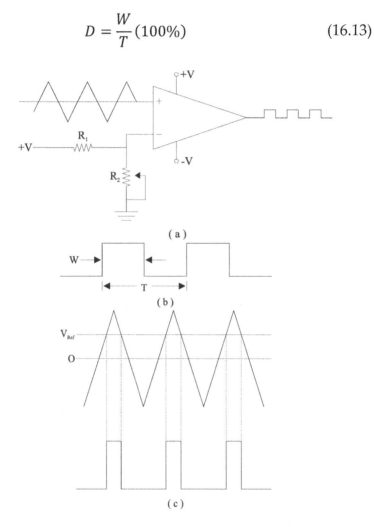

Figura 16- 78 (a) Comparador con entrada triangular. (b) Salida con ciclo de trabajo variable. (c) Forma de onda en la entrada y en la salida.

EJEMPLO 16.10

Una entrada rectangular se aplica al integrador de la figura 16.25. Si la frecuencia es de 1KHz y el valor de pico a pico es de 10V, determinar la tensión de salida.

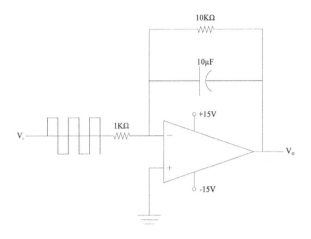

Figura 16-79. Circuito del ejemplo 16.10.

SOLUCIÓN

De la ecuación (16.12), la salida es una onda triangular con una tensión de pico a pico de:

$$V_o = \frac{10V}{4(1KHz)(1K\Omega)(10\mu F)} = 0.25V$$

EJEMPLO 16.11

Una onda triangular se aplica a la entrada del circuito de la figura 16.26. Si la frecuencia es de 1KHz, determinar la frecuencia de la señal de salida y el ciclo de trabajo cuando el cursor del potenciómetro está en la mitad de su rango.

SOLUCIÓN

Cada pulso de salida ocurre durante el semiciclo de la tensión de entrada. Por tanto, la frecuencia de la señal de salida es idéntica a la frecuencia de la señal de entrada, esto es, 1KHz.

Cuando el cursor del potenciómetro está en la mitad de su valor, 5KΩ, la tensión de referencia es:

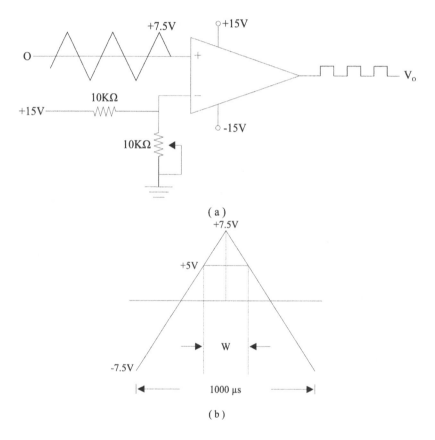

Figura 16-80. Diagrama circuital y onda de entrada del ejemplo 16.11.

$$V_{ref} = \frac{15V(5K\Omega)}{15K\Omega} = 5V$$

El período de la señal de entrada y salida es:

$$T = \frac{1}{f} = \frac{1}{1KHz} = 1ms = 1000\mu s$$

En la figura 16.26 (b) se indica este valor.

Para que la señal de entrada pase de -7.5V a +7.5V se requieren 500µs.

El ancho del pulso de salida es W. Por la geometría de la figura 16.26 (b) se puede establecer la relación.

$$\frac{W/2}{500\mu s} = \frac{7.5V - 5V}{15V}$$

Despejando W tenemos:

$$W = 167\mu s$$

Y el ciclo de trabajo será:

$$D = \frac{W}{T} = \frac{167\mu s}{1000\mu s}(100\%)$$

Es decir:

$$D = 16.7\%$$

REPASO

Conceptos

Defina o discuta lo siguiente:

- Amplificador no inversor de tensión.
- Amplificador inversor de tensión.
- Tierra física y tierra virtual.
- Seguidor unitario.
- Detector de nivel positivo.
- Detector de nivel negativo.
- Amplificador sumador.
- Amplificador integrador.
- Amplificador diferenciador.
- Amplificador logarítmico.
- Amplificador antilogarítmico.
- Convertidor de onda senoidal a cuadrada.
- Convertidor de onda rectangular a triangular.
- Convertidor de onda triangular a pulso.
- Fase de una señal y cambio de fase de una señal de salida respecto a una señal de entrada.
- Ganancia de tensión de un seguidor unitario.
- Voltaje de referencia de un comparador.
- Voltaje de salida de un comparador.
- Convertidor de forma de onda de entrada senoidal con $V_{ref} = 0$.
- Ciclo de trabajo de una señal de pulsos a partir de una onda triangular.
- Ganancia en lazo cerrado de un amplificador operacional

EJERCICIOS

16.1. Para el circuito de la figura 16.27, determinar el voltaje de salida. Si en este mismo circuito $R_f = 1M\Omega$ y $R_1 = 10k\Omega$ ¿Cuál será el valor del voltaje de salida? ¿Qué forma de onda tendrá la señal de salida? ¿Cuál será la fase de la señal de salida?

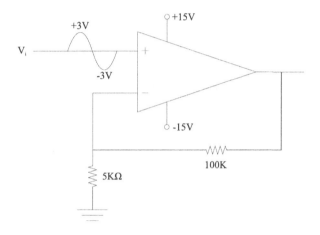

Figura 16-81. Circuito del ejercicio 16.1.

16.2. El circuito dado en la figura 16.28 es un amplificador inversor de tensión. Si R_f se puede variar mediante el conmutador, determine la magnitud de las tres señales que se pueden conseguir al conectar el conmutador en las posiciones 1, 2 y 3.

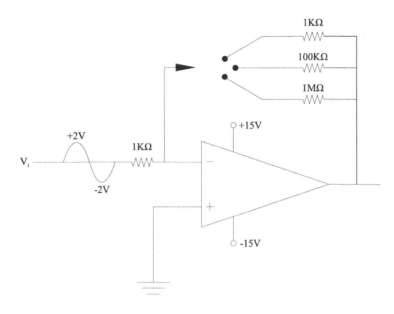

Figura 16-82. Circuito del ejercicio 16.2.

16.3. Para el circuito de la figura 16.29, determine el valor de la corriente de la corriente de entrada y el voltaje de la resistencia de carga. El voltaje de entrada, $V_i =$ 5V, $R_1 = 100\Omega$ y la resistencia de carga, $R_L = 5K\Omega$, $R_f = 5K\Omega$.

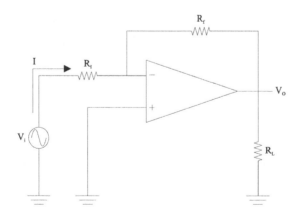

Figura 16-83. Circuito del ejercicio 16.3.

16.4. Repita el ejercicio anterior si $V_i = 7mV$, $R_1 = 200\Omega$, $R_f = 10K\Omega$ y $R_L = 2K\Omega$.

16.5. Utilice el concepto de tierra virtual para obtener un circuito equivalente del circuito mostrado en la figura 16.30, y probar que el voltaje de salida de un seguidor unitario es igual al voltaje de entrada aplicado.

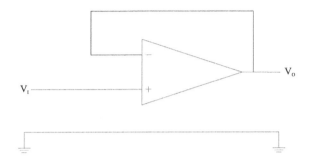

Figura 16-84. Circuito del ejercicio 16.5.

16.6. Dado el comparador de la figura 16.31, determinar el valor de la tensión de referencia.

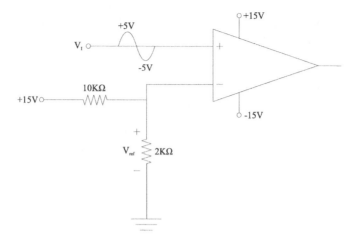

Figura 16-85. Circuito del ejercicio 16.6.

16.7. Para el circuito de la figura 16.31, obtener la señal de salida para las condiciones que se plantean. Explique cuál es el funcionamiento del circuito.

16.8. Dado el circuito de la figura 16.32, explique su funcionamiento y determine el voltaje de salida. (Magnitud y forma de onda).

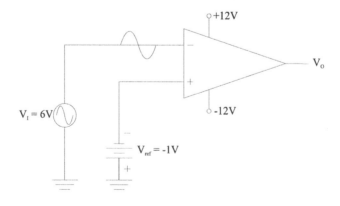

Figura 16-86. Circuito del ejercicio 16.8.

16.9. Determine la forma de onda de la señal de salida del circuito dado en la figura 16.33.

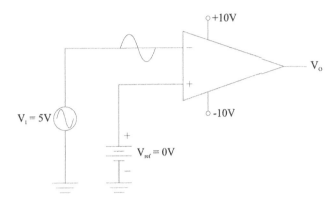

Figura 16-87. Circuito del ejercicio 16.9.

16.10. Si el terminal de polarización negativa del amplificador operacional dado en la figura 16.33, se conecta a tierra, ¿cómo sería la nueva forma de onda de la señal de salida?

16.11. Dado el circuito de la figura 16.34, determine la magnitud y fase de la señal de salida.

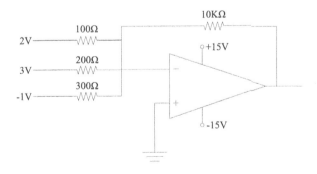

Figura 16-88. Circuito del ejercicio 16.11.

16.12. Para el circuito de la figura 16.35 se tiene que $R_1 = 1K\Omega$, $R_2 = 2K\Omega$, $R_3 = 3K\Omega$ y el valor de $R_f = 100K\Omega$. la salida tiene un valor de 10V, $V_i = 0.5V$ y $V_3 = 1.5V$, calcular V_2.

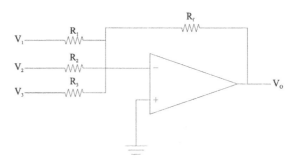

Figura 16-89. Circuito del ejercicio 16.12.

16.13. Un integrador como el que se muestra en la figura 16.36 tiene un voltaje de entrada de 2V, $R_1 = 100\Omega$, $C = 10\mu F$. Si el período del pulso aplicado a la entrada es de 2ms, calcule la magnitud del voltaje de salida y dibuje la forma de onda de dicha señal.

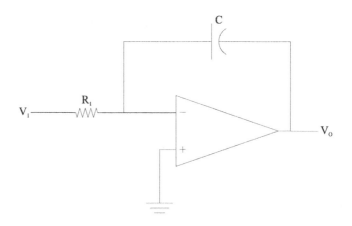

Figura 16-90. Circuito del ejercicio 16.13.

16.14. Para el integrador sumador de la figura 16.37, determine la magnitud de la señal de salida. Las señales V_1, V_2 y V_3 son pulsos rectangulares de amplitud 3V, período de 0.5ms e igual fase.

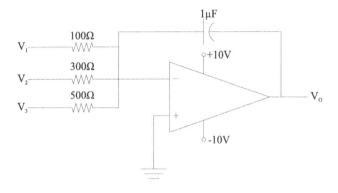

Figura 16-91. Circuito del ejercicio 16.14.

16.15. ¿Qué ocurriría con la señal de salida del circuito de la figura 16.36, si la señal de entrada aplicada fuera una señal continua (período infinito)?

16.16. En el circuito de la figura 16.36 se intercambian las posiciones de resistencia y el condensador. Si se aplica la misma señal planteada en el ejercicio 16.13 ¿cuál será la señal de salida?, ¿qué sucedería con la forma de onda de la salida si a este mismo circuito se le aplica una rampa de 10ms de período y 10V de valor pico positivo?

16.17. En el ejercicio anterior (circuito derivador) se quiere colocar una resistencia en serie con el condensador para evitar las oscilaciones que se puedan presentar. ¿De qué valor debe ser dicha resistencia?

16.18. Calcular el voltaje de salida, V_o, del amplificador logarítmico de la figura 16.38, si I_s del diodo es 8nA.

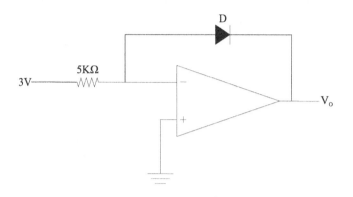

Figura 16-92. Circuito del ejercicio 16.18.

16.19. Explique el funcionamiento del circuito mostrado en la figura 16.39.

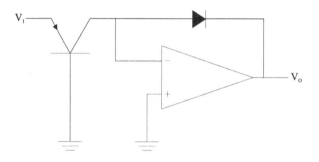

Figura 16-93. Circuito del ejercicio 16.19.

16.20. Para el circuito de la figura 16.40, determine el voltaje de referencia y la magnitud de los pulsos de salida.

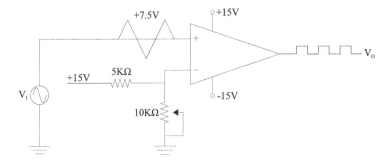

Figura 16-94. Circuito del ejercicio 16.20.

16.21. ¿Cuál es el ciclo de trabajo en el circuito de la figura 16.40 cuando el cursor está en el extremo superior y cuando está en el extremo inferior?

16.22. El 741 de la figura 16.41 tiene una ganancia en lazo abierto de 100000 ¿cuál es la ganancia del amplificador en lazo cerrado? Utilice un método exacto y un método aproximado para calcularla.

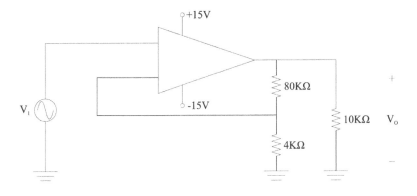

Figura 16-95. Circuito del ejercicio 16.22.

16.23. El amplificador operacional de la figura 16.42 presenta una salida de 1V cuando la entrada es de 1mV. Calcular la ganancia en dB.

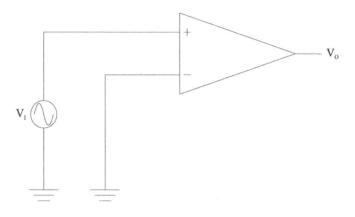

Figura 16-96. Circuito del ejercicio 16.23.

16.24. Dibuje el circuito de un comparador no inversor de nivel positivo.

16.25 ¿Con qué circuito (realice el esquema) se puede lograr una señal de flancos que sirvan para disparo de un SCR?

16.26. Se tienen 3 amplificadores operacionales conectados en cascada (la entrada del segundo es la salida del primero, la entrada del tercero es la salida del segundo). Determine una forma de hallar la ganancia total del sistema. Dibuje el circuito, si el primer amplificador es inversor y el segundo y el tercero son no inversores.

16.27. Un circuito sumador inversor tiene una resistencia de retroalimentación de 100KΩ, y dos entradas de 2mV y 5mV conectadas a través de resistencias de

1KΩ y 2KΩ respectivamente. Si en la salida hay una resistencia de 10KΩ, determinar el voltaje de salida y la corriente que circula por la carga.

16.28. Calcule la ganancia del sistema amplificador de la figura 16.43.

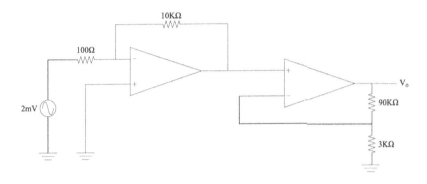

Figura 16-97. Circuito del ejercicio 16.28.

16.29. Calcule el voltaje de salida del circuito de la figura 16.44.

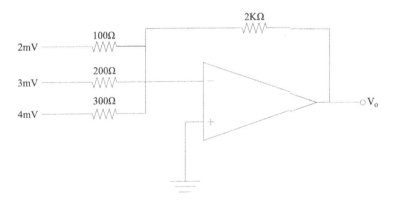

Figura 16-98. Circuito del ejercicio 16.29.

16.30. Dibujar el circuito un de un generador que convierta una onda senoidal a escalón.

16.31. Dibuje un amplificador en cascada de dos etapas, primera etapa inversora, segunda etapa no inversora.

16.32. En el circuito de la figura 16.45, determine el voltaje de salida para el caso de los dos extremos del potenciómetro. (Máximo y minino).

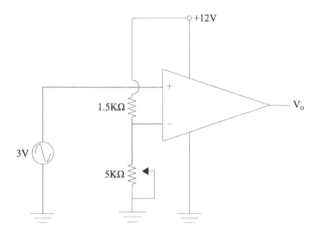

Figura 16-99. Circuito del ejercicio 16.32.

16.33. Piense y explique cómo sería la salida en el circuito de la figura 16.46.

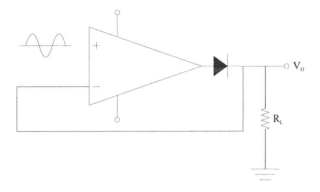

Figura 16-100. Circuito del ejercicio 16.33.

16.34. Dibuje circuitos comparadores (inversor o no inversor) uno de nivel positivo y el otro de nivel negativo. Muestre cómo quedarían las fuentes de voltaje de referencia a base de resistencias y potenciómetros.

16.35. Dibuje el circuito de un generador de onda senoidal a cuadrada con una amplitud del voltaje de salida de 9V.

16.36. Dibuje el circuito de un generador de función rampa con un período de la señal de 10ms. La amplitud de la señal de entrada es de 8mV y se quiere una amplitud de salida de 9mV. Escoja ya sea el condensador o la resistencia y calcule el otro parámetro para asegurar este funcionamiento.

16.37. Para el circuito de la figura 16.47, determine el valor de la magnitud de salida.

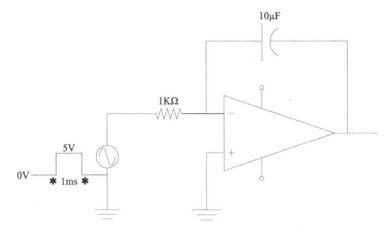

Figura 16-101. Circuito del ejercicio 16.37.

16.38. Calcule la ganancia del circuito mostrado en la figura 16.48.

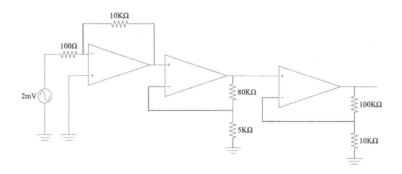

Figura 16-102. Circuito del ejercicio 16.38.

16.39. Cómo podría generar a partir de una señal senoidal una señal rampa. Explique y dibuje el circuito con las respectivas señales.

16.40. Cómo podría generar a partir de una señal triangular una señal de pulsos de corta duración. Explique y dibuje el circuito con las respectivas señales.

Capítulo 17
DISPOSITIVOS ESPECIALES

Cuando se dice dispositivo especial en electrónica, prácticamente se refiere a todos los elementos que se encuentran a disposición del usuario en el mercado técnico. Cada elemento se puede considerar un producto de la genialidad de la inquieta curiosidad humana. Gracias a ella (la electrónica) y todos sus vastos componentes, es que el hombre ha creado este mundo de comodidades, pero debido a ella, también, es que el campo técnico requiere cada vez más de individuos capacitados, pero más aún, especializados en una rama en particular de la ciencia.

Podemos decir que un dispositivo especial es aquel con el cual se puede cumplir una gran variedad de propósitos. Entre estos hay no pocos, de los cuales podemos nombrar unos cuantos que veremos, como el U.J.T (transistor de unión de juntura), el 555 (generador de base de tiempo), el SCR (rectificador controlado de silicio), el TRIAC, el DIAC, etc. Todos de gran aplicabilidad e importancia.

Transistor UniJuntura (UJT)

Como su nombre lo indica, el transistor unijuntura es un dispositivo que posee una sola juntura.

Inicialmente, al U.J.T se le llamó diodo de doble base, ya que sus terminales se encuentran en dos puntos diferentes, a cada lado de la juntura, como se muestra en la figura 17.1 (a).

Otra característica del U.J.T es que tiene una región de resistencia negativa. Se dice que un dispositivo tiene resistencia negativa cuando, para incrementos de corriente, disminuye el voltaje entre los bornes del dispositivo.

El U.J.T, debido a su resistencia negativa. se utiliza mucho en circuitos osciladores de temporización y de disparo de SCRs.

En la figura 17.1 (b) se muestra el símbolo de un U.J.T y en la figura 17.1 (c) puede verse el circuito equivalente del mismo dispositivo.

La resistencia de la barra de la figura 17.1 (a), conocida como resistencia interna de base, R_{BB}, es usualmente del orden de 4000 a 12000Ω.

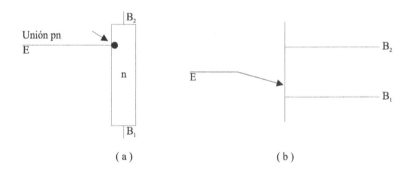

(a)   (b)

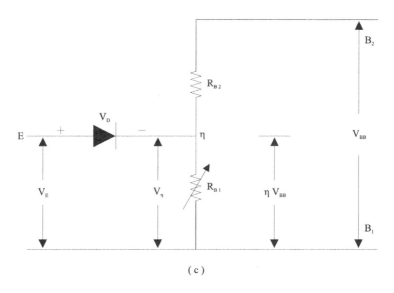

(c)

Figura 17-48 (a) Estructura del U.J.T. (b) Símbolo (c) Circuito equivalente del U.J.T.

Entre B_2 y B_1 hay dos resistencias, R_{B1} y R_{B2}. La suma de estas resistencias es igual a la resistencia interbase $R_{BB} = R_{B1} + R_{B2}$. Debido a que la resistencia R_{B1} varía como una función de la corriente de emisor, I_E, se representa como una resistencia variable. (figura 17.1 (c)). En la misma figura, el voltaje V_η, en el punto η con respecto a B_1, por división de voltaje es:

$$V_\eta = \frac{R_{B1}V_{BB}}{R_{B1} + R_{B2}} \qquad (17.1)$$

En la expresión dada en (4.2).

$$\eta = \frac{R_{B1}}{R_{B1} + R_{B2}} = \frac{R_{B1}}{R_{BB}} \qquad (17.2)$$

η recibe el nombre de relación intrínseca de apagado.

Por tanto, la ecuación dada en (17.1) se puede reescribir como:

$$V_\eta = \eta V_{BB} \tag{17.3}$$

En la figura 17.2 pueden apreciarse los puntos básicos en las características dc fabricación del U.J.T.

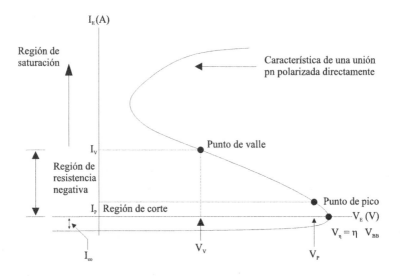

Figura 17-49. Característica corriente vs voltaje del U.J.T.

Parámetros y características del UJT

Los fabricantes especifican una serie de parámetros característicos para dispositivo. Con estos, el usuario puede realizar los cálculos necesarios para cualquier diseño práctico.

A continuación, veremos los diferentes parámetros y los valores entre los cuales oscilan, de un transistor unijuntura en particular: el U.J.T. 2N2646.

- RELACION INTRINSECA DE APAGADO, η.

Se define, según se vio, como:

$$\eta = \frac{R_{B1}}{R_{B1} + R_{B2}} = \frac{R_{B1}}{R_{BB}}$$

Indica la relación que existe entre la resistencia de base, B_1, y la resistencia total de base. En otras palabras, es el factor de atenuación del divisor de voltaje.

Su valor es medido con $V_{BB} = 10V$. Para el 2N2646.

$$\eta_{mín} = 0.56$$
$$\eta_{máx} = 0.75$$
$$\eta_{típ} = 0.69$$

- RESISTENCIA INTERBASE, R_{BB}.

Se mide con $V_{BB} = 3V$ e $l_E = 0$.

$$R_{BBmín} = 4.7K\Omega$$
$$R_{BBmáx} = 9.1K\Omega$$
$$R_{BBtíp} = 6.7K\Omega$$

- VOLTAJE DE EMISOR DE SATURACIÓN, $V_{E(sat)}$.

Este valor se da para $V_{BB} = 10V$ e $I_E = 50mA$. Indica cuando se ha llegado a la saturación de la unión $E - B_1$.

$$V_{E(sat)} = 2V$$

- CORRIENTE INVERSA DE SATURACION, $I_{E(sat)}$.

Es la corriente que circula cuando la unión $E - B_1$ está polarizada inversamente. Para $V_{B2-E} = 30V$ e $IB_1 = 0$:

$$I_{E(sat)máx} = 12\mu A$$
$$I_{E(sat)típ} = 0.001\mu A$$

- CORRIENTE DE EMISOR EN EL PUNTO DE PICO, I_p.

Es la corriente que aparece cuando el voltaje en el emisor es igual a V_p (punto de pico). Se ha medido con $V_{BB} = 25V$.

- CORRIENTE DE EMISOR EN EL PUNTO DE VA-LLE, I_V.

Con $V_{BB} = 20V$.

$$I_{Vmín} = 4mA$$
$$I_{Vmáx} = 5mA$$

- RANGOS MÁXIMOS.

Disipación de potencia: 300mW (hace referencia a V_{BB} e I_{B2}).

$$
\begin{aligned}
I_{E(RMS)máx} &= 50mA. \\
I_{E(pico)máx} &= 2A. \\
V_{E(inv)máx} &= 30V. \\
V_{BBmáx} &= 35V.
\end{aligned}
$$

- TIPO DE EMPAQUE.

Usualmente el U.J.T viene empacado en las cápsulas típicas de transistores, TO-5 o TO-18, como se muestra en la figura 17.3. La muesca está siempre entre E y B_2 y al medir con un óhmetro $R_{B1} > R_{B2}$.

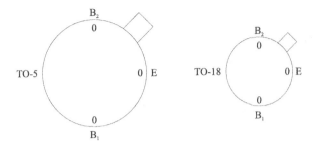

Figura 17-50. Empaques típicos del U.J.T.

Oscilador de relajación con U.J.T

En la figura 17.4 puede verse el circuito básico de un oscilador de relajación con U.J.T.

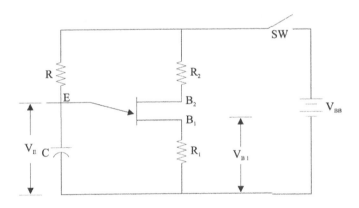

Figura 17-51. Circuito oscilador de relajación con U.J.T.

Inicialmente, el capacitor se encuentra descargado. Cuando el interruptor se cierra, el capacitor comienza a cargarse a través de R, hasta el valor de V_{BB}. Para un valor de V_E menor que el voltaje de pico, el U.J.T se encuentra en la región de corte. Tan pronto como el voltaje del capacitor alcanza el valor de pico, V_p, el U.J.T se activa y R_{B1} se reduce a un valor pequeño. El capacitor se descarga muy rápidamente a través de R_{B1} y R_1 a tierra. Pero cuando V_E se hace

457

igual a V_v se desactiva el U.J.T. El capacitor comienza a cargarse nuevamente, y como se muestra en la figura 17.5 (a), el ciclo se repite. La forma de onda resultante sobre el capacitor se conoce como onda de diente de sierra, y su amplitud pico a pico es igual a la diferencia entre los voltajes de pico y de valle $(V_p - V_v)$.

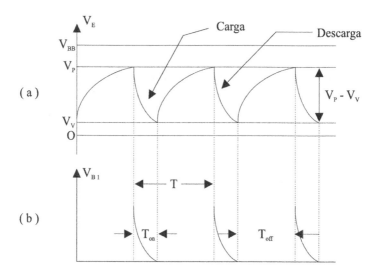

Figura 17-52. Formas de onda en el oscilador de relajación (a) en el capacitor (b) en la resistencia R1 de la Figura 17.4.

La forma de onda entre las terminales de resistencia R_1 se muestra en la figura 17.5 (b), Durante el tiempo en que C se descarga, circula una corriente por R_1 y se obtiene un voltaje de disparo apropiado para activar un SCR. La amplitud del disparo la determina el valor de R_1, y al modificar los valores de C y R se tiene una variación del tiempo entre los disparos. El circuito U.J.T mostrado en la figura 17.4 se utiliza con frecuencia como el control de fase en circuitos que involucran SCRs y TRIACs.

EJEMPLO 17.1.

Para el circuito de la figura 17.6, calcule los valores de los componentes. Se quiere que la frecuencia de la señal sea de 0.6KHz.

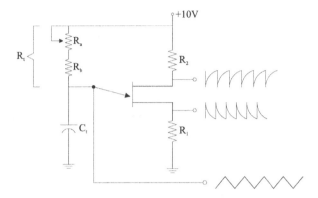

Figura 17-53. Circuito del ejemplo 17.1. Salidas en diente de sierra y pulsos de disparo.

SOLUCIÓN

Siempre que se quiera hacer el diseño de un circuito oscilador de relajación, como el que se muestra en la figura 17.6, puede procederse tal y coma se indicará en el siguiente proceso.

El valor de R_t podrá ser escogido en el intervalo.

$$R_{tmín} \leq R_t \leq R_{tmáx}$$

Donde:

$$R_{tmín} \geq \frac{V_{BB}}{I_{Vmín}} \qquad y \qquad R_{tmáx} = \frac{V_{CD}(1-\eta_{máx})-V_D}{I_{pmáx}}$$

Para un 2N2646 y un voltaje de polarización de corriente directa, $V_{CD} = 10V$, tendremos:

$$R_{tmín} \geq \frac{10V}{4(10^{-3})A} = 2.5K\Omega \qquad y$$

$$R_{tmáx} = \frac{10(1 - 0.75) - 0.6}{5(10^{-6})} = 380K\Omega$$

Por lo que el intervalo será:

$$2.5K\Omega \leq R_t \leq 380K\Omega$$

Posibles criterios para la selección de R_t serán:

$$R_t = \frac{R_{tmáx} + R_{tmín}}{2} \qquad o$$

$$R_t = \sqrt{R_{tmáx}R_{tmín}}$$

Pero en general se puede escoger cualquier valor en el intervalo.

Como $T = T_{off} + T_{on}$, pero $T_{off} \gg T_{on}$, entonces $T \cong T_{off}$, el tiempo de apagado se calcula como:

$$T_{off} = R_t C_t Ln\left(\frac{1}{1 - \eta_{típ}}\right) = \frac{1}{f}$$

De esta ecuación despejamos a R_t y obtenemos:

$$R_t = \frac{1}{f C_t Ln\left(\frac{1}{1 - \eta_{típ}}\right)}$$

Como queremos que la frecuencia sea 0.6 KHz, asumimos un valor de C_t (arbitrariamente) de 0,01μF y calculamos el valor de R_t como:

$$R_t = \frac{1}{0.6(10^3)0.01(10^{-6})Ln\left(\frac{1}{1-0.69}\right)}$$

Es decir:

$$R_t = 142.3K\Omega$$

Este valor de resistencia no es comercial. Un valor comercial puede ser de 100KΩ, por lo que escogemos este valor.

Para C_t y R_t seleccionados, la verdadera frecuencia de oscilación que tendrá el circuito será:

$$f = \frac{1}{R_t C_t Ln\left(\frac{1}{1-\eta_{tip}}\right)}$$

$$f = \frac{1}{100K\Omega(0.01\mu F)Ln\left(\frac{1}{1-0.69}\right)}$$

$$f = 0.86KHz$$

Y como $R_t = R_a + R_b$, podemos escoger, por ejemplo, R_a (Resistencia variable) de 50KΩ, y R_b (resistencia fija) de 50KΩ. Con la resistencia variable se puede conseguir el valor exacto de la frecuencia deseada (0.6KHz).

Obsérvese que si se quisiera escoger, por decir, 100KΩ de resistencia variable y 100KΩ de resistencia fija, R_t sería de 200KΩ en condiciones máximas, valor que se encuentra contenido dentro del intervalo calculado para R_t. De igual forma puede lograrse la frecuencia preseleccionada, aunque obviamente el segundo caso permitiría una más alta variación de frecuencias.

R_2 siempre podrá calcularse por la relación:

$$R_2 = \frac{4000}{V_{DC}}$$

Para nuestro caso particular:

$$R_2 = \frac{4000}{10} = 400\Omega$$

R_1 es la resistencia por la cual se descargará el condensador. En general, podrá escogerse el valor que se quiera para este resistor, incluyendo 0Ω (cortocircuito), aunque se recomiendan valores contenidos en el intervalo $47\Omega - 470\Omega$.

Para el caso que nos ocupa escogemos $R_1 = 230\Omega$.

Generación de pulsos y generación de ondas triangulares

En la figura 17.6 pueden observarse las formas de onda que se obtienen en los diferentes puntos del oscilador de relajación con U.J.T.

Por la variedad en estas formas de onda es que el oscilador de relajación puede ser considerado como versátil generador de señales, con propiedades especiales para ser aplicadas, por ejemplo, en el control de dispositivos tiristores, como el SCR y el TRIAC.

Debido a la carga y descarga del condensador, se puede obtener la forma de onda que se ve en el terminal de emisor del U.J.T. Esta es una rampa que, con la variación de la resistencia R_1, puede presentar aplanamientos en las formas normalmente exponenciales, obteniéndose así una señal perfectamente triangular.

En la resistencia R_1 se presentará la señal debida a la descarga del condensador. La forma de onda será de pulsos de muy corta duración, positivos y con una frecuencia que viene controlada por las resistencias que conforman a R_t y el condensador C_t. (figura 17.5).

Si R_1 es muy pequeña, digamos 10Ω, el condensador se descargará rápidamente y los pulsos se harán de mínima duración. De igual forma, la señal del condensador se aproximará a una rampa perfecta.

El temporizador 555

El temporizador 555 es uno de los dispositivos más versátiles y asombrosos que los diseñadores se han ingeniado. No sólo cuenta en la actualidad con una gran cantidad de aplicaciones, sino que constantemente se encuentran para él nuevos usos. Internamente, este dispositivo combina un oscilador de relajación, dos comparadores, un flip – flop RS y un transistor de descarga. (figura 17.7).

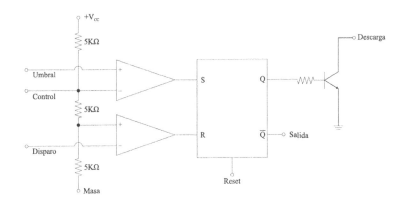

Figura 17-54. Diagrama de bloques del temporizador 555.

En la figura 17.8 aparece la forma física con que se presenta tradicionalmente el 555. El pin número 1 es el de la parte superior izquierda, y la numeración se hace siguiendo la dirección contraria a la de las manecillas del reloj.

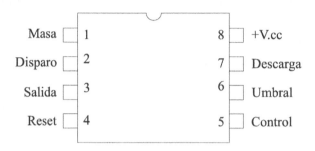

Figura 17-55. Empaque típico del 555.

En la figura 17.9 (a) puede verse el circuito de un flip – flop a base de transistores. Cada colector excita la base opuesta a través de una resistencia R_B. En este circuito, mientras un transistor está saturado el otro está en corte. Por ejemplo, si el transistor de la derecha está saturado, su tensión de colector es aproximadamente cero. Es decir, no hay excitación para la base del transistor de la izquierda, por lo que éste estará en corte y su tensión de colector será aproximadamente $+V_{CC}$. Esta tensión es la que satura al transistor de la derecha. Dependiendo de qué transistor esté saturado, la salida Q estará en 1 o 0 lógico, que es presencia o ausencia de voltaje respectivamente.

En la figura 17.9 (b) se observa el símbolo de un flip – flop RS. Para toda señal (1,0) que aparezca en el terminal Q, en el terminal $\bar{Q}$ aparecerá la negación de esta, es decir, 0 o 1.

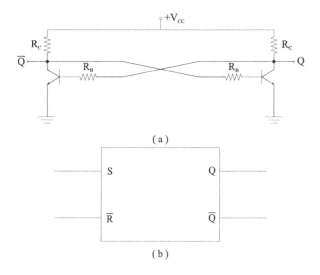

Figura 17-56. (a) Parte de un flip–flop RS, (b) Símbolo de un flip–flop.

Generador de pulsos de reloj con 555

En la figura 17.10 se presenta el temporizador 555 como más comúnmente es usado en un circuito electrónico. Su funcionamiento en este circuito se dice que es astable, y frecuentemente es llamado multivibrador en oscilación libre, porque produce un tren continuo de pulsos rectangulares.

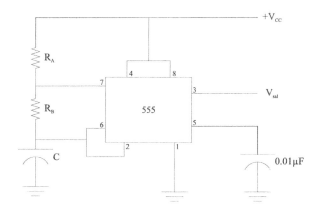

Figura 17-57. Circuito temporizador astable.

Cuando el voltaje de salida está en nivel bajo, el transistor (ver figura 17.7), está en la zona de corte y el condensador se carga a través de la resistencia equivalente $R_A + R_B$. A causa de ello, la constante de tiempo para el condensador es $(R_A + R_B)C$. Conforme el condensador se carga, la tensión umbral (pin 6) aumenta. Al final, ésta excede $+2V_{CC}/3$; entonces el comparador superior tiene una salida en nivel alto e inicia al flip – flop. Con la salida Q en nivel alto, el transistor se satura y pone a masa al terminal 7. A continuación, el condensador se descarga a través de R_B. En consecuencia, la constante de tiempo de descarga es $R_B C$. Cuando la tensión del condensador disminuye un poco más de $+V_{CC}/3$, el comparador inferior tiene una salida en nivel alto que reinicia al flip – flop.

En la figura 17.11 se muestran las formas de onda tal y como podrán verse en el condensador y en la salida respectivamente. La salida es una onda rectangular. Como la constante de carga es mayor que la de descarga, la salida no será simétrica, sino que tendrá estados altos de gran duración y estados bajos de corta duración. El ancho de los pulsos, si se quiere, puede variarse colocando potenciómetros en lugar de resistencias fijas en R_A y R_B. Para determinar hasta qué punto es asimétrica la salida, nuevamente utilizaremos el término ciclo de trabajo, y para calcularlo la expresión.

$$D = \frac{W}{T(100\%)} \qquad (17.4)$$

Donde:

            D   = Ciclo de trabajo.
            W   = Ancho del pulso.
            T   = Período de la señal.

Así por ejemplo, si $W = 2ms$ y $T = 2.5ms$, entonces.

$$D = \frac{2ms}{2.5ms}(100\%) = 80\%$$

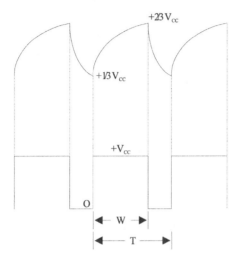

Figura 17-58. Formas de onda del condensador y la salida.

Variando los valores de R_A y R_B, el ciclo de trabajo se puede ubicar entre el 80% y el 100%.

Una solución matemática de las ecuaciones de carga y descarga proporciona las siguientes fórmulas. La frecuencia de salida es:

$$f = \frac{1.44}{(R_A + R_B)C} \qquad (17.5)$$

Y el ciclo de trabajo:

$$D = \frac{R_A + R_B}{(R_A + 2R_B)(100\%)} \qquad (17.6)$$

Si R_A es mucho más pequeña que R_B, el ciclo de trabajo se aproxima al 50%.

EJEMPLO 17.2

Si en el circuito de la figura 17.12 el potenciómetro en R_A se coloca en 7.5KΩ y el potenciómetro R_B se coloca en 5KΩ, determinaría la frecuencia de la señal de salida y el ciclo de trabajo. También el tiempo de carga y de descarga del condensador.

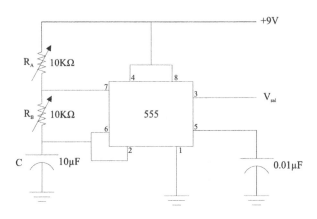

Figura 17-59. Circuito del ejemplo 17.2.

SOLUCIÓN

El valor de $R_A = 7.5K\Omega$, $R_B = 5K\Omega$ y el condensador $C = 10\mu F$.

Utilizando la ecuación (17.5) para hallar la frecuencia, tendremos:

$$f = \frac{1.44}{(R_A + R_B)C} = \frac{1.44}{(7.5K\Omega + 5K\Omega)10\mu F}$$

Es decir:

$$f = 11.52Hz$$

De la misma forma, si utilizamos la ecuación (17.6), obtenemos:

$$D = \frac{R_A + R_B}{R_A + 2R_B}(100\%) = \frac{7.5K\Omega + 5K\Omega}{(7.5K\Omega + 10K\Omega)(100\%)}$$

Es decir:

$$D = 71.42\%$$

El tiempo de carga del condensador es:

$$\tau_{carga} = (R_A + R_B)C$$

Reemplazando:

$$\tau_{carga} = (7.5K\Omega + 5K\Omega)(10\mu F)$$

Es decir:

$$\tau_{carga} = 0.125seg$$

Y el tiempo de descarga es:

$$\tau_{descarga} = R_B C$$

Reemplazando:

$$\tau_{descarga} = 5K\Omega(10\mu F)$$

Es decir:

$$\tau_{descarga} = 0.05seg$$

Aplicación de estas señales en microprocesadores

Como ya se dijo, muchas son las aplicaciones que se le pueden dar a este dispositivo. Una de tantas es la del *circuito reloj.*

El circuito reloj es el que se muestra justamente en la figura 17.10, el cual proporciona una señal como la que se ve en la parte inferior de la figura 17.11. La frecuencia de la señal, como ya se ha anotado, depende de los valores de R_A y C, y variando particularmente el valor de R_B, puede variarse a voluntad dicha frecuencia.

Esta señal es de gran utilidad en microprocesadores, donde se necesita aplicar un tren de pulsos en el terminal marcado con CLOCK (reloj). Dicho tren de pulsos también es de utilidad en circuitos integrados que requieren sincronismo. La función del circuito reloj es producir un impulso repetitivo de frecuencia y duración muy exacta, el cual se utiliza como señal de temporización en sistemas síncronos, es decir, sistemas o circuitos que comparten secuencialmente datos o dispositivos.

En un circuito integrado, el terminal CLOCK (o entrada de reloj) se utiliza para recibir una señal de sincronización, pero en otras aplicaciones se puede usar para control de señales de datos.

En la actualidad casi todos los generadores de reloj son controlados por cristal, debido a la estabilidad que con estos dispositivos se puede lograr.

Tiristores

Los tiristores constituyen una familia de dispositivos semi-conductores de silicio, los cuales pueden emplearse como switches, ya que poseen dos estados estables de operación: uno de conducción (saturación) y otro de no conducción (corte). Esta conmutación la logra el tiristor debido a que cuenta con una retroalimentación interna. La principal aplicación de esta familia de dispositivos es la de controlar grandes valores de corriente de carga para motores y otros elementos de gran demanda.

Los dispositivos más importantes de esta familia son el rectificador controlado por silicio (SCR) y el tríodo de doble sentido (TRIAC), los cuales pueden llegar a controlar potencias que incluyan corrientes relativamente altas, hasta de $2000A$.

Otros dispositivos son el transistor unijuntura programable (PUT), el diodo de dos direcciones (DIAC), el diodo de cuatro capas (D4), el interruptor bilateral de silicio (SUS), el interruptor controlado de silicio (SCS), etc. Estos dispositivos so muy utilizados en control y en disparo de componentes de potencia.

Debido a que las características de los tiristores son muy semejantes, el estudio que se haga sobre un elemento (por ejemplo el SCR, que es el de mayor uso) es aplicable a todos los demás.

Principio de funcionamiento de los tiristores

Todos los tiristores se pueden explicar por medio del circuito que se ve en la figura 17.13 (a). Obsérvese que el transistor Q_1 es un dispositivo pnp, y el transistor Q_2 es un dispositivo npn. El colector de Q_2 excita la base de Q_1. Este circuito es el que permite que los tiristores puedan funcionar como interruptores.

En el circuito de la figura 17.13, si la corriente de base de Q_2 se incrementa, aumente la corriente de colector de Q_2 y por tanto más corriente de base circula por Q_1. Esto produce una mayor corriente de colector en Q_1, y más se excita la base de Q_2. Estos sucesivos aumentos van llevando a saturación a ambos transistores, y el circuito se comporta como un switch cerrado, como se ve en la figura 17.13 (b).

Análogamente, si la corriente de base de Q_2 disminuye, también disminuye la corriente de colector de Q_2. Esto hace que disminuya más aún la corriente de base de Q_2. Estos sucesivos cambios van llevando a los transistores a corte, y el circuito se comporta como un switch abierto, como el que se muestra en la figura 17.13 (c).

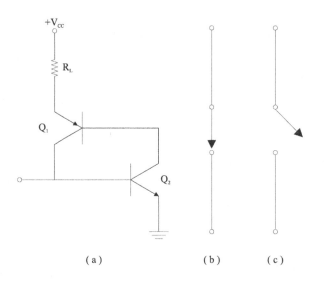

Figura 17-60. Circuito equivalente del tiristor con transistores.

Si el switch se cierra permanece cerrado hasta que un cambio en las corrientes opere en el circuito; lo mismo sucede si el switch se abre, permanece abierto hasta que un cambio en él opere un cambio en el circuito. Debido a que este tipo de conmutación está basada en la retroalimentación positiva, el circuito se llama un **latch**.

Switcheo de un latch

Cuando hablamos de switcheo del latch, no referimos al hecho particular de abrir y cerrar el switch.

Una forma de cerrar el latch es utilizar para ello un circuito de disparo, con el fin de polarizar directamente el diodo base – emisor de Q_2 de la figura 17.13 (a). Basta con un pulso, ya que el pulso hace aparecer las corrientes del circuito y una vez existan las corrientes, éstas se encargan de la excitación de este. Otra forma de cerrar el latch es aplicar un alto voltaje V_{CC}, con el fin de llevar a la ruptura a cualquiera de los diodos de colector. De esta forma surge la corriente de colector y el efecto es equivalente a aplicar el pulso de disparo. Al voltaje aplicado con este fin se le denomina voltaje de cebado.

Una forma de abrir el latch es reduciendo la corriente de carga a cero. Esto hace que los transistores salgan de saturación y entren a corte. Por ejemplo, en el circuito de la figura 17.13 (a), se puede abrir la resistencia de carga, R_L. Otra forma de lograr el mismo efecto es disminuir el voltaje V_{CC} a cero. En estos casos, un latch cerrado se abrirá. Una alternativa más para abrir el latch es aplicando un pulso inverso. Ver figura 17.14.

En resumen, podemos cerrar un latch:

1. Aplicando un pulso positivo.

2. Aplicando un alto voltaje V_{CC}.

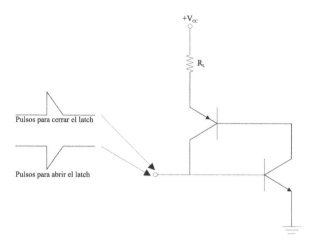

Figura 17-61. Pulsos para abrir o cerrar un latch.

Y para abrir un latch:

    1.   Reducir la corriente de carga a cero (se puede abrir la resistencia de carga).

    2.   Disminuir el voltaje V_{CC} a cero.

    3.   Aplicar un pulso inverso.

El SCR (rectificador controlado de silicio)

El rectificador controlado de silicio (SCR), tiene cuatro capas alternadas pnpn, y una conexión extra en la base de la sección npn, como se ve en la figura 17.15.

En la figura 17.16 (a) puede verse el circuito en latch del SCR, y en la figura 17.16 (b) se ve el símbolo normalmente utilizado para representarlo en los diferentes circuitos.

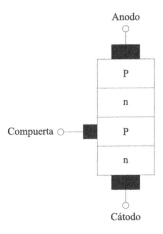

Figura 17-62. Constitución física del SCR.

Dado que el rectificador controlado de silicio es esencialmente un latch, como el que se discutió en las secciones previas, los métodos de encendido y apagado del SCR se consideran prácticamente iguales que los discutidos para el latch.

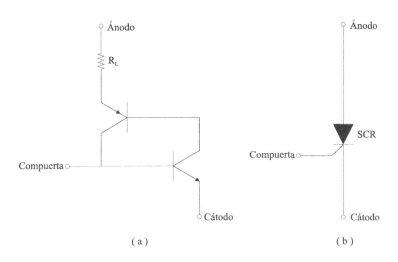

Figura 17-63 (a) Circuito en latch (b) Símbolo del SCR.

Ahora bien, debido a que la compuerta de disparo de un SCR es básicamente un diodo, se necesitan al menos 0.7V para lograr cerrarlo, y una corriente de disparo que está por el orden de los 10mA. Una vez cerrado el SCR aparece en sus extremos un voltaje llamado voltaje de cebado, del orden de 1V.

Para abrir o bloquear un SCR debe disminuirse su corriente por debajo de la corriente mínima requerida para el cebado, llamada corriente de mantenimiento. Esta corriente de mantenimiento también está por el orden de los 10mA; aunque normalmente estos valores pueden variar considerablemente dependiendo de las referencias utilizadas.

Chequeo de SCRs

En la figura 17.17 se muestra el diagrama esquemático de un probador de SCRs. El procedimiento para el chequeo es el siguiente: se toca rápidamente con el cable conectado a la resistencia de 1K la compuerta del SCR. El ELD deberá encender y permanecer en ese estado, indicando que está pasando corriente a través del circuito. La forma de apagar de nuevo el LED es desconectar el suministro de la batería, y para encenderlo de nuevo proceder como se describe arriba.

Con este probador, observamos que un SCR conduce cuando se aplica un voltaje positivo a la compuerta y que el mismo sigue conduciendo aun quitando dicho voltaje de compuerta (gate).

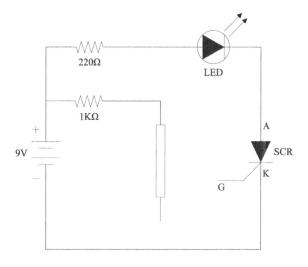

Figura 17-64. El probador de SCR.

El TRIAC (Tríodo de doble sentido)

El TRIAC es un dispositivo que actúa como dos rectificadores controlados de silicio conectado en paralelo, razón por la cual puede controlar la corriente en cualquier dirección. La mejor forma de disparar un TRIAC es aplicar un pulso de polarización directa en la compuerta. En la figura 17.18 puede verse el símbolo utilizado para representar un TRIAC.

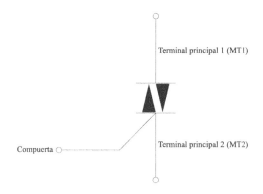

Figura 17-65. Símbolo de un TRIAC.

Puesto que el TRIAC es un dispositivo de doble sentido, no tiene ánodo y cátodo, como por ejemplo un SCR. Las terminales para la trayectoria principal de conducción se denominan terminal principal 1 y terminal principal 2, y se representan mediante MT1 y MT2 (figura 17.18). La compuerta se asocia con MT1, con polaridades y niveles de disparo señalados en relación a MT1.

El DIAC

En la figura 17.19 se pueden observar los símbolos comúnmente utilizados para la representación de un DIAC. La forma de hacer que un DIAC entre en conducción es exceder el valor de la tensión de cebado entre sus extremos en cualquier dirección.

Una vez que el DIAC está conduciendo, la única forma de abrirlo es por medio del bloqueo por disminución de corriente. Es decir, se debe reducir la corriente a un valor inferior a la corriente de mantenimiento del dispositivo.

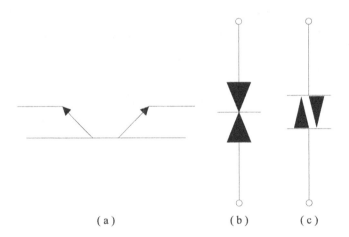

(a)   (b)   (c)

Figura 17-66. Símbolos para un DIAC.

En la figura 17.20 se puede observar un oscilador de relajación complementado con un SCR para controlar el funcionamiento de una carga. La carga, para el efecto, puede ser un bombillo o un motor de baja potencia.

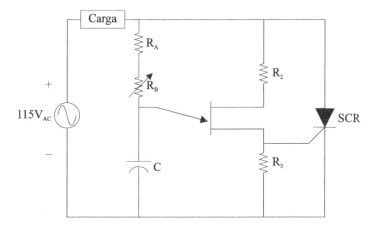

Figura 17-67. Oscilador de relajación complementado con SCR para controlar una carga.

El CUADRAC

En la figura 17.21 se puede observar un circuito para controlar una carga por medio de un TRIAC que es disparado por un DIAC. El circuito puede ser implementado utilizando para ello los dos dispositivos mencionados, sin embargo, para el efecto también se puede usar un CUADRAC. Este es un dispositivo que combina internamente el TRIAC y el DIAC, tal como se ve en la figura 17.21. Para activarlo y desactivarlos se procede de forma análoga a como se vio para el SCR y el TRIAC.

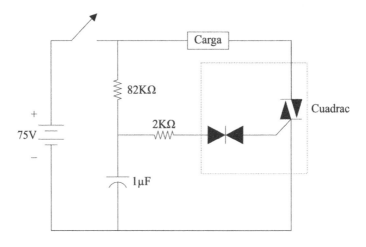

Figura 17-68. Control de una carga por medio de un CUADRAC.

Familias lógicas TTL y CMOS

Para los circuitos integrados digitales que pertenecen a la familia (Transistor Transistor Logic, TTL), el voltaje de alimentación debe ser de 5V y por ningún motivo sobrepasar el valor de 5.25V. La fuente que se utilice para el funcionamiento de los circuitos debe ser regulada, con el fin de que las variaciones que se presenten en una fuente no regulada puedan deteriorar los integrados.

Las señales que se utilicen para la operación de los circuitos sólo podrán estar comprendidas entre 0V y 5V, y no ser superiores a los 5V ni tomar valores negativos inferiores a los 0V.

En las conexiones de estos circuitos integrados se deben evitar los cableados muy largos. Si no es posible que la fuente esté cerca a los circuitos integrados, es conveniente colocar junto a estos condensadores de acople, preferiblemente de tantalio de 1 a 10µF.

Para los circuitos integrados digitales que pertenecen a la familia CMOS (Complementario Metal – Oxido Semiconductor), el voltaje de alimentación puede tomar valores que estén comprendidos en el intervalo entre 3 y 15V. Se recomienda, sin embargo, alimentar con valores de 5, 6, 9 o 12 voltios, siempre tomados de una fuente regulada. Dado que el consumo de corriente de estos circuitos es bajo, se pueden alimentar utilizando para ello baterías.

Los voltajes de las señales que se manejan no pueden ser mayores del nivel de alimentación positiva, ni tomar valores negativos inferiores a 0V. Se recomienda nunca conectar señal de entrada a un circuito CMOS cuando éste no tenga voltaje de alimentación.

Precauciones

Debido a la construcción de los transistores que se utilizan en los circuitos integrados CMOS, sus terminales de entrada son muy sensibles, ya que funcionan con corrientes del orden de picoamperios.

Por esta razón, es fácil que estos transistores se quemen con la electricidad estática que pueden tener nuestras manos en un momento determinado. Para que esto no suceda, se debe evitar tocar las terminales de los integrados o almacenarlos en lugares donde pueda haber electricidad estática.

REPASO

Conceptos

Defina o discuta lo siguiente:

- Dispositivo especial.
- Transistor unijuntura.
- Relación intrínseca de apagado del U.J.T.
- Oscilador de relajación.
- Temporizador 555.
- Flip-flop.
- Generador de pulsos de reloj con 555.
- Ciclo de trabajo de una señal.
- Circuito o sistema síncrono.
- Tiristor.
- Latch.
- Cierre de un latch.
- Apertura de un latch.
- SCR.
- TRIAC.
- DIAC.
- CUADRAC.
- Familia lógica TTL.
- Familia lógica CMOS.

EJERCICIOS

17.1. Basado en el procedimiento que se siguió en el ejemplo 17.1, determine los valores de los componentes del circuito en la figura 17.22, si el valor del voltaje $V_{CC} = +15V$ y $f = 0.8KHz$.

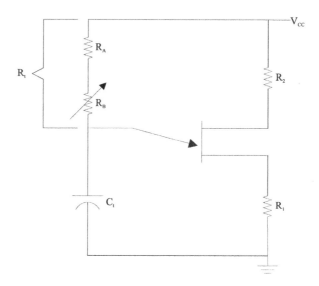

Figura 17-69. Circuito del ejercicio 17.1.

17.2. Repita el ejercicio anterior, pero si el voltaje de polarización $V_{CC} = 15V$ y $f = 0.95KHz$.

17.3. En el circuito de la figura 17.23, el potenciómetro en R_A tiene un valor máximo de $10K\Omega$, si en R_B se coloca una resistencia fija de $5K\Omega$ y en C_t se coloca un condensador de $4.7\mu F$, determinar la frecuencia de la señal de salida y el ciclo de trabajo cuando el potenciómetro en R_A se coloca (a) en mínimo, (b) en valor medio, (c) en valor máximo. Determinar también el tiempo de carga y de descarga del condensador para cada caso.

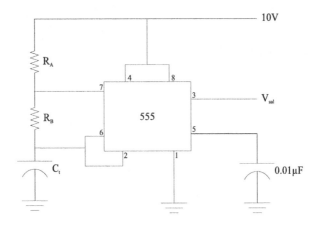

Figura 17-70. Circuito del ejercicio 17.3.

Capítulo 18
GUÍA DE APOYO ACADÉMICO

El presente capitulo pretende ser una guía de apoyo académico para prácticas de laboratorio. En sí mismo, no es otra cosa que un manual de trabajo, en el cual se plantean objetivos específicos, procedimiento a seguir y cuestionario para evaluar, no sólo el alcance en la práctica, sino también la asimilación lograda en el concepto tratado.

Muchos de los circuitos planteados a lo largo del texto pueden fácilmente implementados; de hecho, algunos de los montajes presentados lo que sigue tienen gran semejanza con ciertos circuitos estudiados atrás. Esto se debe básicamente a que con ello se quiere, primero, reforzar los conceptos dados con base en dichos circuitos y segundo, a la importancia que éstos presentan en el manejo general de los componentes y los circuitos electrónicos. Cada práctica está planteada para que pueda ser desarrollada en un módulo de 3 horas de 45 minutos e, incluso, de 2 horas de 60 minutos. Durante la práctica se deben tomar los datos que se piden en la guía de trabajo y con ellos presentar un informe que contenga circuitos montados, datos tomados, tablas de resultados y conclusiones.

Lo mejor sería que se contara con un osciloscopio de rayos catódicos para la observación de ondas en los diferentes circuitos; sin embargo, de no ser así, han de realizarse todos los demás pasos tomando los valores con un tester, preferiblemente digital. y presentando con éstos el informe.

PRÁCTICA N°1

AMPLIFICADOR DIFERENCIAL

OBJETIVOS

1. Caracterizar el amplificador como un elemento a base de componentes discretos.

2. Verificar la importancia de que los componentes del amplificador diferencial tengan las mismas características de operación.

PROCEDIMIENTO

1. Monte el circuito de la figura 18.1.1 con dos transistores idénticos.

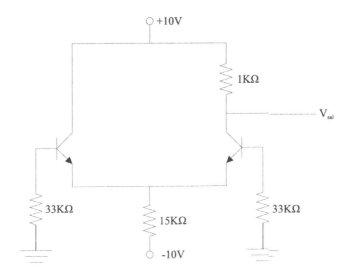

Figura 18-1-1. Amplificador diferencial discreto.

2. Mida la tensión de salida y las tensiones en las resistencias de base.

3. Repita el montaje, pero esta vez con dos transistores diferentes, y mida nuevamente la tensión de salida y las tensiones de base. ¿Varían con respecto al caso anterior?

4. Monte el circuito mostrado en la figura 18.1.2, y determine la relación entre el voltaje de salida y el voltaje de entrada.

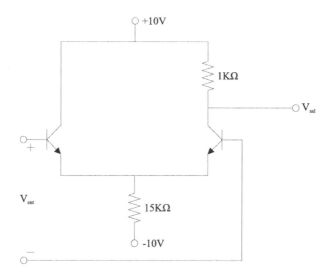

Figura 18-1-2. Amplificador diferencial discreto.

INFORME

1. Consigne en una tabla los resultados.

2. Analice los resultados.

3. Presente sus conclusiones.

PREGUNTAS

1. En el circuito de la figura 18.1.1, ¿observa cambios al colocar transistores de diferentes características?

2. ¿Trabaja el circuito de la figura 18.1.2 como un buen amplificador?

PRACTICA N°2

AMPLIFICADOR INVERSOR Y NO INVERSOR

OBJETIVOS

1. Caracterizar el amplificador operacional como un dispositivo cambiador de fase.

2. Verificar el efecto sumador de señales de un amplificador operacional.

PROCEDIMIENTO

1. Monte los circuitos de la figura 18.2.1 (a) y (b) y con el osciloscopio observe la señal de entrada y señal de salida. Con el selector de canal en DUAL, observe la superposición de las señales de entrada y salida.

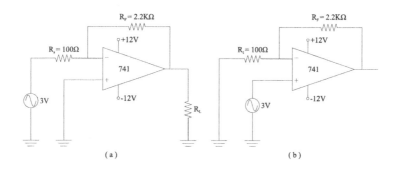

Figura 18-2-1. Amplificador (a) inversor, (b) no inversor.

2. Reemplace las resistencias de retroalimentación (R_f) por potenciómetros de 5KΩ y varíelos mientras observa la señal de salida. Tome cinco puntos diferentes para este efecto (por ejemplo, 1K, 2K, 3K, 4K, 5K).

INFORME

1. Consigne las gráficas observadas en el osciloscopio con los respectivos valores medidos.

2. Para el segundo punto realice una tabla de resultados.

3. Analice los resultados obtenidos.

4. Presente sus conclusiones.

PRACTICA N°3

TENSIÓN DE OFFSET DE UN AMPLIFICADOR OPERACIONAL

OBJETIVOS

1. Caracterizar el amplificador operacional como un circuito integrado.

2. Verificar el concepto de tensión de offset.

3. Conocer los métodos para compensar la tensión de offset.

PROCEDIMIENTO

1. Monte el circuito mostrado en la figura 18.3.1, utilizando para ello un amplificador operacional LM741, y mida la tensión de offset de salida.

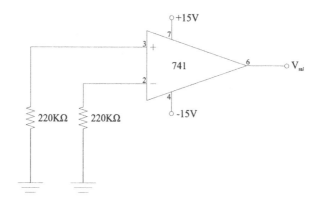

Figura 18-3-1. Circuito para determinar la tensión de offset.

2. Monte el circuito de la figura 18.3.2 y verifique que se anula la tensión de offset para alguna posición del potenciómetro.

3. Repita el procedimiento anterior, pero utilice para el efecto otro tipo de amplificador operacional (el LM11C o el LM324, por ejemplo).

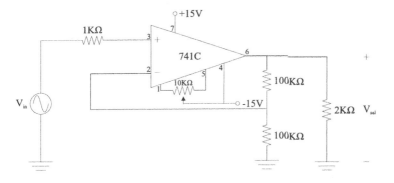

Figura 18-3-2. Circuito con anulación de la tensión de offset de salida.

INFORME

1. Presente una tabla con los resultados.

2. Analice los resultados obtenidos.

3. Presente sus conclusiones.

PREGUNTAS

1. ¿Varía la tensión de offset de una referencia de amplificador a otra?

2. ¿Se observan cambios significativos al variar el valor del potenciómetro en el circuito de la figura 18.3.2?

PRACTICA N°4

AMPLIFICADOR OPERACIONAL COMO SUMA-DOR

OBJETIVOS

1. Caracterizar el amplificador operacional como elemento calculador.

2. Verificar el funcionamiento del amplificador operacional en esta aplicación práctica.

PROCEDIMIENTO

1. Monte los circuitos que aparecen en la figura 18.4.1 (a) y (b), aplicando en las entradas pequeñas señales senoidales (1V, 2V, 3V) y limitando la corriente con resistencias menores de 470Ω para la retroalimentación utilice valores mayores de 1K.

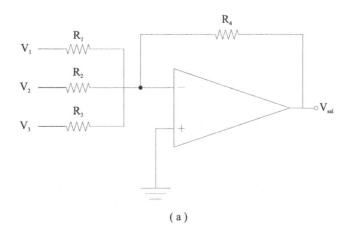

(a)

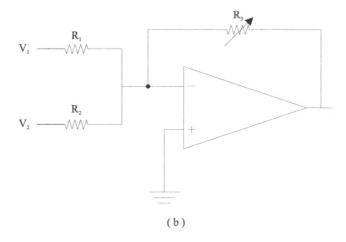

(b)

Figura 18-4-1. Amplificador sumador (a) de tres entradas (b) de dos entradas.

2. Observe las señales de entrada y de salida.

3. En el circuito 5.4.1 (b) varíe el potenciómetro y observe como cambia la señal de salida.

4. En el circuito de la figura 18.4.1 (b) coloque en V_1 una señal senoidal y en V_2 una señal cuadrada. Observe la señal de salida para este caso.

INFORME

1. Dibuje las señales observadas y coloque sus respectivos valores.

2. Realice una tabla con los resultados obtenidos.

3. Analice los resultados.

4. Presente sus conclusiones.

PREGUNTAS

1. ¿Tiene la onda cuadrada algún efecto sobre la onda senoidal en el circuito de la figura 18.4.1 (b)?

2. ¿Qué ocurre con la onda de salida cuando su magnitud toma un valor superior al del voltaje de polarización?

PRACTICA N°5

COMPARADOR, INTEGRADOR, DIFERENCIADOR

OBJETIVOS

1. Caracterizar el amplificador operacional como elemento comparador, integrador, diferenciador.

2. Utilizar dichos circuitos como generadores de onda cuadrada, triangular y pulsos.

PROCEDIMIENTO

1. Monte el circuito que aparece en la figura 18.5.1 aplicando una señal senoidal en la entrada de 3V, y observe las formas de onda tanto de entrada como de salida.

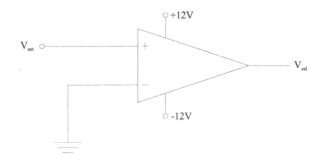

Figura 18-5-1. Amplificador operacional utilizado como comparador.

2. Retire la alimentación negativa del amplificador (-V) y conecte este terminal a tierra. Observe la señal de salida y compárela con la del ejercicio anterior.

3. Monte el circuito mostrado en la figura 18.5.2.

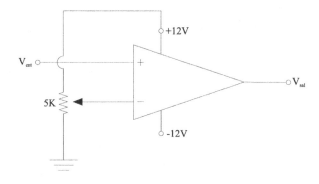

Figura 18-5-2. Comparador como generador de onda rectangular de frecuencia variable.

4. Observe las señales de entrada y de salida para diferentes posiciones del potenciómetro.

5. Monte los circuitos que aparecen en la figura 18.5.3 (a) y (b).

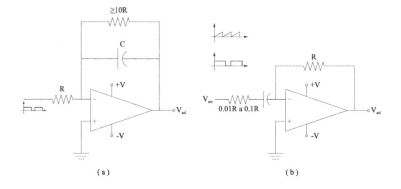

Figura 18-5-3. Amplificador operacional como (a) integrador y (b) diferenciador.

6. Aplique a la entrada las formas de onda que se indican y observe tanto las señales en la entrada como las señales en la salida.

INFORME

1. Dibuje las formas de onda con sus valores respectivos.

2. Analice los resultados obtenidos y compárelos con los esperados según los conceptos teóricos.

3. Presente sus conclusiones.

PRACTICA N°6

GENERADORES DE FORMAS DE ONDA

OBJETIVOS

1. Identificar los principales circuitos generadores de señales, así como las formas de onda más útiles que con estos mismos se pueden obtener.

   Nota: Recuerde que un comparador es una forma práctica y eficiente de convertir una señal senoidal en una cuadrada, así como un integrador convierte ésta en una onda triangular, y un diferenciador hace el proceso inverso.

PROCEDIMIENTO

1. Monte el circuito de la figura 18.6.1. (Báscula de Schmitt).

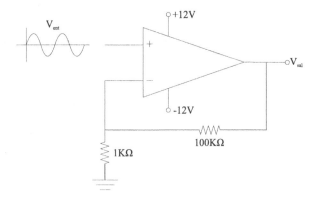

Figura 18-6-1. Convertidor de onda senoidal a cuadrada.

2. Aplique una señal de onda senoidal y observe las ondas tanto de salida como de entrada; en forma individual y luego con el selector de canales en la posición DUAL. Tome los valores de cada una de las señales aplicadas.

3. Monte el circuito de la figura 18.6.2.

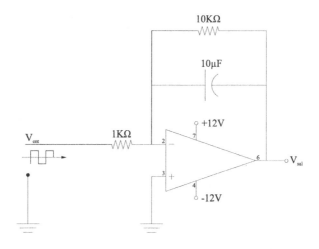

Figura 18-6-2. Convertidor de onda cuadrada a triangular.

4. Aplique una señal cuadrada (utilice para ello el circuito de la figura 18.6.1) y repita el proceso planteado en el numeral 2.

5. Monte el circuito de la figura 18.6.3.

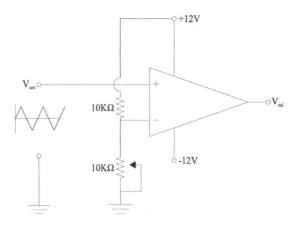

Figura 18-6-3. Convertidor de onda triangular a pulsos.

6. Aplique una señal triangular (utilice para el efecto el circuito mostrado en la figura 18.6.2) y repita lo planteado en el numeral 2.

INFORME

1. Dibuje el circuito completo que obtuvo al finalizar la práctica (en cascada)

2. Dibuje las formas de onda que observó para cada caso, con los respectivos valores medidos en el osciloscopio.

3. Analice las señales obtenidas.

4. Presente sus conclusiones.

PREGUNTAS

1. ¿Qué ocurriría con las formas de onda en los diferentes circuitos, si en lugar de conectar las terminales 4 de los amplificadores a –V, se tiraran a tierra?

PRACTICA N°7

TEMPORIZADOR 555

OBJETIVOS

1. Conocer uno de los circuitos integrados más versátiles que existen en el mercado (el 555).

2. Verificar el funcionamiento del 555 como circuito temporizador.

3. Visualizar la señal de onda de pulsos de reloj que se obtiene mediante el funcionamiento estable del 555 (oscilador).

PROCEDIMIENTO

1. Monte el circuito que se muestra en la figura 18.7.1.

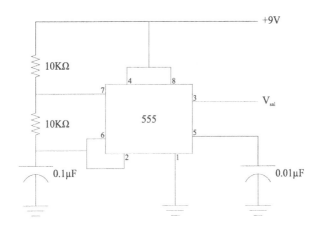

Figura 18-7-1. Circuito temporizador astable.

2. Observe las formas de onda que aparecen en el terminal 3 del 555 (V_{sal}) y en el condensador de 0.1μF.

503

Con el selector de canales en DUAL, observe la superposición de ambas señales. Describa lo que ve en pantalla.

3. Monte el circuito que aparece en la figura 18.7.2. Observe las señales en el condensador y en los terminales 3 (V_{sal}), y 5 del temporizador 555. Con el selector de canales en DUAL, observe simultáneamente el voltaje en el condensador y pin 5.

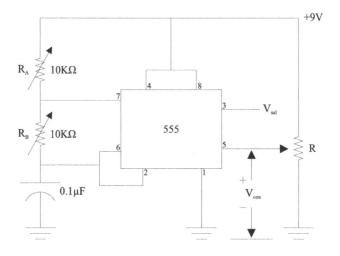

Figura 18-7-2. Oscilador controlado por tensión.

INFORME

1. Dibuje las formas de onda que observa en cada caso, con los respectivos valores.

2. Analice las señales observadas y los resultados.

3. Presente sus conclusiones.

PREGUNTAS

1. ¿Qué aplicación práctica les encuentra a estos circuitos?

2. ¿Qué ocurre con las señales observadas al variar los potenciómetros de 10K de control?

PRACTICA N°8

EL TRANSISTOR UNIJUNTURA

OBJETIVOS

1. Conocer el transistor de unión de juntura.

2. Aplicar el U.J.T como generador de ondas y de pulsos para disparo de tiristores.

PROCEDIMIENTO

1. Monte el circuito que aparece en la figura 18.8.1, y con el osciloscopio observe las formas de onda que aparecen en el condensador y en los puntos marcados como V_1 y V_2.

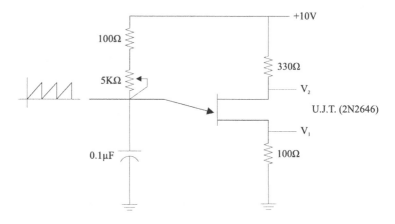

Figura 18-8-2. Generador de diente de sierra.

2. Cortocircuite la resistencia de 100Ω y observe de nuevo las señales indicadas arriba.

3. Monte el circuito de la figura 18.8.2, y observe su funcionamiento. Trate de explicarlo. ¿Cuál es el requisito para que se sature el transistor? observe señales.

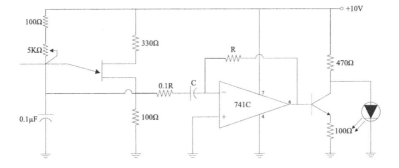

Figura 18-8-3. Oscilador de relajación con U.J.T.

INFORME

1. Dibuje las gráficas que observó en el circuito con sus respectivos valores.

2. Analice los resultados obtenidos.

3. Presente sus conclusiones.

PREGUNTAS

1. ¿Qué aplicación les encuentra a las señales que observa en los diferentes terminales de los circuitos anteriores?

PRACTICA N°9

CONTROL DE POTENCIA

OBJETIVOS
1. Aplicar el transistor unijuntura en el disparo de un SCR.

2. Observar las formas de onda de un control de potencia.

PROCEDIMIENTO
1. Monte el circuito de la figura 18.9.1.

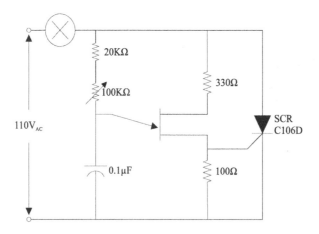

Figura 18-9-2. Control de un SCR mediante U.J.T.

2. Varíe el potenciómetro y observe lo que sucede con la bombilla. Con el osciloscopio determine las ondas en la bombilla y en el SCR.

3. Monte el circuito de la figura 18.9.2.

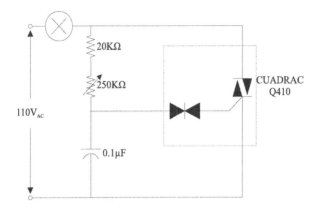

Figura 18-9-3. Control de potencia con CUADRAC.

4. Repita el procedimiento planteado en el numeral 2.

INFORME

1. Dibuje las formas de onda observadas con sus respectivos valores.

2. Describa el funcionamiento de ambos circuitos.

3. Analice los resultados.

4. Presente sus conclusiones.

GLOSARIO

Amplificador: Circuito que puede aumentar la tensión, la corriente o la potencia de una señal.

Amplificador de tensión: Amplificador que produce una ganancia de tensión máxima.

Amplificador diferencial: Circuito con dos transistores cuya salida es una señal amplificada respecto a la entrada diferencial entre las dos bases.

Amplificador inversor de tensión: Amplificador que presenta una salida con fase invertida respecto a la fase de la señal de entrada.

Amplificador no inversor de tensión: Amplificador que presenta una salida con fase idéntica respecto a la fase de la señal de entrada.

Amplificador operacional: Amplificador de alta ganancia de tensión utilizable para frecuencias de 0 a más de 2MHz.

Amplitud: Tamaño de una señal, normalmente su valor de pico.

Báscula de Schmit: Comparador con dos puntos de conmutación. Es inmune a las tensiones de ruido para valores de pico a pico fijados por los puntos de conmutación.

CI monolítico: Circuito integrado fabricado totalmente en una pastilla.

CI de película delgada y película gruesa: Circuito integrado que combina CI monolíticos y componentes discretos.

CI híbrido: Combina CI monolíticos y de película delgada y película gruesa.

Ciclo de trabajo: Es el ancho de un pulso dividido entre el período de la señal de pulsos. Se multiplica normalmente por 100 para obtener una respuesta en porcentaje.

Circuito discreto: Circuito cuyos componentes como resistencias condensadores, transistores, etc. Han sido soldados o conectados de alguna forma.

Circuito integrado: Circuito encapsulado que contiene sus propias resistencias, transistores y diodos. Su tamaño es comparable al de un sólo transistor discreto.

Comparador: Circuito que compara dos señales. Una tomada como referencia. La salida es un nivel alto o bajo. El voltaje de referencia también se llama punto de conmutación.

Corriente de mantenimiento: Corriente mínima que debe circular en un tiristor para mantenerlo en la zona de conducción.

Cortocircuito: Ocurre cuando una resistencia toma un valor de aproximadamente cero ohmios. Así, la tensión será también cercana a cero.

Corriente de salida en cortocircuito: Corriente de salida máxima que puede entregar un amplificador operacional para una resistencia de carga nula.

Entrada inversora: Entrada en un amplificador operacional que produce una salida invertida.

Entrada no inversora: Entrada en un amplificador operacional que produce una salida en fase.

Etapas en cascada: Conexión de dos o más etapas de tal forma que la salida de una de las etapas sea la entrada de la siguiente.

Frecuencia: Número de veces que una señal se repite completa en la unidad de tiempo.

Ganancia en lazo: Producto de la ganancia de tensión diferencial G y la fracción de retroalimentación B. El valor de este producto es generalmente muy grande.

Ganancia en lazo cerrado: Fracción entre la ganancia de tensión diferencial G y el valor absoluto del complemento a uno de la ganancia en lazo GB.

Ganancia de tensión: Relación entre la tensión de salida y la tensión de entrada. El valor indica cuanto se amplifica la señal.

Ganancia de tensión en Decibelios: Ganancia de tensión que es 20 veces el logaritmo de la tensión normal.

Ganancia de tensión medida: Ganancia de tensión que se calcula a partir de los valores medidos de las tensiones de entrada y salida.

Ganancia de tensión prevista: Ganancia de tensión que se calcula a partir de los valores de los componentes que aparecen en un esquema eléctrico.

Integrador: Circuito que efectúa la operación matemática de la integración. Una aplicación popular es la generación de funciones rampa a partir de señales escalón.

Latch: Dos transistores conectados con retroalimentación positiva para simular la acción de un tiristor.

LSI: Integrador de gran escala. Circuitos integrados con más de 100 componentes integrados.

Masa virtual: Cierto tipo de masa que aparece en el terminal inversor de un amplificador operacional con retroalimentación negativa. Se le llama masa virtual porque produce algunos pero no todos los efectos de una tierra física. Concretamente, es masa de tensión y no de corriente. La tierra virtual tiene tanto voltaje como corriente cero.

MSI: Integrador a media escala. Circuitos que tienen de 10 a 100 componentes integrados.

Oscilador de relajación: Circuito que genera una señal de salida sin que exista una señal de entrada. Este tipo de circuito se basa en la carga y descarga de un condensador a través de una resistencia.

Período: Tiempo que tarda una señal en cumplir un ciclo.

Retroalimentación de tensión: Tipo de retroalimentación en la que parte de la tensión de salida se aplica a la entrada del amplificador operacional.

Retroalimentación negativa: Empleo de una señal de salida para alimentar de nuevo la entrada de un amplificador. La señal retroalimentada tiene la fase contraria a la de la señal de entrada.

Retroalimentación positiva: Circuito en el que la señal de salida refuerza, con igual fase, la señal de entrada.

Rectificador Controlado de Silicio: Tiristor con tres terminales, ánodo, cátodo y compuerta. Mediante la compuerta se activa el SCR. Una vez que el SCR entra en conducción es necesario llevar la corriente por debajo de la corriente de mantenimiento para desactivarlo. Sólo conduce en una dirección.

Resistencia de carga: Resistencia que se conecta a la salida de un circuito con el fin de suministrarle un voltaje y una corriente.

Seguidor unitario: Amplificador que se utiliza para aislar dos circuitos cuando uno de ellos sobrecarga al otro. Un amplificador como seguidor unitario tiene alta impedancia de entrada, baja impedancia de salida y ganancia 1. Esto significa que el seguidor unitario pasa la señal de un circuito a otro sin cambiarla

SSI: Integración de baja escala. Circuitos integrados con menos de 10 compón entes integrados.

Sumador: Circuito con amplificador operacional cuya tensión de salida es la suma de dos o más tensiones de entrada con su respectiva amplificación.

Tensión de offset de entrada: Si se conectan a tierra las dos terminales de entrada de un amplificador aparece a la salida todavía una pequeña tensión, llamada tensión de offset de salida. La tensión de offset de entrada es la tensión que se debe aplicar a la entrada para que desaparezca la tensión de off- set de salida.

Tensión de offset de salida: Cualquier diferencia de la tensión de salida con respecto de la tensión de salida ideal.

Tensión pico: Valor instantáneo más grande de una tensión que varía con el tiempo.

Tensión de referencia: Tensión muy estable y precisa de un valor fijo que se toma para ser comparada con otra tensión.

Tiristor: Dispositivo semiconductor de cuatro capas que actúan como un latch.

Transistor unijuntura: Se abrevia U.J.T (en inglés). es un tiristor de baja potencia utilizado para generación de ondas y otras aplicaciones.

Triac: Tiristor que puede conducir en ambas direcciones. Es utilizado para controlar grandes corrientes alternas. Es equivalente a dos SCRs en paralelo con polaridades opuestas.

ÍNDICE DE FIGURAS

FIGURA 1-1. FENÓMENO DE ATRACCIÓN Y REPULSIÓN. 26

FIGURA 1-2. CARGAS POSITIVAS Y NEGATIVAS QUE ADQUIEREN LOS CUERPOS AL SER FROTADOS. 26

FIGURA 1-3. CONSTITUCIÓN ATÓMICA DEL HIDROGENO, HELIO Y BERILIO. . 29

FIGURA 1-4. NIVELES Y SUBNIVELES DE ENERGÍA. 30

FIGURA 2-1. TRANSFERENCIA DE ENERGÍA EN UNA CENTRAL HIDROELÉCTRICA 39

FIGURA 2-2. SENTIDO REAL DE LA CORRIENTE. 47

FIGURA 2-3. SENTIDO CONVENCIONAL DE LA CORRIENTE. 48

FIGURA 2-4. MOVIMIENTO DE LOS ELECTRONES SIN CAMPO ELÉCTRICO. 48

FIGURA 2-5. MOVIMIENTO DE LOS ELECTRONES CON CAMPO ELECTRÓNICO. 49

FIGURA 2-6. CORRIENTE DIRECTA. 49

FIGURA 2-7. CORRIENTE ALTERNA. 50

FIGURA 2-8. CIRCUITO ELEMENTAL 51

FIGURA 2-9. DIFERENCIA DE NIVEL (ANÁLOGO A UNA DIFERENCIA DE POTENCIAL). 54

FIGURA 2-10. LA DIFERENCIA DE NIVEL SE MANTIENE CONSTANTE 55

FIGURA 3-1. (A) PILA DE VOLTA, (B) SÍMBOLO ESQUEMÁTICO DE UNA PILA. 65

FIGURA 3-2. (A) COMPOSICIÓN DE UNA BATERÍA (B) SÍMBOLO DE UNA BATERÍA. 66

FIGURA 3-3. ACUMULADOR, INDICANDO EL GENERADOR G, PARA CARGARLO. 67

FIGURA 3-4. ANALOGÍA PARA UNA BATERÍA. 67

FIGURA 3-5. REPRESENTACIÓN DE FUENTES INDEPENDIENTES (A) DE VOLTAJE (B) DE CORRIENTE. 68

FIGURA 3-6. POTENCIA (A) SUMINISTRADA Y (B) ABSORBIDA. 69

FIGURA 3-7. ANALOGÍA DE UN GENERADOR DE CORRIENTE ALTERNA 70

FIGURA 3-7-1. CIRCUITO DEL EJEMPLO 3.1. 71

FIGURA 3-8. REPRESENTACIÓN DE LAS FUENTES CONTROLADAS. 73

FIGURA 3-9. REPRESENTACIÓN GRÁFICA DE UNA RESISTENCIA. 74

FIGURA 3-10. DIFERENTES TIPOS DE RESISTENCIA. 76

FIGURA 3-11. LA RESISTENCIA VARÍA CON LA LONGITUD Y A SECCIÓN TRANSVERSAL DEL CONDUCTOR. 77

FIGURA 3-12. CURVA DE LA VARIACIÓN DE LA RESISTENCIA CON LA TEMPERATURA PARA EL PLOMO. 84

FIGURA 3-13. PRINCIPIO DE CONSTRUCCIÓN DE UN REÓSTATO. 88

FIGURA 3-14. SÍMBOLO DE UN REÓSTATO. 89

FIGURA 3-15. ANALOGÍA PARA UN REÓSTATO. 89

FIGURA 3-16. ANALOGÍA PARA UN POTENCIÓMETRO. 90

FIGURA 3-17. DISCO QUE RELACIONA LA LEY DE OHM Y LA LEY DE JOULE (RESUMEN DE FÓRMULAS). 91

FIGURA 3-18. SÍMBOLO DE UNA INDUCTANCIA O BOBINA. 92

FIGURA 3-19. BOBINA CON NÚCLEO DE HIERRO. 93

FIGURA 3-20. SÍMBOLO DE UNA CAPACIDAD O CONDENSADOR. 96

FIGURA 3-21. CONSTRUCTIVAS DE CONDENSADOR DE PAPEL IMPREGNADO Y DE CERÁMICA. 96

FIGURA 3-22. (A) CONDENSADOR VARIABLE CON DIELÉCTRICO DE AIRE (B) CONDENSADOR VARIABLE "TRIMMER". 97

FIGURA 3-23. ANALOGÍA PARA UN CONDENSADOR. 98

FIGURA 3-24. CAPACITOR DE PLACAS PARALELAS. 101

FIGURA 3-25. EL PROTOBOARD VISTO POR ENCIMA. 105

FIGURA 3-26. EL PROTOBOARD VISTO POR DEBAJO Y POR DENTRO. 105

FIGURA 3-27. CONEXIÓN DE UN CI EN EL PROTOBOARD. 106

FIGURA 3-28. (A) CIRCUITO ELÉCTRICO (B) FORMA DE HACER LAS CONEXIONES CON SOLDADURA. 107

FIGURA 3-29. CONEXIONES DEL CIRCUITO EN EL PROTOBOARD. 107

FIGURA 3-30. UNIÓN O EMPALME EN UN CIRCUITO. 109

FIGURA 3-31. CIRCUITO DEL EJERCICIO 3.16. 110

FIGURA 3-32. MALLA O SENDERO CERRADO. 111

FIGURA 3-33. CIRCUITO DEL PROBLEMA 3.1. 113

FIGURA 3-34. CIRCUITO DEL PROBLEMA 3.9. 115

FIGURA 3-35. CIRCUITO DEL PROBLEMA 3.10. 115

FIGURA 4-1. (A) MULTÍMETRO COMERCIAL SIMPSON (B) ESCALA ANÁLOGA DE UN MULTÍMETRO. 118

FIGURA 4-2. DISPOSICIÓN DE LAS PIEZAS EN UN GALVANÓMETRO. 118

FIGURA 4-3. SÍMBOLO DE UN GALVANÓMETRO. 119

FIGURA 4-4. SÍMBOLO DEL AMPERÍMETRO. 119

FIGURA 4-5. SHUNT O DERIVACIÓN DEL AMPERÍMETRO. 120

FIGURA 4-6. SÍMBOLO DE UN VOLTÍMETRO. 120

FIGURA 4-7. CONSTRUCCIÓN DE UN VOLTÍMETRO. 121

FIGURA 4-8. SÍMBOLO DE UN ÓHMETRO. 121

FIGURA 4-9. CIRCUITO SERIE FUNDAMENTAL DE UN ÓHMETRO.................. 122

FIGURA 4-10. DIAGRAMA DE BLOQUE DE UN INSTRUMENTO DE MEDIDA
    DIGITAL. 123

FIGURA 4-11. CARÁTULA DE UN OSCILOSCOPIO. 124

FIGURA 4-12. CONEXIÓN DE UN INSTRUMENTO DE MEDIDA PARA MEDIR (A)
    CORRIENTE (B) VOLTAJE (C) RESISTENCIA.. 127

FIGURA 5-1. RESISTENCIAS CONECTADAS EN SERIE. 132

FIGURA 5-2. RESISTENCIA EQUIVALENTE DE RESISTENCIAS CONECTADAS EN
    SERIE... 133

FIGURA 5-3. RESISTENCIAS CONECTADAS EN PARALELO............................. 134

FIGURA 5-4. RESISTENCIA EQUIVALENTE DE RESISTENCIAS CONECTADAS EN
    PARALELO. 135

FIGURA 5-5. CIRCUITO DEL EJEMPLO 5.1. 136

FIGURA 5-6. CIRCUITO DEL EJEMPLO 5.2. 137

FIGURA 5-7. CIRCUITO DEL EJEMPLO 5.3. 138

FIGURA 5-8. CIRCUITO DEL EJEMPLO 5.4. 139

FIGURA 5-8-1. CIRCUITO SIMPLIFICADO DEL EJEMPLO 5.4. 140

FIGURA 5-9. CIRCUITO DEL EJEMPLO 5.5. 141

FIGURA 5-9-1. CIRCUITO SIMPLIFICADO DEL EJEMPLO 5.5. 141

FIGURA 5-10. CONVERSIONES DE DELTA A ESTRELLA Y DE ESTRELLA A DELTA.
    (A) CIRCUITO DELTA (Δ); (B) CIRCUITO ESTRELLA (Y); (C)
    CONVERSIONES... 143

FIGURA 5-11. CIRCUITO DEL EJEMPLO 5.6. (A) CIRCUITO DADO. (B)
    CONVERSIÓN DE LA DELTA SUPERIOR EN Y. (C) CIRCUITO
    SIMPLIFICADO.. 145

FIGURA 5-12. DIVISOR DE VOLTAJE... 147

FIGURA 5-13. DIVISOR DE CORRIENTE. 148

FIGURA 5-14. CIRCUITO DEL EJEMPLO 5.7. 148

FIGURA 5-15. CIRCUITO DEL EJEMPLO 5.8. 149

FIGURA 5-16. ANÁLISIS DE MALLAS. (A) CIRCUITO DADO. (B) DIRECCIONES
SUPUESTAS DE CORRIENTE Y VOLTAJE EN LOS ELEMENTOS. 151

FIGURA 5-17. SENTIDO DE VOLTAJE PARA DIRECCIONES SUPUESTAS DE LAS
CORRIENTES I. 155

FIGURA 5-18. CIRCUITO DEL EJEMPLO 5.11. 156

FIGURA 5-19. CIRCUITO DEL EJERCICIO 5.1. 159

FIGURA 5-20. CIRCUITO DEL EJERCICIO 5.2. 159

FIGURA 5-21. CIRCUITO DEL EJERCICIO 5.3. 160

FIGURA 5-22. CIRCUITO DEL EJERCICIO 5.4. 161

FIGURA 5-23. CIRCUITO DEL EJERCICIO 5.5. 162

FIGURA 5-24. CIRCUITO DEL EJERCICIO 5.6. 162

FIGURA 5-25. CIRCUITO DEL EJERCICIO 5.7. 163

FIGURA 5-26. CIRCUITO DEL EJERCICIO 5.8. 163

FIGURA 5-27. CIRCUITO DEL EJERCICIO 5.9. 164

FIGURA 5-28. CIRCUITO DEL EJERCICIO 5.10. 164

FIGURA 5-29. CIRCUITO DEL EJERCICIO 5.11. 164

FIGURA 6-1. CIRCUITO 1 DE LA PRÁCTICA 2. 171

FIGURA 6-2. CIRCUITO 2 DE LA PRÁCTICA 2. 172

FIGURA 6-3. CIRCUITO 1 DE LA PRÁCTICA 4. 177

FIGURA 6-4. CIRCUITO 2 DE LA PRÁCTICA 4. 178

FIGURA 6-5. CIRCUITO 3 DE LA PRÁCTICA 4. 178

FIGURA 6-6. CIRCUITOS 1 DE LA PRÁCTICA 9. 188

FIGURA 6-7. CIRCUITOS 2 DE LA PRÁCTICA 9. 188

FIGURA 7-5. SEMICONDUCTOR INTRÍNSECO 196

FIGURA 7-6. SEMICONDUCTOR TIPO N 197

FIGURA 7-7. SEMICONDUCTOR TIPO P. 198

FIGURA 8-11. JUNTURA PN O DIODO 201

FIGURA 8-12. POLARIZACIÓN DIRECTA DEL DIODO. 202

FIGURA 8-13. POLARIZACIÓN INVERSA. 203

FIGURA 8-14. (A) CONSTITUCIÓN DEL DIODO (B) ASPECTO FÍSICO Y (C)
SÍMBOLO 204

FIGURA 8-15. EL DIODO COMO UN INTERRUPTOR 205

FIGURA 8-16. CHEQUEADOR DE DIODOS. 206

FIGURA 9-36. SÍMBOLO DEL TRANSFORMADOR. 212

FIGURA 9-37. TRANSFORMADOR CON CARGA. 213

FIGURA 9-38. RECTIFICADOR DE MEDIA ONDA. 217

FIGURA 9-39. SEÑAL SENOIDAL EN EL SECUNDARIO (ARRIBA) Y SEÑAL DE
MEDIA ONDA SOBRE LA CARGA (ABAJO). 218

FIGURA 9-40. RECTIFICADOR DE ONDA COMPLETA. 221

FIGURA 9-41. FORMA DE ONDA EN EL SECUNDARIO DEL TRANSFORMADOR
(ARRIBA) Y EN LA CARGA (ABAJO). 222

FIGURA 9-42. RECTIFICADOR EN PUENTE. 224

FIGURA 9-43. DOBLADOR DE TENSIÓN DE MEDIA ONDA. 226

FIGURA 9-44. DOBLADOR DE TENSIÓN DE ONDA COMPLETA. 227

FIGURA 9-45. LIMITADOR POSITIVO. 228

FIGURA 9-46. LIMITADOR POSITIVO POLARIZADO. 229

FIGURA 9-47. COMBINACIÓN DE LIMITADORES. 230

FIGURA 9-48. SÍMBOLO ELÉCTRICO DEL ZENER. 231

FIGURA 9-49. CURVA I – V PARA EL DIODO. 231

FIGURA 9-50. VOLTAJE ZENER Y RESISTENCIA ZENER. 232

FIGURA 9-51. CIRCUITO (A) DADO Y (B) EQUIVALENTE DEL EJEMPLO 9.9. ... 233

FIGURA 9-52. CIRCUITO DEL EJEMPLO 9.10. 234

FIGURA 9-53. (A) SÍMBOLO (B) CIRCUITO EQUIVALENTE Y (C) CURVA
CARACTERÍSTICA DE UN VARICAP. 235

FIGURA 9-54. CIRCUITO DEL EJERCICIO 9.6. 238

FIGURA 10-13. COMPOSICIÓN DE UN TRANSISTOR (A) PNP Y (B) NPN. 239

FIGURA 10-14. SÍMBOLO DE UN TRANSISTOR (A) PNP Y (B) NPN. 240

FIGURA 10-15. REPRESENTACIÓN DE UN TRANSISTOR POR MEDIO DE DIODOS
(A)TRANSISTOR NPN (B)TRANSISTOR NPN 240

FIGURA 10-16. POLARIZACIÓN DE UN TRANSISTOR. 241

FIGURA 10-17. ELECTRONES QUE VAN DEL EMISOR AL COLECTOR 242

FIGURA 10-18. CONFIGURACIÓN DE (A) EMISOR COMÚN (B) BASE COMÚN Y
(C) COLECTOR COMÚN. 243

FIGURA 10-19. LAS SEÑALES QUE SE APLICAN Y SALIDA PARA
CONFIGURACIÓN DE EMISOR COMÚN. 244

FIGURA 10-20. SEÑALES DE ENTRADA Y SALIDA PARA CONFIGURACIÓN DE
COLECTOR COMÚN. 246

FIGURA 10-21. SEÑALES DE ENTRADA Y SALIDA PARA CONFIGURACIÓN DE BASE COMÚN.. 247

FIGURA 10-22. FLUJO DE CORRIENTES EN LOS TRANSISTORES. 251

FIGURA 10-23. POLARIZACIÓN FIJA DE UN TRANSISTOR EN (A) EMISOR COMÚN Y (B) COLECTOR COMÚN. 256

FIGURA 10-24. POLARIZACIÓN AUTOMÁTICA DEL TRANSISTOR. 257

FIGURA 10-25. POLARIZACIÓN DEL TRANSISTOR POR DIVISIÓN DE TENSIÓN. 258

FIGURA 10-26. DETERMINAR DEL TIPO DE TRANSISTOR MEDIANTE UN ÓHMETRO (A) PNP (B) NPN. 260

FIGURA 10-27. CIRCUITO CHEQUEADOR DE TRANSISTOR (A) NPN Y (B) PNP. 262

FIGURA 10-28. CURVAS CARACTERÍSTICAS DEL TRANSISTOR. 264

FIGURA 10-29. CIRCUITO EN CONFIGURACIÓN EMISOR COMÚN. 265

FIGURA 10-30. CURVA DE SALIDA INDICANDO REGIONES DE OPERACIÓN DEL TRANSISTOR. 271

FIGURA 10-31. LA RECTA DE CARGA. 272

FIGURA 10-32. (A) CIRCUITO CON POLARIZACIÓN DE BASE (B) RECTA DE CARGA.. 275

FIGURA 10-33. CIRCUITO DEL EJEMPLO 10.12. 277

FIGURA 10-34. RECTA DE CARGA PARA EL CIRCUITO DEL EJEMPLO 10.12... 278

FIGURA 10-35. CIRCUITO CON POLARIZACIÓN DE EMISOR. 280

FIGURA 10-36. RECTA DE CARGA PARA EL CIRCUITO CON POLARIZACIÓN DE EMISOR. 282

FIGURA 10-37. CIRCUITO DEL EJEMPLO 10.13. 283

FIGURA 10-38. RECTA DE CARGA PARA EL CIRCUITO DEL EJEMPLO 10.13... 285

FIGURA 10-39. TRANSISTOR COMO INTERRUPTOR. 286

FIGURA 10-40. TRANSISTOR COMO INTERRUPTOR. 288

FIGURA 10-41. CIRCUITOS EXCITADORES DE LEDs.................................... 289

FIGURA 10-42. CIRCUITO EXCITADOR DE LED.. 290

FIGURA 10-43. EL SEGUIDOR DE EMISOR. 292

FIGURA 10-44. CONEXIÓN DARLINGTON... 294

FIGURA 10-45. CIRCUITO DEL EJERCICIO 10.12. 297

FIGURA 10-46. CIRCUITO DEL EJERCICIO 10.18. 298

FIGURA 10-47. CIRCUITO DEL EJERCICIO 10.19. 299

FIGURA 11-30. LA PILA (B). 302

FIGURA 11-31. LA BATERÍA (B). 302

FIGURA 11-32. INTERRUPTOR O SWITCH (S). 302

FIGURA 11-33. PULSADOR NORMALMENTE ABIERTO (S). 303

FIGURA 11-34. PULSADOR NORMALMENTE CERRADO (S). 303

FIGURA 11-35. FUSIBLE (F). 304

FIGURA 11-36. VARISTOR (V). 304

FIGURA 11-37. RESISTENCIA (R). 305

FIGURA 11-38. POTENCIÓMETRO. 305

FIGURA 11-39. CONDENSADOR CERÁMICO (C). 306

FIGURA 11-40. CONDENSADORES ELECTROLÍTICO (C). 306

FIGURA 11-41. BOBINA (L). 307

FIGURA 11-42. LED. 307

FIGURA 11-43. FOTOCELDA. 308

FIGURA 11-44. CIRCUITO INTEGRADO (CI). 308

FIGURA 11-45. PARLANTE (SP). 309

FIGURA 12-8. DIAGRAMAS EN BLOQUES DE UNA FUENTE DE PODER

CONVENCIONAL. 311

FIGURA 12-9. EFECTO DEL CONDENSADOR SOBRE UNA SEÑAL RECTIFICADA

(A) DE MEDIA ONDA (B) DE ONDA COMPLETA. 313

FIGURA 12-10. RIZADO SOBRE UNA SEÑAL CONTINUA. 313

FIGURA 12-11. CONEXIÓN PARA UN REGULADOR (A) FIJO Y (B) VARIABLE. 315

FIGURA 12-12. REGULADOR CON SALIDA SIMÉTRICA. 317

FIGURA 12-13. CIRCUITO DEL EJEMPLO 12.1. 317

FIGURA 12-14. CIRCUITO DEL EJERCICIO 12.1. 320

FIGURA 12-15. CIRCUITO DEL EJERCICIO 12.2. 321

FIGURA 13-1-1. CIRCUITO RECTIFICADOR DE MEDIA ONDA. 324

FIGURA 13-1-2. CIRCUITO (PUENTE) RECTIFICADOR DE ONDA COMPLETA. 325

FIGURA 13-1-3. CIRCUITO RECTIFICADOR DE ONDA COMPLETA UTILIZANDO

TRANSFORMADOR CON TAP CENTRAL. 325

FIGURA 13-2-1. CIRCUITO DOBLADOR DE VOLTAJE. 327

FIGURA 13-2-2. CIRCUITOS MULTIPLICADORES DE VOLTAJE. 328

FIGURA 13-3-1. CIRCUITO DE AMPLIFICACIÓN DEL DIODO ZENER. 329

FIGURA 13-3-2. CIRCUITO CON DIODO ZENER Y CARGA. 330

FIGURA 13-3-3. CIRCUITOS DE APLICACIÓN DEL DIODO ZENER 330

FIGURA 13-4-1. CIRCUITOS PARA DETERMINAR PUNTO DE OPERACIÓN DEL TRANSISTOR. 332

FIGURA 13-5-1. CONFIGURACIÓN EMISOR COMÚN DEL BJT 334

FIGURA 13-5-2. CONFIGURACIÓN BASE COMÚN DEL BJT. 335

FIGURA 13-6-1. CIRCUITOS PARA VERIFICAR FUNCIONAMIENTO DE TRANSISTOR COMO INTERRUPTOR 337

FIGURA 13-6-2. CIRCUITO PARA VERIFICAR FUNCIONAMIENTO DEL TRANSISTOR COMO CONMUTADOR. 337

FIGURA 13-6-3. CONMUTACIÓN DEL TRANSISTOR BIPOLAR. 338

FIGURA 13-7-1. CIRCUITO AMPLIFICADOR A TRANSISTOR. 339

FIGURA 13-8-1. REGULADOR DISCRETO. 341

FIGURA 13-8-2. REGULADOR DISCRETO CON DOS TRANSISTORES. 342

FIGURA 13-9-1. REGULADOR INTEGRADO (A) POSITIVO (B) NEGATIVO 343

FIGURA 13-9-2. REGULADOR INTEGRADO VARIABLE. 344

FIGURA 13-10-1. FUENTE DE PODER REGULADA VARIABLE. 346

FIGURA 14-8. AMPLIFICADOR DIFERENCIAL. 358

FIGURA 14-9. DIAGRAMA DE BLOQUES DE UN AMPLIFICADOR DIFERENCIAL. 359

FIGURA 14-10. DIAGRAMA (A) CIRCUITAL Y (B) DE BLOQUES CON UNA SOLA ENTRADA DEL AMPLIFICADOR DIFERENCIAL. 360

FIGURA 14-11. SEÑAL DE SALIDA V_{o1} DEBIDA A LA SEÑAL DE ENTRADA V_{i1} EN UN AMPLIFICADOR DIFERENCIAL. 361

FIGURA 14-12. VOLTAJE EN LA RESISTENCIA DE EMISOR. 361

FIGURA 14-13. ENTRADA SIMPLE, SALIDAS DE POLARIDAD OPUESTA. 362

FIGURA 14-14. OPERACIÓN CON SEÑAL DE ENTRADA DIFERENCIAL. 363

FIGURA 14-15. OPERACIÓN DIFERENCIAL DEL AMPLIFICADOR A) $V_{i2}=0$, B) $V_{i1}=0$, C) AMBAS ENTRADAS ESTÁN PRESENTES. 364

FIGURA 14-16. OPERACIÓN CON SEÑALES DE ENTRADA EN FASE. 365

FIGURA 14-17. OPERACIÓN SIMPLE Y DOBLE DE LAS ETAPAS DEL AMPLIFICADOR DIFERENCIAL. 366

FIGURA 14-18. CIRCUITO DEL EJERCICIO 14.1. 367

FIGURA 14-19. CIRCUITOS DEL EJERCICIO 14.2. 368

FIGURA 14-20. CIRCUITO DEL EJERCICIO 14.3. 368

FIGURA 14-21. CIRCUITO DEL EJERCICIO 14.4. 369

FIGURA 14-22. CIRCUITO DEL EJERCICIO 14.5. 369

FIGURA 15-17. CIRCUITO INTEGRADO 347. 372

FIGURA 15-18. DIAGRAMA DE CONEXIONES PARA PAQUETES AMP. OP. TÍPICOS. LA ABREVIATURA N.C. SIGNIFICA "NO CONEXIÓN", ES DECIR, NO HAY CONEXIÓN INTERNA EN EL AMP. OP. 373

FIGURA 15-19. TERMINALES DEL SUMINISTRO DE POTENCIA DE UN AMP. OP. 374

FIGURA 15-20. CIRCUITO DEL EJEMPLO 15.1. 376

FIGURA 15-21. DIAGRAMA ESQUEMÁTICO PARA GANANCIA DE VOLTAJE EN CIRCUITO ABIERTO. 378

FIGURA 15-22. SÍMBOLO ELÉCTRICO DEL AMPLIFICADOR OPERACIONAL. ... 384

FIGURA 15-23. SÍMBOLO SIMPLIFICADO DEL AMPLIFICADOR OPERACIONAL. 384

FIGURA 15 24. CIRCUITO EQUIVALENTE DE UN AMPLIFICADOR OPERACIONAL 385

FIGURA 15-25. TENSIÓN DE OFFSET DE SALIDA. 387

FIGURA 15-26. COMPENSACIÓN DE LA TENSIÓN DE OFFSET DE SALIDA. 387

FIGURA 15-27. AMPLIFICADOR OPERACIONAL CON RETROALIMENTACIÓN NEGATIVA. 389

FIGURA 15-28. CIRCUITO PARA COMPENSACIÓN DE LA TENSIÓN DE OFFSET DE SALIDA. 390

FIGURA 15-29. CIRCUITO DEL EJEMPLO 15.8. 392

FIGURA 15-30. CONEXIÓN EN LAZO ABIERTO. 395

FIGURA 15-31. CIRCUITO DEL EJERCICIO 15.10. 400

FIGURA 16-55. AMPLIFICADOR NO INVERSOR 402

FIGURA 16-56. AMPLIFICADOR INVERSOR DE TENSIÓN. 403

FIGURA 16-57. TIERRA VIRTUAL EN UN AMPLIFICADOR OPERACIONAL 404

FIGURA 16-3 (A) CIRCUITO DE ENTRADA DEL AMPLIFICADOR OPERACIONAL INVERSOR DE LA FIGURA 16.3. 405

FIGURA 16-3 (B) CIRCUIDO DO SALIDA DEL AMPLIFICADOR OPERACIONAL INVERSOR DE LA FIGURA 16.3. 406

FIGURA 16-58. SEGUIDOR UNITARIO. 407

FIGURA 16-59. DETECTOR DE NIVEL DE VOLTAJE POSITIVO (A) NO INVERSOR (B) INVERSOR.. 408

FIGURA 16-60. FORMAS DE ONDA DEL CIRCUITO DEL EJEMPLO 16.4........... 410

FIGURA 16-61. DETECTOR DE NIVEL DE VOLTAJE NEGATIVO, (A) NO INVERSOR (B) INVERSOR.. 410

FIGURA 16-62. MODULACIÓN DEL ANCHO DEL PULSO VARIANDO NIVEL DEL VOLTAJE DE REFERENCIA. 411

FIGURA 16-63. CIRCUITO DEL EJEMPLO 16.5. 412

FIGURA 16-64. SEÑALES DE ENTRADA Y SALIDA DEL CIRCUITO DEL EJEMPLO 16.5. 413

FIGURA 16-65. AMPLIFICADOR SUMADOR. 414

FIGURA 16-66. CIRCUITO DEL EJEMPLO 16.7. 416

FIGURA 16-67. (A) CIRCUITO INTEGRADOR (B) ENTRADA RECTANGULAR (C) RAMPA DE SALIDA CARACTERÍSTICA. 417

FIGURA 16-68. CIRCUITO DEL EJEMPLO 16.8. 419

FIGURA 16-69. AMPLIFICADOR COMO SUMADOR INTEGRADOR. 420

FIGURA 16-70. CIRCUITO DIFERENCIADOR. 421

FIGURA 16-71. LA RAMPA DE ENTRADA PRODUCE UNA SALIDA RECTANGULAR... 422

FIGURA 16-72. LA ENTRADA RECTANGULAR PRODUCE PICOS DE TENSIÓN ESTRECHOS EN LA SALIDA. 422

FIGURA 16-73. LA RESISTENCIA EN SERIE CON EL CONDENSADOR EVITA OSCILACIONES EN ALTA FRECUENCIA.. 423

FIGURA 16-74. AMPLIFICADOR LOGARÍTMICO... 424

FIGURA 16-75. AMPLIFICADOR ANTILOGARÍTMICO...................................... 426

FIGURA 16-76. BÁSCULA DE SCHMITT. 427

FIGURA 16-22 (A) SEÑALES DE ENTRADA – SALIDA. 428

FIGURA 16-77 (A) SEÑAL CUADRADA APLICADA A UN INTEGRADOR (B) SEÑALES DE ENTRADA – SALIDA. 429

FIGURA 16- 78 (A) COMPARADOR CON ENTRADA TRIANGULAR. (B) SALIDA CON CICLO DE TRABAJO VARIABLE. (C) FORMA DE ONDA EN LA ENTRADA Y EN LA SALIDA. 430

FIGURA 16-79. CIRCUITO DEL EJEMPLO 16.10. 431

FIGURA 16-80. DIAGRAMA CIRCUITAL Y ONDA DE ENTRADA DEL EJEMPLO
16.11. 432

FIGURA 16-81. CIRCUITO DEL EJERCICIO 16.1. 435

FIGURA 16-82. CIRCUITO DEL EJERCICIO 16.2. 436

FIGURA 16-83. CIRCUITO DEL EJERCICIO 16.3. 436

FIGURA 16-84. CIRCUITO DEL EJERCICIO 16.5. 437

FIGURA 16-85. CIRCUITO DEL EJERCICIO 16.6. 438

FIGURA 16-86. CIRCUITO DEL EJERCICIO 16.8. 438

FIGURA 16-87. CIRCUITO DEL EJERCICIO 16.9. 439

FIGURA 16-88. CIRCUITO DEL EJERCICIO 16.11. 439

FIGURA 16-89. CIRCUITO DEL EJERCICIO 16.12. 440

FIGURA 16-90. CIRCUITO DEL EJERCICIO 16.13. 440

FIGURA 16-91. CIRCUITO DEL EJERCICIO 16.14. 441

FIGURA 16-92. CIRCUITO DEL EJERCICIO 16.18. 442

FIGURA 16-93. CIRCUITO DEL EJERCICIO 16.19. 442

FIGURA 16-94. CIRCUITO DEL EJERCICIO 16.20. 443

FIGURA 16-95. CIRCUITO DEL EJERCICIO 16.22. 443

FIGURA 16-96. CIRCUITO DEL EJERCICIO 16.23. 444

FIGURA 16-97. CIRCUITO DEL EJERCICIO 16.28. 445

FIGURA 16-98. CIRCUITO DEL EJERCICIO 16.29. 445

FIGURA 16-99. CIRCUITO DEL EJERCICIO 16.32. 446

FIGURA 16-100. CIRCUITO DEL EJERCICIO 16.33. 447

FIGURA 16-101. CIRCUITO DEL EJERCICIO 16.37. 448

FIGURA 16-102. CIRCUITO DEL EJERCICIO 16.38. 448

FIGURA 17-48 (A) ESTRUCTURA DEL U.J.T. (B) SÍMBOLO (C) CIRCUITO
EQUIVALENTE DEL U.J.T. 453

FIGURA 17-49. CARACTERÍSTICA CORRIENTE VS VOLTAJE DEL U.J.T. 454

FIGURA 17-50. EMPAQUES TÍPICOS DEL U.J.T. 457

FIGURA 17-51. CIRCUITO OSCILADOR DE RELAJACIÓN CON U.J.T. 457

FIGURA 17-52. FORMAS DE ONDA EN EL OSCILADOR DE RELAJACIÓN (A) EN
EL CAPACITOR (B) EN LA RESISTENCIA R1 DE LA FIGURA 17.4. 458

FIGURA 17-53. CIRCUITO DEL EJEMPLO 17.1. SALIDAS EN DIENTE DE SIERRA Y
PULSOS DE DISPARO. 459

FIGURA 17-54. DIAGRAMA DE BLOQUES DEL TEMPORIZADOR 555............. 463

FIGURA 17-55. EMPAQUE TÍPICO DEL 555. 464

FIGURA 17-56. (A) PARTE DE UN FLIP–FLOP RS, (B) SÍMBOLO DE UN FLIP–
FLOP. 465

FIGURA 17-57. CIRCUITO TEMPORIZADOR ASTABLE. 465

FIGURA 17-58. FORMAS DE ONDA DEL CONDENSADOR Y LA SALIDA. 467

FIGURA 17-59. CIRCUITO DEL EJEMPLO 17.2. 468

FIGURA 17-60. CIRCUITO EQUIVALENTE DEL TIRISTOR CON TRANSISTORES.
.... 472

FIGURA 17-61. PULSOS PARA ABRIR O CERRAR UN LATCH. 474

FIGURA 17-62. CONSTITUCIÓN FÍSICA DEL SCR. 475

FIGURA 17-63 (A) CIRCUITO EN LATCH (B) SÍMBOLO DEL SCR. 475

FIGURA 17-64. EL PROBADOR DE SCR. 477

FIGURA 17-65. SÍMBOLO DE UN TRIAC. 477

FIGURA 17-66. SÍMBOLOS PARA UN DIAC. 478

FIGURA 17-67. OSCILADOR DE RELAJACIÓN COMPLEMENTADO CON SCR
PARA CONTROLAR UNA CARGA. 479

FIGURA 17-68. CONTROL DE UNA CARGA POR MEDIO DE UN CUADRAC. 480

FIGURA 17-69. CIRCUITO DEL EJERCICIO 17.1. 483

FIGURA 17-70. CIRCUITO DEL EJERCICIO 17.3. 484

FIGURA 18-1-1. AMPLIFICADOR DIFERENCIAL DISCRETO. 487

FIGURA 18-1-2. AMPLIFICADOR DIFERENCIAL DISCRETO. 488

FIGURA 18-2-1. AMPLIFICADOR (A) INVERSOR, (B) NO INVERSOR. 490

FIGURA 18-3-1. CIRCUITO PARA DETERMINAR LA TENSIÓN DE OFFSET....... 492

FIGURA 18-3-2. CIRCUITO CON ANULACIÓN DE LA TENSIÓN DE OFFSET DE
SALIDA. 493

FIGURA 18-4-1. AMPLIFICADOR SUMADOR (A) DE TRES ENTRADAS (B) DE DOS
ENTRADAS... 495

FIGURA 18-5-1. AMPLIFICADOR OPERACIONAL UTILIZADO COMO
COMPARADOR... 497

FIGURA 18-5-2. COMPARADOR COMO GENERADOR DE ONDA RECTANGULAR
DE FRECUENCIA VARIABLE. 498

FIGURA 18-5-3. AMPLIFICADOR OPERACIONAL COMO (A) INTEGRADOR Y (B)
DIFERENCIADOR.. 498

FIGURA 18-6-1. CONVERTIDOR DE ONDA SENOIDAL A CUADRADA. 500

FIGURA 18-6-2. CONVERTIDOR DE ONDA CUADRADA A TRIANGULAR. 501

FIGURA 18-6-3. CONVERTIDOR DE ONDA TRIANGULAR A PULSOS. 502

FIGURA 18-7-1. CIRCUITO TEMPORIZADOR ASTABLE. 503

FIGURA 18-7-2. OSCILADOR CONTROLADO POR TENSIÓN. 504

FIGURA 18-8-2. GENERADOR DE DIENTE DE SIERRA. 506

FIGURA 18-8-3. OSCILADOR DE RELAJACIÓN CON U.J.T. 507

FIGURA 18-9-2. CONTROL DE UN SCR MEDIANTE U.J.T. 508

FIGURA 18-9-3. CONTROL DE POTENCIA CON CUADRAC. 509

ÍNDICE DE TABLAS

TABLA 1-1. PARTÍCULAS ATÓMICAS. 28

TABLA 1-2. MATERIALES CONDUCTORES, SEMICONDUCTORES Y AISLANTES. 33

TABLA 2-1. CONSTANTE DIELÉCTRICA. 42

TABLA 2-2. PRINCIPALES CANTIDADES ELÉCTRICAS. 58

TABLA 2-3. PREFIJOS USADOS CON LAS CANTIDADES ELÉCTRICAS. 59

TABLA 3-1. RESISTIVIDAD DE ALGUNOS ELEMENTOS A 20°C. 78

TABLA 3-2. COEFICIENTES DE TEMPERATURA DE ALGUNOS METALES A 0°... 84

TABLA 3-3. CARACTERÍSTICA TÍPICA DE CAPACITORES FIJOS UTILIZADOS COMÚNMENTE. 102

TABLA 6-1. TABLA DE LA PRÁCTICA 2, PUNTO 2 DEL PROCEDIMIENTO. 172

TABLA 6-2. TABLA DE LA PRÁCTICA 2, PUNTO 3 DEL PROCEDIMIENTO. 173

TABLA 6-3. TABLA DE LA PRÁCTICA 4, PUNTO 1 DEL INFORME. 175

ALBEIRO PATIÑO BUILES

Ingeniero electricista. Con especializaciones en Hermenéutica Literaria y Alta Gerencia; asimismo, Magíster en Dirección Estratégica, Planificación y Control de la Gestión del IEE de España. Ha recibido numerosos premios, entre los que se destacan el Primer puesto en el II Premio Nacional de Novela – Premios Nacionales de Cultura de la Universidad de Antioquia (2006) y el Primer puesto en el Primer Concurso de Cuento de la Asociación de Empleados del Banco Industrial Colombiano (1996). Sus publicaciones literarias, son: *Historias cruzadas* (cuentos, 1994), *Bandidos y hackers* (novela, 2007), *Phishing* (novela, 2010), *Construir una novela. Cómo orientarse en el proceso de creación literaria* (ensayo, 2011), *Intimidación* (novela, 2014), *Galán, crónica de un magnicidio* (novela, 2014), *Las intermitencias del corazón I. Melancolía y enajenación* (novela, 2016), La forja de un escritor (ensayo, 2017), *Sombras en la Red* (novela, 2019).

Ciencia y Tecnología

XALAMBO
EDITORIAL

2021

Made in the USA
Coppell, TX
21 December 2021

69866177R00295